3 PRODUITS MIRACLES

pour tout faire !

CITRON
BICARBONATE
VINAIGRE

EDITIONS ESI

Sommaire

Sommaire

Sommaire

Le citron

Astuces maison

Sommaire

Sommaire

Astuces cuisine

Sommaire

Sommaire

Sommaire

Sommaire

Introduction

Tâches de gras tenaces ? Calcaire récalcitrant ? Teint brouillé, gencives endolories et autres maux divers ? Détergents, crèmes, lotions, et autres produits en tout genre disponibles par dizaines dans les rayons de nos supermarchés : vous avez tout essayé ! Et si le remède se trouvait du côté de nos grands-mères ? Souvenez-vous : à chaque petit tracas quotidien, Mamie avait la solution ! Il suffisait simplement d'y penser : simples, économiques et même écologiques, les astuces de Grand-mère peuvent faire beaucoup avec peu, dans tous les domaines de notre quotidien. Cette bouteille de vinaigre par exemple, vous la réservez à vos sauces et vinaigrettes. Pourtant, ce produit possède bien des vertus, pour laver vos vitres, désincruster les tâches ou soigner une brûlure, par exemple ! Quant au citron, lui aussi demeure bien souvent en cuisine : il serait cependant dommage de se passer de ses formidables propriétés. Désinfectant, antiseptique, désodorisant, nettoyant, apaisant, et tant d'autres encore : il sait tout faire ! Le bicarbonate de soude aussi est étonnant et vous ne pourrez bientôt plus vous en passer. Non toxique et d'une efficacité redoutable, il est l'un des meilleurs produits nettoyants pour votre maison, mais possède également bien d'autres qualités. Quel produit utiliser, comment, avec quoi l'associer… Cet ouvrage vous livre une multitude d'astuces classées par thèmes testées et approuvées par nos aïeules. Maison, beauté, santé, cuisine, jardin et vêtements, parcourez les pages de ce livre et essayez vous à ces trois ingrédients miracles : la solution à votre problème s'y trouve peut-être.

Apprivoisez le bicarbonate de soude

Le bicarbonate de soude : un produit dont vous ne pourrez bientôt plus vous passer ! Il possède bien des vertus dont vous ne soupçonnez pas l'existence. Sortez-le du fond de votre placard, ou courez vous en procurer. Mais lequel acheter ? Il en existe diverses sortes, ne possédant pas les mêmes qualités et dont vous ne ferez pas le même usage. Apprenez à les dissocier pour tirer le meilleur parti de chacun d'entre eux.

Voici un panel de conseils pour connaître les divers et innombrables emplois du bicarbonate de soude. Dans quels cas l'utiliser, avec quels produits l'associer… Cet ouvrage vous livre toutes les explications dont vous avez besoin ! Plus de 300 astuces classées par thème vous permettront de tout savoir sur ce produit miracle Multifonctions. Il est l'un des meilleurs produits nettoyants, non toxique, pour briquer votre intérieur et venir à bout des taches les plus coriaces. Il va également vite devenir votre allié au jardin, lors de vos séances de bricolage mais aussi en cuisine. Même vos animaux vont l'adorer ! Vous pourrez également l'utiliser pour vous aider à soulager certains soucis de santé, ou dans la réalisation de soins de beauté. Le bicarbonate de soude sait tout faire, ou presque… Ce produit naturel, écologique et bon marché vous fera gagner de la place dans vos placards, puisqu'il va ainsi remplacer tous vos produits ménagers spécifiques. D'une pierre… plusieurs coups !

À quoi ça sert, le bicarbonate de soude ?

Le bicarbonate de soude, tout le monde en a entendu parler ! Mais qu'en est-il de ses usages et ses vertus ? Là, cela vous semble beaucoup moins évident. Nos ancêtres utilisaient pourtant cet ingrédient Multifonctions tous les jours, à bon escient. Il est grand temps de faire le point et de savoir enfin répondre à cette question !

Un ingrédient miraculeux

Cette petite poudre blanche a de quoi vous surprendre. Le bicarbonate de soude est *le* produit multi-usage qui vous sera utile dans de nombreux domaines : cuisine, entretien, lessive, jardin, beauté… Il est aussi un allié de taille pour guérir les maux du quotidien : mal de gorge, de ventre, entorse, brûlure bénigne… Biodégradable, c'est une molécule simple qui remplace aisément de nombreux produits industriels sans perdre en efficacité. Il est fabriqué à plus de 4 millions de tonnes par an, et sa production augmente chaque année d'environ 10 %. Désodorisant, nettoyant multisurface, détachant, hydratant, désherbant naturel, apaisant… il sait presque tout faire ! Si vous n'avez pas encore adopté le bicarbonate de soude, c'est le moment : vous verrez, il va simplifier votre quotidien.

Un peu d'histoire

Le bicarbonate de soude n'est pas né d'hier. Chaque siècle semble même lui trouver de nouvelles utilisations. Les Égyptiens du temps de Cléopâtre l'employaient déjà comme produit cosmétique ou remède naturel. Les Romains s'en servaient pour l'entretien du linge et les soins corporels. Les pionniers américains, eux, traitaient les maux bucco-dentaires avec. Quant aux Chinois, ils l'utilisent depuis toujours en cuisine. À l'époque, il n'était pas encore question du bicarbonate de soude que vous trouvez aujourd'hui dans le commerce mais du carbonate de sodium. La finesse du produit s'est faite petit à petit à travers le temps. Tout commence en 1789 avec le chimiste Nicolas Leblanc, qui redécouvre la formule du carbonate de sodium autrefois employée dans l'Antiquité. En 1846, son travail sert de base à deux boulangers new-yorkais, Austin Church et John Dwight, qui transforment sa formule pour parvenir à élaborer du bicarbonate de soude. Vingt ans plus tard, leur trouvaille est commercialisée en France par la marque Solvay. Cette dernière affine davantage le produit et améliore son raffinage. Très vite, cette poudre fine est l'ingrédient à avoir chez soi. Du XIXe siècle jusqu'au milieu du XXe, les

ménagères ne jurent plus que par ce produit miracle et en ont toujours en réserve dans leurs placards ! L'apparition des produits ménagers industriels (mais toxiques) sur le marché marque la fin de son succès. Il faudra attendre le début du XXIe siècle pour le revoir apparaître dans les foyers. Porté par la vague « écolo », il retrouve d'abord sa place en cuisine puis comme produit nettoyant 100 % bio. De nombreux livres lui sont entièrement consacrés tant son utilisation est multiple et variée.

La composition

Sa formule chimique est $NaHCO_3$. Si vous la décortiquez, elle indique qu'il combine du sodium (Na) avec de l'hydrogène (H), du carbone (C) et de l'oxygène (O). Leur association indique que le bicarbonate de soude est un sel situé entre l'ion hydrogénocarbonate (HCO_3) et l'ion sodium (Na). L'obtention de cette formule est obtenue à partir du carbonate de sodium : Na_2CO_3. Souvent confondus, ils sont pourtant deux produits bien différents. Voici le détail pour tous les amoureux de la chimie : une molécule de carbone de sodium est associée avec une molécule d'eau et une molécule de dioxyde de carbone, ce qui donne une molécule de bicarbonate de sodium : $Na_2CO_3 + H_2O + CO_2 = NaHCO_3$.

Les méthodes de fabrication

Le bicarbonate de soude est certes naturel mais avant tout industriel. Commercialisé depuis 1863, il est un produit 100 % minéral facile à réaliser. En Europe, le bicarbonate de soude est obtenu selon le procédé de fabrication inventé par Ernest Solvay à la fin du XIXe siècle. Il est issu du bicarbonate dit « brut » (sous sa forme non purifiée) à partir de deux minéraux géologiques naturels : le calcaire (autrement connu sous le nom de carbonate de calcium) et le sel gemme (également nommé chlorure de sodium). Parfois certains pays (hors continent européen) emploient du sel de mer à la place du sel de gemme. Le bicarbonate « brut » est alors converti en carbonate de sodium. La moitié de ce dernier va être combinée avec du dioxyde de carbone (CO_2) afin d'obtenir du bicarbonate de soude. L'autre partie sera vendue pour la fabrication du verre.

Il existe deux sites en France non loin de Nancy qui suffisent à approvisionner tout le pays.
Aux États-Unis, vous trouverez deux manières différentes de fabriquer du bicarbonate de soude. La première est surtout employée dans la deuxième production mondiale : Church & Dwight. Il résulte de l'extraction du trona, un minéral peu répandu en France. Une fois que la partie minière est enlevée, la pierre est calcinée, dissoute et cristallisée. Le but ici est de purifier le trona afin d'obtenir un carbonate de sodium le plus fin possible. Ce dernier sera ensuite à son tour combiné à du CO_2 pour former du bicarbonate de soude.
La seconde est faite à partir de la nahcolite, un minerai de bicarbonate naturel. Cette technique est la plus écologique qui existe puisque la nahcolite est directement purifiée sans étape intermédiaire de synthèse. Cependant, ce minerai est très rare et ne permet pas d'obtenir un grand rendement. Cette technique est d'ailleurs uniquement utilisée par la société américaine Natural Soda qui produit un stock très limité de bicarbonate de soude non exporté en Europe.
Pour résumer, la production en grande quantité de bicarbonate de soude requiert obligatoirement l'utilisation de ressources naturelles et une transformation chimique.

Malgré sa nécessité de fabrication industrielle, il reste un produit écologique non toxique. Il ne possède aucune caractéristique des polluants organiques persistants (POP) qui provoquent de nombreux dégâts de la planète. Cette poudre blanche n'est pas écotoxique non plus : son dioxyde de carbone est neutre. Enfin, il ne s'accumule pas dans l'organisme et ne dégrade pas l'environnement. En prime, il participe au commerce équitable puisque son élaboration est uniquement locale et ne demande pas d'importantes matières premières.

Les utilisations industrielles

Si le bicarbonate de soude a trouvé sa place dans les foyers, il en prend une beaucoup plus grande dans le milieu industriel. En Europe, il est avant tout

utilisé dans la fabrication des produits alimentaires à destination des animaux. Souvent, les apports nutritifs des animaux en élevage sont trop importants par rapport à leurs dépenses physiques. La présence du bicarbonate de soude dans leur alimentation permet de faciliter leur digestion et de réguler leurs déséquilibres. Les vaches laitières consomment environ 200 g de bicarbonate de soude par jour afin de renforcer leurs os et leurs squelettes. Les poules pondeuses ont aussi droit à leur ration de poudre blanche. Grâce à lui, elles produiront de meilleurs œufs avec une coquille plus résistante. Quant aux cochons, ils en mangent à foison. Les éleveurs améliorent ainsi la qualité de leurs viandes : plus de muscles, moins de graisses.

Le bicarbonate de soude est également fortement présent dans l'alimentation humaine. Vous le trouverez surtout dans les biscuits et les pâtisseries industriels. Côté entretien, il est un composant fréquent dans les détergents et les lessives vendus en grandes surfaces. Ses vertus dépolluantes sont exploitées pour le traitement des eaux. Employé à juste dose, il permet de réguler le pH et aide à la reminéralisation.

Depuis peu, il fait partie des composants des extincteurs. Le CO_2 qu'il produit lorsqu'il est soumis à une température supérieure à 60 °C permet de maîtriser les feux d'origine liquide (essence, alcool, huile...), électrique et issus de gaz (méthane, propane...).

Enfin, il est employé dans de nombreux médicaments, notamment les pastilles effervescentes, mais aussi comme dispositif médical.

Les multiples appellations

Sa popularité mondiale explique souvent le nombre impressionnant de noms qu'il possède. Le plus connu reste le bicarbonate de soude. Pourtant, ce n'est pas le plus juste. Le terme « soude »

désigne un caractère corrosif que ne possède pas le bicarbonate. Cependant, il n'est pas non plus inexact si l'on considère qu'il s'obtient à partir du carbonate de sodium, connu aussi sous le nom de carbonate de soude.
Vous trouverez aussi sur les différents emballages le nom de bicarbonate de sodium. Ce terme est le plus proche de sa formule chimique.
Les chimistes préféreront le désigner sous le nom d'hydrogénocarbonate de sodium, simplement pour préciser clairement sa composition et ses propriétés chimiques.
Il peut vous arriver d'entendre l'appellation bicarbonate alimentaire. Il s'agit d'un type de bicarbonate, le plus répandu puisqu'il peut s'utiliser en toutes circonstances. Attention toutefois, tous les bicarbonates ne peuvent être ingérés et donc utilisés en cuisine.
Il est aussi désigné comme une poudre à lever. Là encore, c'est une erreur. Le bicarbonate peut aider à faire gonfler un gâteau mais ne remplace en aucun cas la levure chimique. Certaines peuvent en contenir mais, dans ce cas, le bicarbonate est combiné à un acide et à un amidon. Lorsqu'il fait partie des ingrédients utilisés pour un produit alimentaire, il est cité sous le terme de carbonate de sodium. Son code officiel comme additif alimentaire est E500ii. N'hésitez pas à regarder sur vos emballages : vous constaterez très vite que vous en consommez sans vous en rendre compte.
En homéopathie et en médecine douce, vous pouvez entendre parler de Natrium bicarbonicum. Enfin les Belges l'appellent parfois le sel de Vichy, rappelant ainsi sa composition minérale issue de l'eau de Vichy. Quant aux Canadiens, ils le surnomment la « petite vache ». Cette appellation est un clin d'œil au logo qui apparaissait autrefois sur les boîtes de bicarbonate de la marque Cow Brand de la société Church & Dwight.

La conservation du bicarbonate de soude

S'il est vendu dans une boîte en carton, ce n'est pas pour rien. Le bicarbonate de soude s'y conservera très bien à condition de le mettre au sec et dans le noir. Si jamais votre emballage d'origine est endommagé, rangez votre précieuse poudre dans une boîte en plastique opaque et hermétique. Il se garde en moyenne 1 an après ouverture mais si votre bicarbonate de soude est de qualité, vous pouvez sans problème le consigner 3 à 5 ans. À partir du moment où il n'est pas confronté à l'humidité, il ne se dégradera pas. Il ne développera ni bactérie ni moisissure.

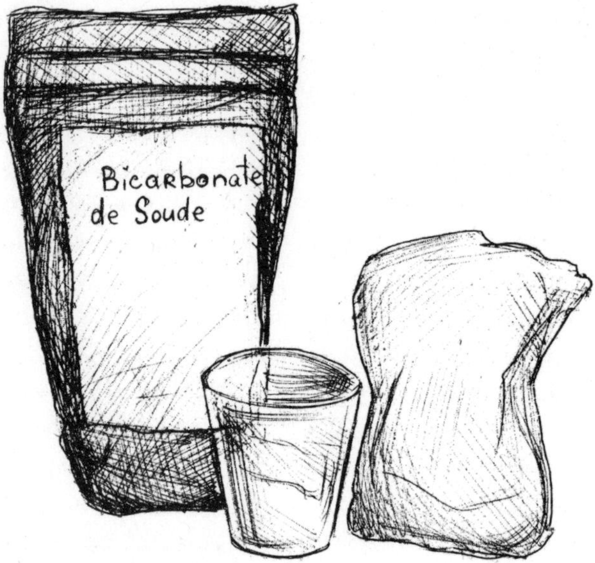

Choisir son bicarbonate de soude

Il existe diverses sortes de bicarbonates de soude, possédant chacune des qualités distinctes. Comment choisir celui qui vous convient, sous quelles formes pouvez-vous l'utiliser, avec quels produits pouvez-vous l'associer… Apprenez dans quelles situations utiliser les différents bicarbonates !

Produit à tout faire, c'est bien là tout l'intérêt du bicarbonate. Il peut s'employer dans diverses situations, de multiples façons et sous différents aspects. Mais comment ? Vous pouvez l'utiliser tel quel, simplement en le saupoudrant. Pour le faire de manière uniforme, versez-le en petites quantités. Vous pouvez vous aider d'un petit tamis. Il s'applique de cette manière dès qu'il doit rentrer en « contact » pour agir : quand on s'en sert pour absorber les odeurs, nettoyer les surfaces, annihiler les allergènes...
Lorsque vous devez fabriquer de la pâte de bicarbonate de soude, il suffit d'en mélanger environ 3 volumes pour 1 volume d'eau. La totalité des grains n'est pas dissoute, l'eau permet de les lier. Le bicarbonate sous forme de pâte est idéal pour les soins corporels, comme les gommages ou les masques. Mais aussi lorsque l'on veut faire adhérer le bicarbonate sur une surface, pour la nettoyer.
En solution, le bicarbonate s'utilise de préférence dans le bain, en cuisine, pour la lessive ou encore le nettoyage. Ce n'est pas sorcier, il suffit de le diluer ! Le secret réside dans l'eau : plus elle sera pure et chaude, plus on peut y diluer de bicarbonate. Quelques chiffres pour y voir plus clair : 1 litre d'eau pure à une température de 20 °C peut recevoir jusqu'à 90 g de bicarbonate de soude. L'eau du robinet, bien souvent calcaire, ressort à une température de 10 à 15 °C. Vous ne pourrez donc y dissoudre que 40 à 50 g par litre d'eau, ce qui représente environ 3 cuillères à soupe. Mais c'est largement suffisant pour la plupart des utilisations du bicarbonate en solution.
Le bicarbonate de soude peut également s'employer en vaporisation. Vous devez le faire fondre dans un pulvérisateur bien propre (pour ne pas le faire entrer avec une éventuelle substance précédente). Méthode très pratique pour vos divers travaux de nettoyage, mais surtout pour le jardin !
Enfin, le bicarbonate se mélange très bien avec une multitude d'autres

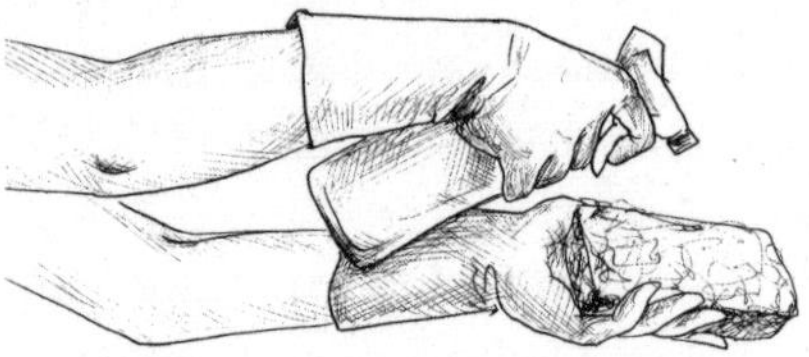

produits, dans lesquels vous pourrez le dissoudre, ou le transformer en pâte.

Les différences de qualité

Il est important de distinguer les différentes variétés de bicarbonate de soude, vous n'en ferez pas le même usage. Les qualités de chacune diffèrent. Le bicarbonate technique est réservé aux travaux de bricolage ou d'entretien. Il reste le moins cher à l'achat et le plus facile à obtenir. Mais il est aussi le moins pur. Vous ne devez en aucun cas l'employer pour réaliser des soins corporels ou en cuisine. Le bicarbonate « alimentation animale » ne se trouve la plupart du temps que dans les coopératives agricoles. Il est un peu plus pur que le bicarbonate technique. Les agriculteurs s'en servent pour compléter l'alimentation de leurs animaux, en particulier les ovins et bovins ayant une alimentation trop acide. Le bicarbonate pharmaceutique, également appelé bicarbonate officinal, est le plus pur de tous. Il subit des étapes supplémentaires de purification et fait l'objet d'analyses poussées avant sa mise en vente. Logique, puisqu'il est utilisé à des fins médicales : il entre par exemple dans la composition de certains médicaments. Vous ne le trouverez qu'en pharmacie : son prix est plus élevé par rapport aux autres types de bicarbonate. Enfin, le bicarbonate alimentaire : c'est celui qu'il est préférable d'acheter, puisque l'on peut en faire usage pour toute situation. Il convient aussi bien en cuisine qu'en bricolage, pour l'entretien de la maison et pour la fabrication de soins de beauté ou de remèdes de grand-mère. Il est un peu plus cher que le bicarbonate technique mais son prix reste correct. Tenez également compte de la granulométrie du bicarbonate de soude. Il s'agit de la taille des grains le composant. Vous préférerez sans doute des grains plus fins pour vos soins, si vous l'employez comme dentifrice ou en gommage, et des grains assez gros pour vos travaux d'entretien ou de bricolage, pour réaliser une pâte abrasive par exemple.

Où le trouver ?

Celui que vous rencontrerez le plus facilement est le bicarbonate technique. Vous pourrez vous en procurer dans les magasins de bricolage ou les drogueries. Vous mettrez la main sur du bicarbonate officinal, ou pharmaceutique, tout bêtement en pharmacie. Il est cependant moins facile de se procurer du bicarbonate alimentaire, bien que ce soit celui-là qu'il est recommandé d'acheter ! Vous pourrez l'acquérir dans certains hypermarchés, soit au rayon du sel, soit à côté de la farine. Faites attention, si vous êtes un adepte des achats sur Internet, à ne pas vous laisser attiré par des prix trop attractifs. On y trouve facilement du bicarbonate de soude technique (moins cher) et non alimentaire, mais ce n'est pas correctement précisé. Vous ne pourriez donc pas en faire l'usage désiré, puisque le bicarbonate technique ne peut être ingéré à l'inverse du bicarbonate alimentaire.

Le meilleur allié du bicarbonate

Le bicarbonate de soude peut se mélanger à bien d'autres produits, dont l'action se complète. Celui qui, dans de nombreux cas, reste son meilleur associé est le vinaigre. Il s'agit la plupart du temps de vinaigre blanc, pour l'entretien de sa demeure. Deux phénomènes s'opèrent lors de l'association de ces deux produits. Tout d'abord une réaction effervescente : l'acide acétique du vinaigre réagit avec le bicarbonate de soude et dégage ainsi du CO_2. Ensuite la synthèse de l'acétate de sodium : lorsque le bicarbonate entre en contact avec du vinaigre, se crée de l'acétate de sodium. Ce dernier rend le pH neutre et n'est pas dangereux (sauf si vous le consommez à trop forte dose, il peut provoquer nausées et diarrhées, et peut aussi être irritant pour la peau et les yeux ; mais nous faisons ici référence à un usage domestique). Selon l'emploi désiré, à vous de doser ces deux éléments. Si vous souhaitez obtenir un résultat liquide avec dissolution totale du bicarbonate, ne

dépassez pas les 10 g (soit 2 cuillères à café) pour 10 cl de vinaigre. Si vous en diluez une plus grosse quantité, il restera des grains qui ne vont pas pouvoir se dissoudre. Mais cela peut être pratique pour réaliser un produit légèrement abrasif.

Le vinaigre va également vous permettre de savoir si votre paquet de bicarbonate de soude qui traîne au fond de votre placard est périmé. Pour savoir s'il est toujours en état, il suffit d'en verser 2 à 3 gouttes sur un peu de ce bicarbonate. Ce petit test peut aussi être fait avec quelques gouttes de citron. Si des bulles se forment et qu'il mousse, c'est qu'il possède encore l'ensemble de ses propriétés. En revanche, s'il n'y a aucune réaction, vous pouvez le mettre à la poubelle. Sachez que le bicarbonate de soude n'est pas récupérable. Une fois utilisé, il perd toutes ses vertus.

Associé au vinaigre blanc, le bicarbonate de soude devient un formidable produit nettoyant. Il se montre efficace pour désencrasser vos appareils ménagers, bouilloire, blender, fer à repasser… Mais aussi pour nettoyer les vitres ou les plaques en vitrocéramique, tout en douceur, puisqu'il ne raye pas. Il viendra également à bout de certaines tâches difficiles, pourra vous aider à déboucher un siphon, récurer vos WC, assainir la litière de votre chat, éliminer les traces de calcaire sur votre robinetterie et dans votre baignoire… C'est un duo infaillible pour briquer votre intérieur ! Côté

soins et santé, le bicarbonate de soude sera plutôt associé avec du vinaigre de vin ou de cidre. Vous l'avez compris : posséder de tels produits vous évitera d'encombrer vos placards avec des produits industriels spécifiques pour chaque tâche. Faites rimer écologie avec économie !

Autres associations courantes

La liste de produits auquel le bicarbonate de soude peut se combiner est longue ! Vous allez le découvrir, les utilisations du bicarbonate sont innombrables. D'autant plus lorsqu'on le mélange avec des alliés de taille, possédant des propriétés qui s'associent à merveille, conciliant simplicité, sécurité et économie. Pour ne citer que les plus courants, outre le vinaigre vu précédemment, nommons le citron. Source naturelle d'acide, le citron a l'avantage de sentir bon, par rapport au vinaigre dont l'odeur peut être repoussante. Ensemble, le bicarbonate de soude et le citron forment du citrate de sodium. Il sera utile comme nettoyant ou détachant. Et si vous combinez les trois ensemble, à savoir bicarbonate de soude, vinaigre blanc et citron... là, aucune surface ou tache ne saura vous résister ! Autre allié du bicarbonate de soude : le savon. Qu'il soit noir ou de Marseille, les deux contiennent de l'huile. Le premier utilise de la potasse, le second de la soude caustique. L'association s'emploie surtout en ce qui concerne la lessive, pour venir à bout de certaines taches coriaces et la rendre ainsi plus efficace. Ils s'utilisent également l'un à la suite de l'autre : certaines surfaces nécessitent deux lavages, le premier au bicarbonate et le second à l'eau savonneuse. Les huiles végétales peuvent également très bien s'associer au bicarbonate pour réaliser des soins corporels. Le bicarbonate ne se dissout pas dans l'huile : vous pouvez ainsi fabriquer une pâte doucement abrasive pour vos masques et gommages, avec de l'huile d'olive, d'argan... Le bicarbonate dégage les pores de la peau tandis que l'huile permet qu'elle ne se déshydrate pas. En revanche, évitez de combiner bicarbonate et huiles essentielles. Il se peut qu'il neutralise certaines propriétés de l'huile et dénature son odeur. Et l'aspirine ? L'action combinée de ces deux produits, ayant une réaction effervescente, va vous aider à régler divers maux niveau santé. Bien entendu, ses associations ne s'arrêtent pas là. Le bicarbonate de soude se combine avec bien d'autres produits encore !

Un brin de fraîcheur dans votre demeure

La réputation du bicarbonate de soude n'est plus à faire en ce qui concerne l'entretien de votre maison. Nettoyer les meubles en bois, entretenir les appareils ménagers, détartrer la robinetterie, faire fuir les petites bestioles qui s'immiscent dans le garde-manger, assainir l'intérieur, purifier l'air ambiant… Et tout ça avec un seul et même produit ! Le bicarbonate aura sa place dans toutes les pièces de votre maison.

Nettoyer son wok

Versez dans votre wok sale et bien gras 2 cm d'eau et diluez-y 1 cuillère à soupe de bicarbonate de soude. Mettez à chauffer le récipient jusqu'à ébullition. Après refroidissement, vous arriverez sans difficulté aucune à retirer la pellicule collée au fond du wok. Lavez ensuite normalement et rincez.

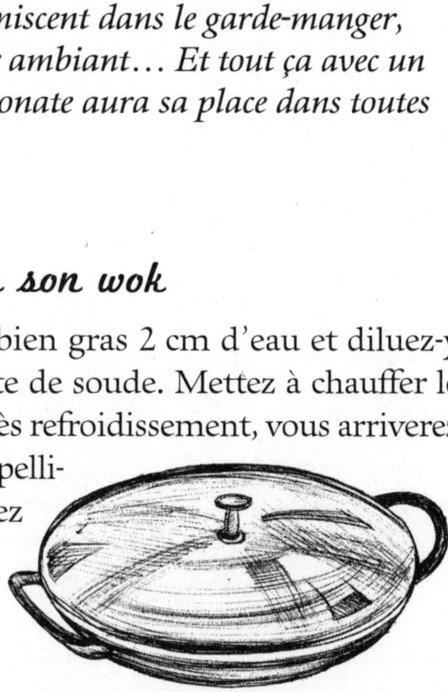

Entretien des meubles en plastique

Vous possédez des meubles en plastique ? Qu'ils soient blancs ou de couleur, ils ternissent inévitablement avec le temps et l'usure et se couvrent de traces indélébiles. Pas pour Mamie ! Elle les éliminait avec du bicarbonate de soude et ravivait ainsi la couleur de ses meubles. Diluez 2 cuillères à soupe de bicarbonate de soude dans 1 litre d'eau et frottez !

Brûleurs de cuisinière

Les brûleurs d'une cuisinière à gaz finissent le plus souvent teintés de noir. Préparez un mélange de bicarbonate de soude et d'eau, à parts égales. Une fois la solution bien remuée, imprégnez-en une éponge et frottez-les avec. Les traces noires devraient succomber. Rincez à l'eau claire et essuyez avec un chiffon sec.

Contre les mites

Le bicarbonate de soude ne pourra rien contre ces vilaines bêtes. En revanche, il viendra compléter l'effet de la naphtaline qui, elle, viendra à bout des mites. Se plaçant particulièrement dans vos placards, la naphtaline dégage une très forte odeur peu agréable. Accompagnez-la d'un peu de bicarbonate de soude qui va agir comme désodorisant.

Entretien des meubles en rotin ou en bois tissé

Les meubles en rotin ou en bois tissé sont un véritable casse-tête à nettoyer ! Un premier lavage au vinaigre blanc fera l'affaire ; mais pour plus d'efficacité et pour éliminer les traces persistantes, complétez-le avec un second lavage au bicarbonate de soude dilué. Mouillez le moins possible, rincez et essuyez au fur et à mesure.

Entretien des meubles en bois moisis

Certains de vos meubles en bois présentent des moisissures naissantes ? Imbibez une éponge douce humide de vinaigre blanc, puis trempez-la dans du bicarbonate de soude. Frottez doucement le bois et passez l'éponge dans le sens des fibres. Rincez à l'eau claire et séchez dans l'instant pour éviter la prolifération des moisissures.

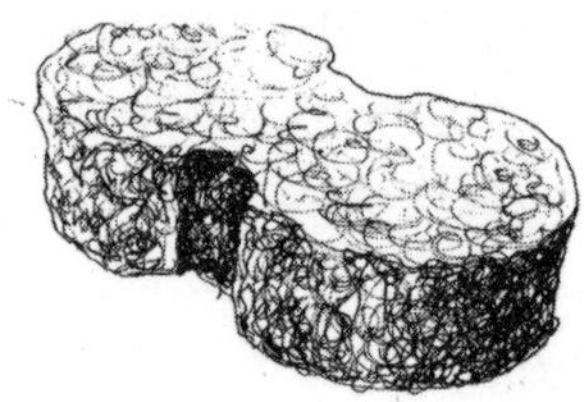

Nettoyer les meubles en bois plaqué

Pour nettoyer vos meubles en bois plaqué, assez fragiles, rien de tel que la douceur du bicarbonate de soude. Imprégnez une éponge douce, humidifiée, de bicarbonate et nettoyez les meubles avec. Attention, toujours dans le sens du bois pour éviter tout accident et décollement. Cela vaut aussi pour les meubles en bois massif.

Du bicarbonate périmé ?

Le bicarbonate de soude n'est pas une substance réutilisable à l'infini : une fois qu'il a servi, s'il a « absorbé » les saletés et les mauvaises odeurs, vous pouvez le jeter d'office. En revanche, pour savoir si votre bicarbonate est utilisable, faites cette expérience sur une pincée : versez dessus quelques gouttes de vinaigre blanc. Si le mélange fait des bulles, c'est qu'il est encore bon !

Tapis de douche

Avant de nettoyer votre tapis de douche, attendez qu'il soit bien sec. Ne le secouez pas, vous feriez voler toute la poussière. Passez l'aspirateur pour enlever le plus gros, puis saupoudrez-le de bicarbonate de soude. Brossez pour bien le faire pénétrer et laissez agir plusieurs heures. Il va absorber l'humidité et prévenir les moisissures.

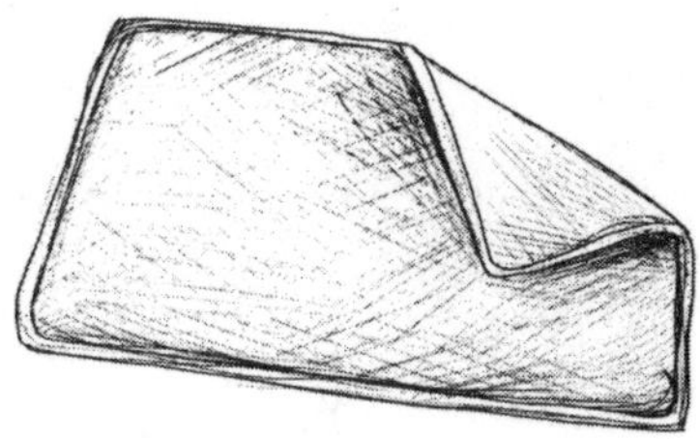

Une bouilloire propre

Nettoyer une bouilloire pleine de tartre et de saletés, facile avec Mamie. Mettez à bouillir un mélange d'eau et de vinaigre blanc à parts égales, dans lequel vous ajouterez 2 cuillères à café de bicarbonate de soude. Jetez ensuite ce liquide et rincez à l'eau claire, puis essuyez.

Nettoyer une gourde

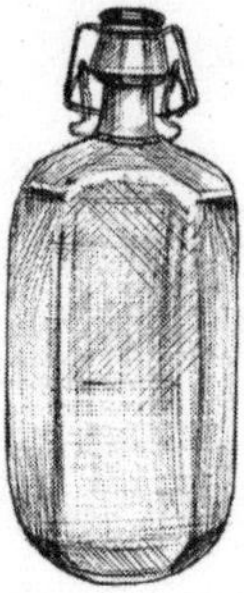

Difficile de nettoyer correctement une gourde avec son ouverture étroite. De plus, elle dégage bien souvent une odeur de renfermé. Remplissez votre gourde d'eau et de 1 cuillère à soupe de bicarbonate de soude. Fermez, secouez fortement pendant 5 minutes. Laissez ensuite agir pendant 3 jours. Rincez : adieu mauvaises odeurs et saletés !

Entretien du fer à repasser

Pour prolonger la vie et assurer le bon fonctionnement de votre fer à repasser, vous devez le chouchouter. Remplissez le réservoir du fer avec une eau très légèrement bicarbonatée (à 2 % environ). Puis nettoyez la semelle avec un linge imbibé de vinaigre.

Un paillasson propre

Le paillasson de votre entrée se salit inévitablement bien rapidement… puisque vous essuyez vos chaussures dessus tous les jours. Attendez qu'il soit bien sec et saupoudrez-le de bicarbonate de soude. Laissez agir quelques heures puis passez l'aspirateur. Une bonne quantité de poussière et de saletés sera éliminée.

Planche à découper

Une planche à découper doit être nettoyée régulièrement : plus vous l'utilisez, plus vous y faites des microrayures… dans lesquelles se loge un paquet de microbes ! Pensez à bien la nettoyer avec un premier lavage au vinaigre blanc, puis un second avec une pâte à base d'eau et de bicarbonate de soude.

Nettoyer un vase

Difficile de nettoyer un vase, surtout lorsque son col est étroit : impossible de glisser sa main dedans. Versez-y 1 cuillère à café de bicarbonate de soude puis remplissez-le à moitié d'eau. Bouchez le vase si vous le pouvez puis secouez. Finissez de le remplir et laissez agir 24 heures. Le lendemain, rincez et laissez sécher.

Conservation du bicarbonate

Sachez-le, le bicarbonate n'est pas récupérable. Une fois qu'il a été utilisé, que ce soit pour nettoyer ou pour désodoriser, il perd toutes ses propriétés. Pensez à l'acheter en petites quantités : un paquet qui reste ouvert deviendra inutilisable au bout de 1 an. Ne l'oubliez donc pas au fond d'un placard et gardez-le toujours sous le coude !

Nettoyer les jouets de bébé

Il est important de conserver une hygiène irréprochable pour les tout-petits. Il faut nettoyer les jouets certes, mais pas avec

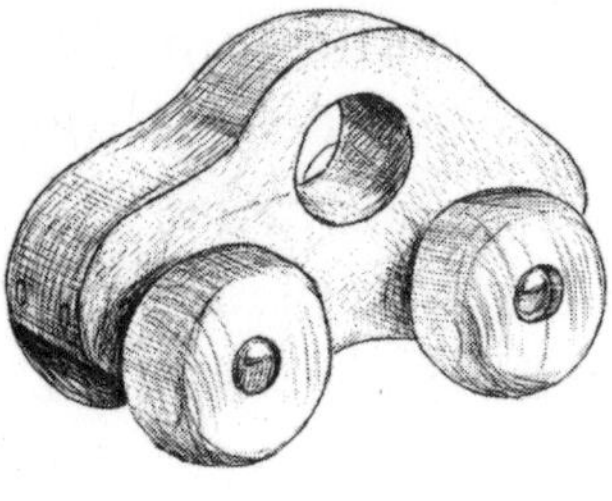

n'importe quel produit ! Les détergents classiques peuvent être nocifs pour votre bébé. Utilisez le bicarbonate de soude pour éviter tout risque d'allergie ou d'intoxication. Sachez toutefois que le bicarbonate nettoie mais ne désinfecte pas.

Appareils ménagers de couleur

Même si le changement est plus flagrant sur les appareils ménagers blancs, qui jaunissent, ceux de couleur n'y échappent pas non plus. Avec le temps et l'usure, ils ternissent également. Nettoyez-les avec un linge humide trempé dans du bicarbonate de soude. Ce dernier ravivera leur couleur.

Des coussins propres

Vos enfants aiment se chamailler et utiliser les coussins de votre salon dans la bataille ! Mais vous ne lavez pas vos coussins tous

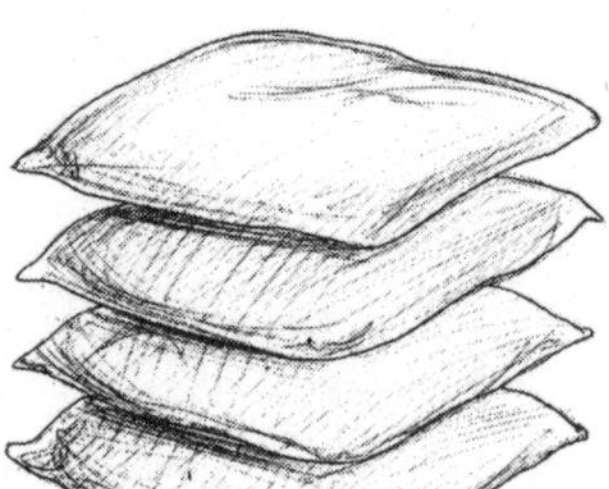

les quatre matins et la poussière s'accumule. Pour les assainir, saupoudrez-les de bicarbonate de soude et faites-le pénétrer dans les fibres. Laissez agir quelques heures puis secouez-les à l'extérieur.

Rideaux et voilages ternis

Les rideaux et les voilages sont soumis aux aléas du temps : lorsque le soleil tape, il ternit les couleurs de ces derniers. Mamie avait la solution : elle les faisait tremper dans de l'eau bicarbonatée, à raison de 2 cuillères à soupe dans une grande bassine remplie d'eau. Et ce toute une journée. Rincez avec de l'eau froide : les couleurs seront ravivées.

Nettoyer son four

Utilisez le bicarbonate de soude comme détergent : diluez-en une bonne quantité dans de l'eau tiède pour obtenir une solution saturée et mettez-la dans un pulvérisateur. Pulvérisez l'ensemble de votre four avec ce produit et frottez bien. Le bicarbonate dissout les graisses. Laissez agir quelques heures. Rincez avec de l'eau citronnée, puis de l'eau claire et séchez.

Détacher un meuble verni

Les taches sur un meuble verni ne passent pas inaperçues : liquide, traces de crayon, de doigts… Nettoyez-les avec du bicarbonate de soude. Il va supprimer les taches sans rayer le verni. Saupoudrez-en directement sur la tache et frottez avec un linge humide. Rincez et séchez la surface avec un chiffon sec.

Étouffer un feu de cuisine

De l'huile qui se met à prendre feu, une casserole ou une poêle qui s'enflamme : on est jamais à l'abri d'un tel accident. C'est pourquoi il est bon d'avoir du bicarbonate de soude à portée de main : jetez-en à la base des flammes pour les éteindre. Bien entendu, cela ne dispense pas d'avoir un extincteur à la maison !

Assainir le sac de l'aspirateur

Lorsque vous passez l'aspirateur dans votre demeure, prenez cette bonne habitude : une fois par mois, aspirez 45 g de bicarbonate de soude (ou 3 cuillères à soupe). Celui-ci va se mélanger à la poussière et assainir ainsi le sac de votre aspirateur : il va piéger les odeurs et stopper le développement des moisissures et des allergènes.

Des vitres éclatantes

Entre la poussière et les traces de doigts, vos vitres sont cracra ! Diluez 2 cuillères à soupe de bicarbonate de soude dans 1 litre d'eau. Imbibez un linge de cette solution et passez-le sur vos vitres. Le bicarbonate dégraisse et ôte la poussière sans rayer les vitres. Essuyez-les avec un chiffon non pelucheux.

Des joints toujours blancs

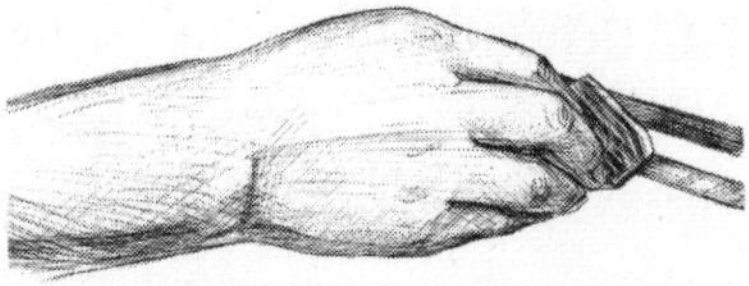

Les joints de votre salle de bains, et également ceux de l'évier, s'abîment et se salissent davantage avec l'humidité. Prenez-en soin grâce au bicarbonate de soude : diluez-en 1 cuillère à soupe dans 1 litre d'eau et frottez les joints avec une éponge imbibée de cette solution. Pour les traces persistantes, saupoudrez directement du bicarbonate dessus et brossez.

Nettoyer les carreaux de salle de bains

Le carrelage de votre salle de bains est tout sale ! Il est grand temps de mettre la main à la pâte (ou plutôt à l'éponge). Diluez 15 g de bicarbonate de soude dans 1 litre d'eau. Imbibez votre éponge avec ce mélange, puis frottez. Le bicarbonate dissout les graisses et désincruste les saletés sans rayer. Ne rincez pas, il empêchera le développement de moisissures. Laissez simplement sécher.

Nettoyer sa baignoire

Votre baignoire est forcément touchée par les traces de tartre, c'est inévitable ! Ce lieu de toilette doit être rigoureusement nettoyé

pour y conserver une hygiène parfaite. Votre allié sera ici le bicarbonate de soude. Saupoudrez-en dans votre baignoire et frottez-la avec une éponge humide. Rincez, le tartre n'est plus.

Détartrer la robinetterie

La robinetterie de votre évier, du lavabo ou de votre douche laisse à désirer. Elle est inévitablement ternie à cause du tartre. Pour raviver son éclat d'antan, c'est simple : trempez votre éponge humidifiée dans du bicarbonate de soude. Il ne vous reste plus qu'à frotter ! Rincez à l'eau claire et séchez avec un chiffon non pelucheux.

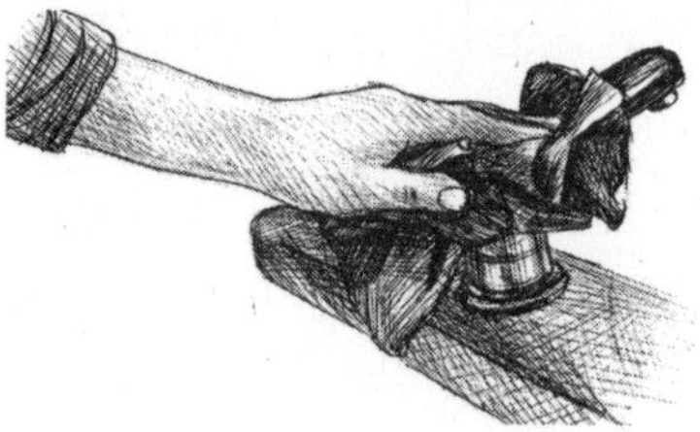

Contre le calcaire

Voici l'une des vertus du bicarbonate de soude : il lutte contre le calcaire et prévient sa formation. Utilisez-le dans votre lave-linge, votre lave-vaisselle ou pour nettoyer les traces, en particulier dans la salle de bains ou dans l'évier de la cuisine. Imbibez-en une éponge, frottez puis rincez à l'eau claire.

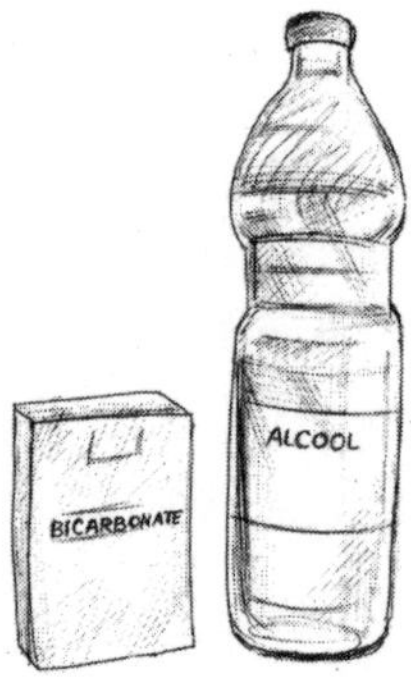

Un peigne toujours propre

Un peigne, avec l'usage quotidien que vous en faites, se salit bien vite. Pour le requinquer, faites-lui prendre un bain d'eau bicarbonatée. Diluez-en 1 cuillère à soupe dans 50 cl d'eau bien chaude. Laissez-le tremper toute la nuit. Les résidus, la poussière et le sébum laissés seront dissous par l'action du bicarbonate de soude. Rincez et séchez le lendemain.

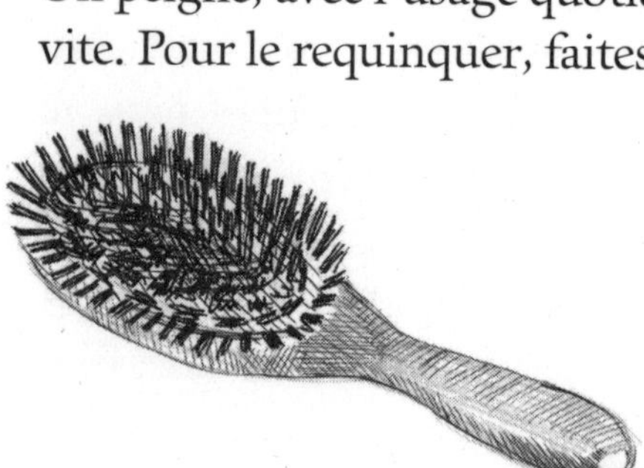

Une brosse à dents propre

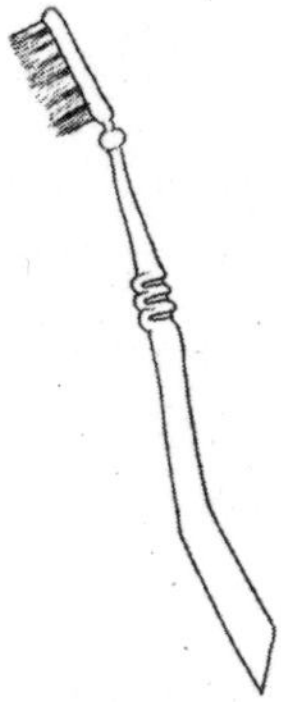

Prenez cette bonne habitude qu'avaient nos aïeules : le soir, après vous être lavé les dents, faites tremper votre brosse à dents dans de l'eau bicarbonatée, à raison de 15 g (soit 1 cuillère à soupe) pour 50 cl d'eau tiède. Laissez-la dans cette solution toute la nuit. Le bicarbonate va dissoudre les résidus et les impuretés piégées dans la brosse à dents.

Lave-vaisselle optimisé

Si vous possédez un lave-vaisselle, prenez la bonne habitude de diviser par deux la dose de détergent que vous utilisez, qu'il soit en poudre ou en tablettes. Remplacez cette moitié par 15 g de bicarbonate de soude. Ce dernier aide à dissoudre les graisses et lutte contre le calcaire. Il contribue en prime à l'entretien du lave-vaisselle. D'une pierre deux coups !

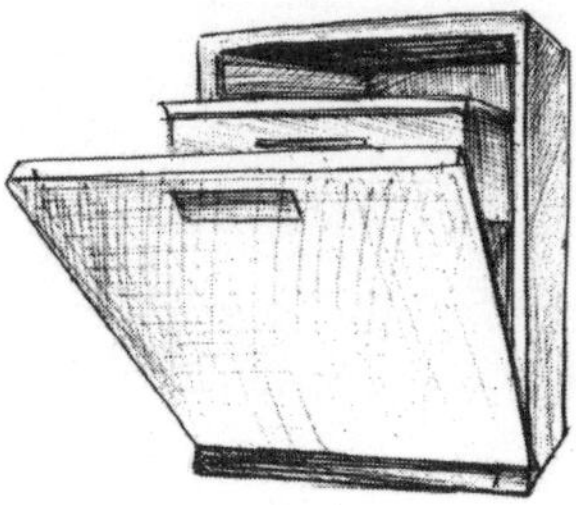

Plaques de cuisson étincelantes

Vos plaques de cuisson sont vite recouvertes de traces de brûlé difficiles à faire partir. Nos aïeules utilisaient le bicarbonate de soude pour en venir à bout. Faites comme elles : saupoudrez-les d'un peu de bicarbonate et frottez avec votre éponge humidifiée. Résultat garanti : les taches partiront aussitôt !

Nettoyer le micro-ondes

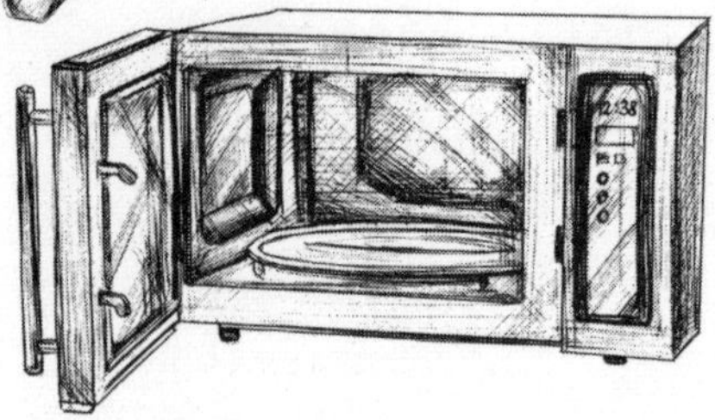

Le micro-ondes, vous l'utilisez tous les jours, ou presque ! Il se salit bien vite et ce n'est pas chose aisée de le nettoyer. Rien de plus facile avec le bicarbonate de soude : humidifiez une éponge et saupoudrez-la de bicarbonate. Il ne vous reste plus qu'à frotter ! Rincez à l'eau claire. Les traces partiront facilement.

Nettoyer la vitrocéramique

Pour venir à bout des traces de brûlé sur vos plaques en vitrocéramique, rien de plus simple : humidifiez votre éponge et trempez-la dans du bicarbonate de soude. Frottez les marques en faisant de petits cercles avec le côté jaune de l'éponge, non abrasif, pour ne pas rayer les plaques. Ajoutez un peu de jus de citron pour plus d'efficacité.

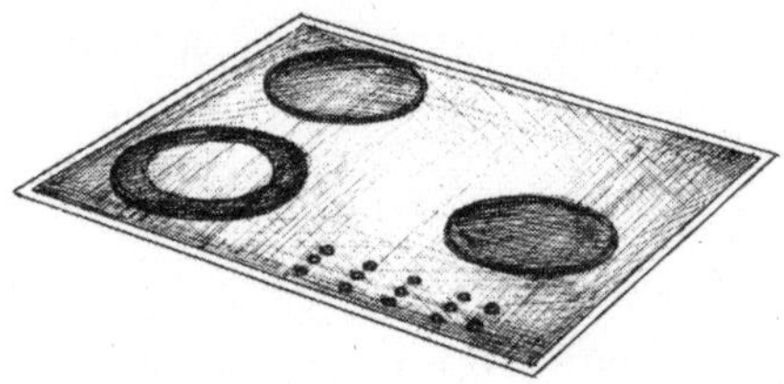

Des plaques en vitrocéramique étincelantes

Les plaques en vitrocéramique doivent être nettoyées avec précaution. Il ne faut surtout pas utiliser le côté abrasif vert de votre éponge. Arrosez-les de vinaigre et saupoudrez ensuite de bicarbonate de soude. Le mélange des deux produits est infaillible : les traces ne feront pas long feu. Rincez à l'eau claire.

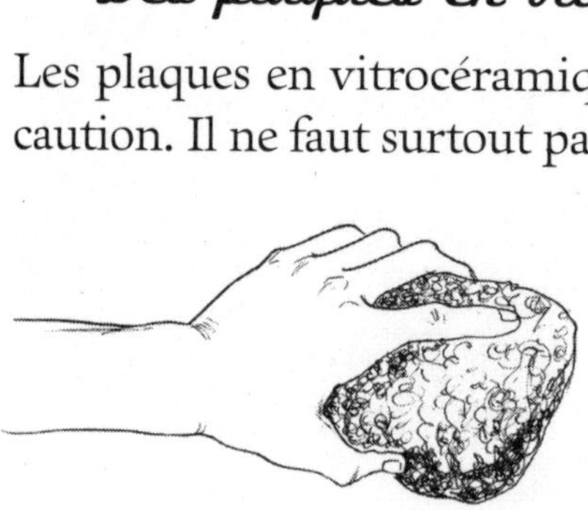

Dégraisser ses plaques

Le bicarbonate de soude est idéal pour nettoyer vos plaques en vitrocéramique : sa texture poudreuse a une action abrasive mais ne raye pas le verre. Mouillez les plaques et saupoudrez du bicarbonate. Laissez agir quelques heures puis décrochez avec une spatule en bois les couches de brûlé.

Désodoriser le réfrigérateur

Votre réfrigérateur dégage des odeurs plus que nauséabondes ? Même après l'avoir lavé, elles restent gênantes. Placez donc 1 petite coupelle pleine de 6 cuillères à soupe de bicarbonate de soude près du ventilateur de votre appareil. Le bicarbonate piège et neutralise les odeurs. Remuez-le de temps à autre. Renouvelez la coupelle tous les 3 mois.

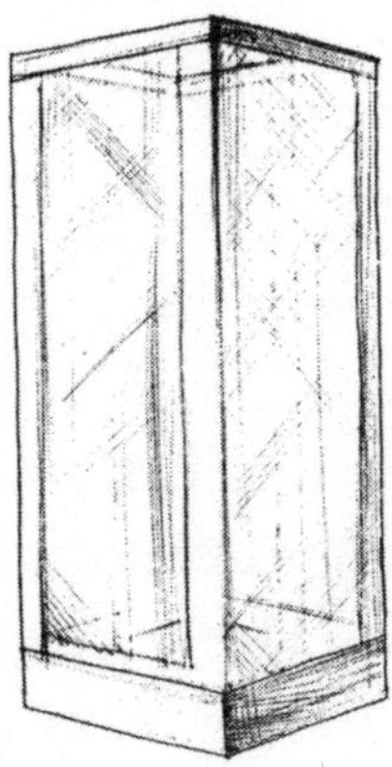

Contre les moisissures

Les pièces d'eau sont les plus touchées par les moisissures, comme les pièces peu aérées. Elles sont toxiques et peu esthétiques, mais le bicarbonate de soude va vous aider à les éliminer. Pour empêcher leur développement, frottez les marques de moisissure avec ce mélange : 6 cuillères à café de bicarbonate de soude dans 1 litre d'eau chaude.

Contre les acariens

Il est difficile de faire face aux acariens. Microscopiques, ils produisent des déjections très irritantes pour les voies respiratoires. Pour éviter le développement de ces allergènes, utilisez le bicarbonate de soude. Saupoudrez-en sur le canapé, les fauteuils, la moquette… et brossez pour le faire pénétrer dans les fibres. Laissez agir 4 heures puis passez l'aspirateur.

Assainir l'air

L'air ambiant est rempli de toutes sortes de poussières et autres saletés polluant vos poumons ! C'est là que le bicarbonate de soude va intervenir. Il remplace aisément les produits d'entretien pour votre intérieur. Utilisez-le également à la place des désodorisants chimiques. Il limite aussi la propagation des moisissures. Faites-en bon usage !

Assainir le lit

Le matelas et les oreillers sont de vrais nids à acariens et à moisissures. Que vous soyez allergiques ou non, assainissez votre espace de repos en le saupoudrant de bicarbonate de soude. Brossez pour le faire pénétrer dans les fibres. Laissez agir 6 heures puis passez l'aspirateur. À renouveler tous les 3 mois.

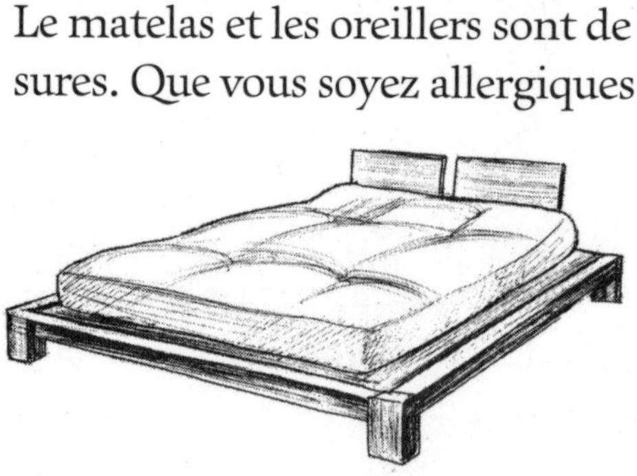

Odeurs de renfermé

Vos placards, peu souvent aérés, ont tendance à sentir le renfermé. Il existe un moyen d'éviter ce phénomène : placez dans vos armoires et dans vos placards 1 petite coupelle remplie de 150 g de bicarbonate de soude. Ce dernier va absorber les odeurs. Remuez de temps en temps. Changez-la tous les 3 mois.

Accessoires de maquillage

Vous vous servez tous les jours de petits pinceaux et d'ustensiles de maquillage. Résultat, ils s'abîment et se salissent vite. Entretenez-les et nettoyez-les grâce au bicarbonate de soude. Mettez 50 cl d'eau bien chaude dans une bassine et versez-y 2 cuillères à soupe de bicarbonate de soude. Mettez-les à tremper toute une nuit. Le lendemain, rincez-les et séchez-les : ils sont comme neufs !

Un cendrier inodore

Vous ne pensez pas toujours à vider votre cendrier, et votre demeure sent le tabac froid. Rien de pire pour vous donner la nausée ! Afin de limiter les odeurs, déposez dans votre cendrier 1 cuillère à café de bicarbonate de soude, une fois celui-ci vidé et bien lavé.

Nettoyer sa brosse à ongles

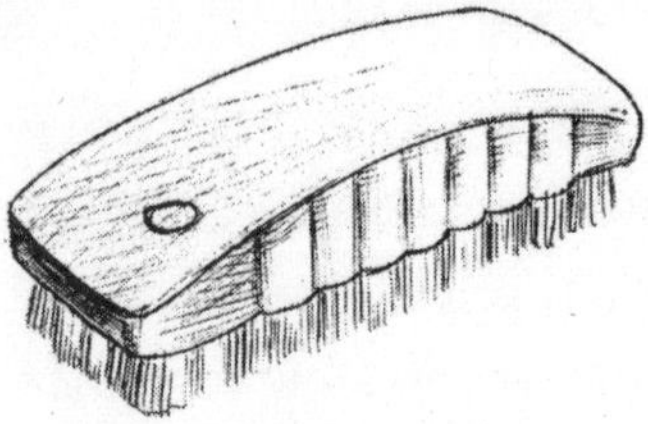

Une brosse à ongles fait partie des ustensiles qui se salissent vite et qui sont assez embêtants à nettoyer. Pour ce faire, rien de tel que le bicarbonate de soude : Mélangez 2 cuillères à soupe de bicarbonate de soude à 50 cl d'eau bien chaude. Laissez tremper la brosse une nuit. Rincez le lendemain : votre brosse à ongles est toute propre.

Repousser les fourmis

Les fourmis ont élu domicile dans votre cuisine et ne cessent d'aller et venir dans votre garde-manger. C'est là que le bicarbonate de soude va vous aider. Il suffit d'en placer une fine ligne à l'endroit où les ouvrières ont l'habitude de faire leur va-et-vient. Mettez-en aussi contre les plinthes et au pas de votre porte d'entrée. Elles ne s'aventureront plus chez vous !

Repousser les cafards

Des cafards ont envahi votre demeure ? Même si ce n'est pas la petite bête qui va manger la grande, ce n'est pas vraiment agréable…

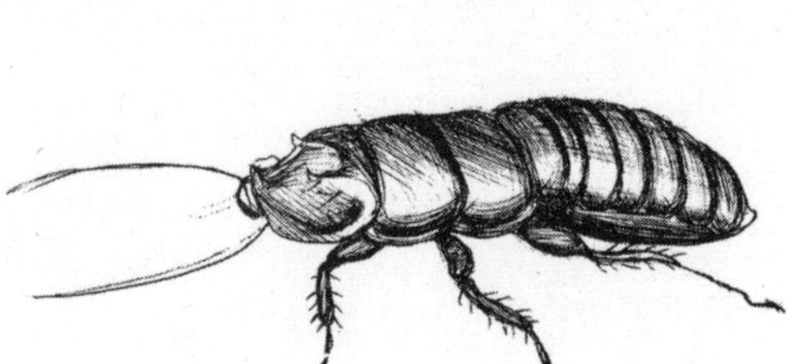

Pas de panique : posez un peu de bicarbonate de soude aux endroits où vous avez l'habitude de les voir se balader. Ils vont en avaler et se déshydrater. Finie l'invasion des petites bêtes marron !

Nettoyer de l'argent

Vos bijoux en argent ne sont plus ce qu'ils étaient… Avec le temps et l'usure, l'argent ternit et se couvre d'une pellicule noire. Le bicarbonate arrive à la rescousse : faites tremper vos bijoux dans de l'eau chaude additionnée de 1 cuillère à soupe de bicarbonate de soude. Laissez agir puis rincez. Pour plus de brillance, frottez-les dans vos mains avec du bicarbonate humide.

Entretien des éponges

Vos éponges synthétiques sont bien sales et toutes raplapla ? Faites-leur prendre 1 bain de jus de citron et d'eau brûlante. Au bout de quelques heures, rincez. Ensuite, trempez-les encore, mais cette fois dans du bicarbonate de soude dilué dans de l'eau. Elles seront requinquées !

Entretien de l'opale

Les bijoux incrustés de pierre d'opale ne peuvent être lavés avec de l'eau savonneuse ou de l'alcool. Pour les nettoyer, déposez-les sur du papier absorbant légèrement mouillé, puis frictionnez-les avec du bicarbonate de soude. Rincez ensuite avec 1 linge humide. Séchez-les immédiatement avec un second chiffon.

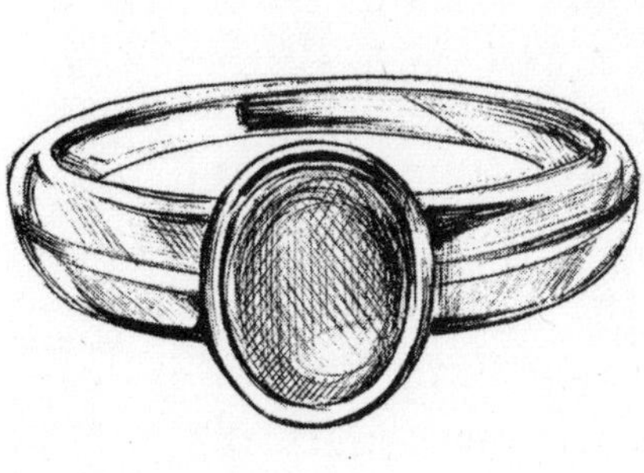

Nettoyer l'aluminium

Comment ôter cette pellicule graisseuse qui se fixe sur l'aluminium ? Avec ce mélange : 50 g de bicarbonate de soude, 10 cl de crème de tartre, 10 cl de vinaigre blanc et 2 cuillères à soupe de paillettes de savon de Marseille. Touillez bien et appliquez cette pâte sur un tampon en laine d'acier. Nettoyez l'aluminium avec. La mixture se conserve 1 an en bocal.

Nettoyer les clubs de golf

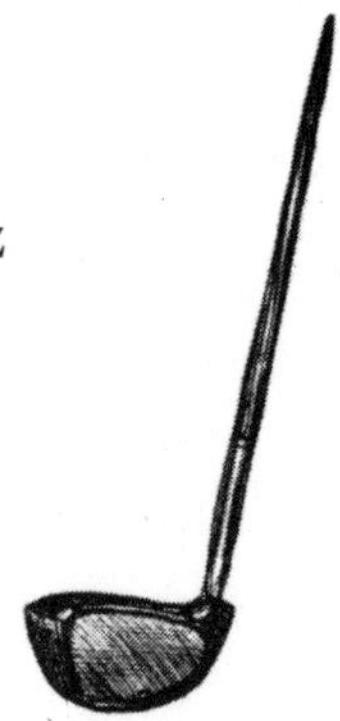

Vous maltraitez vos clubs de golf lorsque vous tapez avec force dans la balle ! Ils nécessitent d'être correctement entretenus, de plus ils sont rapidement sales. Nettoyez-les, le fer et le bois, avec 1 brosse humide que vous aurez trempé dans du bicarbonate de soude. Cela les requinquera !

Nettoyer son rideau de douche

Un rideau de douche se salit inévitablement, à cause de l'humidité. De la moisissure se crée et laisse des traces noires pas très esthétiques. Éliminez-les en lavant votre rideau à la machine en ajoutant 15 grammes de bicarbonate de soude à l'eau de lavage, directement dans le bac. Finissez en ajoutant 25 centilitres de vinaigre blanc au cycle de rinçage.

Rafraîchir son canapé

Votre canapé, ainsi que les fauteuils assortis, ont triste mine. La poussière, la luminosité, l'usure sont autant de facteurs qui ternissent leur couleur. Saupoudrez du bicarbonate de soude sur ces derniers pour les rafraîchir. Laissez agir quelques instants puis passez-y l'aspirateur. La magie a opéré !

Gonfler un ballon

Vous organisez la fête d'anniversaire de votre petit frère et vous avez une multitude de ballons à gonfler pour la décoration. Vous avez mal aux joues ? Arrêtez de souffler : versez 1 cuillère à café de bicarbonate de soude et 5 centilitres de vinaigre dans votre ballon. Fermez-le et secouez : il se gonfle comme par magie !

Pâte à sel optimisée

Mélangez 1 verre de Maïzena, 2 verres de bicarbonate de soude et 1 verre d'eau dans une casserole. Mettez à chauffer à feu très doux jusqu'à ce que la pâte formée se décolle. Laissez tiédir et pétrissez. Laissez sécher à température ambiante. Votre pâte à sel est prête : elle est plus blanche et plus dure que la pâte à base de farine et elle supportera mieux l'humidité.

Astuces

Une beauté naturellement carbonatée

Il suffisait de peu à Mamie pour être belle de la tête au pied ! Elle ne dépensait pas des mille et des cents dans des crèmes industrielles. Un paquet de bicarbonate de soude et le tour est joué ! Grand-mère confectionnait avec attention ses cosmétiques à partir de cet ingrédient simple, qui a l'avantage de prendre soin de la peau sans l'irriter. Masque, gommage, crème, déodorant… le tout maison et 100 % naturel. À votre tour d'en faire de même !

Ralentir la repousse des poils

Assez de ces poils qui reviennent trop vite ! Limitez simplement la repousse en prenant un bain magique : rajoutez 1 tube entier d'aspirine et 4 cuillères à café de bicarbonate de soude dans l'eau de votre bain. Relaxez-vous au moins 30 minutes. Renouvelez l'opération 2 fois par mois.

Mains moites

Si vous avez tendance à avoir les mains moites dès que vous êtes stressé, optez pour le bicarbonate de soude. Gardez-en toujours un petit flacon sur vous et, dès que vos mains commencent à transpirer, saupoudrez-les. Un petit réflexe à avoir, surtout le jour d'un entretien d'embauche ou d'un rendez-vous galant.

Boutons fessiers

Les frottements des jeans provoquent souvent des boutons sur les fesses. Pour retrouver une peau douce et lisse, optez pour le bicarbonate de soude. Mélangez-en 4 cuillères à soupe dans 1 bol d'eau chaude. Rajoutez du gros sel afin de former une pâte granuleuse. Appliquez ce mélange sur votre peau et frottez en faisant des cercles. Renouvelez le soin 2 fois par semaine.

Pointes sèches

Malgré des soins répétés, vos pointes de cheveux ressemblent à de la paille ? Préparez-vous une huile hydratante : faites macérer 5 cuillères à café de bicarbonate de soude avec des bâtons de cannelle dans de l'alcool à 70° pendant 1 semaine. Après chaque shampooing, utilisez cette lotion en friction. Vos cheveux retrouveront toute leur douceur.

Bain de vapeur

Lorsque Mamie souhaitait nettoyer en profondeur son visage, elle faisait un bain de vapeur maison. Faites bouillir une casserole d'eau additionnée de 3 cuillères à café de bicarbonate de soude, 5 gouttes d'huile essentielle de citron et 4 gouttes d'huile d'amande douce. Retirez du feu puis penchez-vous au-dessus de la casserole, la tête recouverte d'une serviette. Restez ainsi au moins 15 minutes. Séchez et terminez le soin en hydratant. La peau sera assainie et les pores resserrés.

Des boucles parfaites

Mamie obtenait de jolies boucles bien rondes en saupoudrant ses bigoudis de bicarbonate de soude. Humectez vos cheveux avec un peu de bière diluée dans de l'eau et fixez vos rouleaux. Laissez sécher puis déroulez : vos boucles sont parfaites et dureront plus longtemps.

Rasage sans mousse

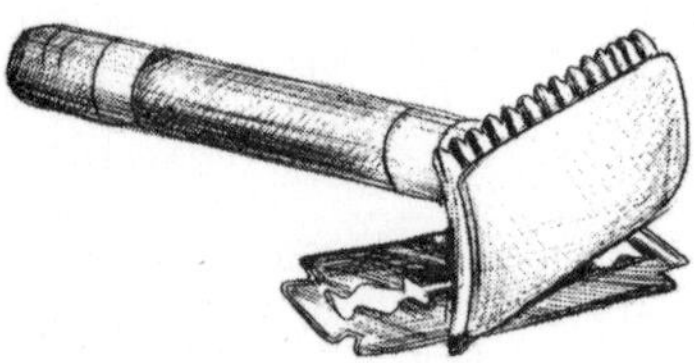

Vous n'avez plus de mousse à raser ? Dans un peu d'eau chaude, rajoutez un peu de bicarbonate de soude et du savon de Marseille : le problème est résolu. Il ne vous reste plus qu'à trouver votre rasoir !

Shampooing sec

Lorsque Grand-mère n'avait pas le temps de se laver les cheveux, elle les saupoudrait de bicarbonate de soude. Faites de même ! Terminez en les brossant énergiquement. Vos cheveux paraîtront plus propres.

Doigts de fumeur

Si vous êtes fumeur, vous devez certainement avoir un doigt jauni par la nicotine. Remédiez à ce petit problème en brossant la zone touchée avec du bicarbonate de soude. En plus d'être nettoyés, vos doigts ne sentiront plus le tabac : d'une pierre deux coups !

Cataplasme anticellulite

Dans un bol, mélangez 4 cuillères à café de marc de café, 3 cuillères à café d'argile et 2 cuillères à café de bicarbonate de soude. Rajoutez un peu d'eau jusqu'à obtenir une pâte onctueuse. Appliquez sur la zone à traiter (ventre, cuisses, fesses), puis massez énergiquement. Renouvelez l'opération le plus souvent possible.

Des lèvres douces

Surprenez votre compagnon avec des lèvres douces et soyeuses. Tous les matins, versez un peu de bicarbonate de soude sur votre brosse à dents, puis brossez votre bouche humidifiée avec. En à peine 1 semaine, vous verrez la différence !

Un beau décolleté

Grand-mère n'oubliait pas de prendre soin de son décolleté. Comment ? Avec un peu de bicarbonate de soude ! Diluez-en dans un peu d'eau jusqu'à obtenir une pâte homogène. Appliquez ensuite sur votre poitrine et frottez. Terminez en rinçant à l'eau et en hydratant. Votre décolleté sera soyeux et doux au toucher.

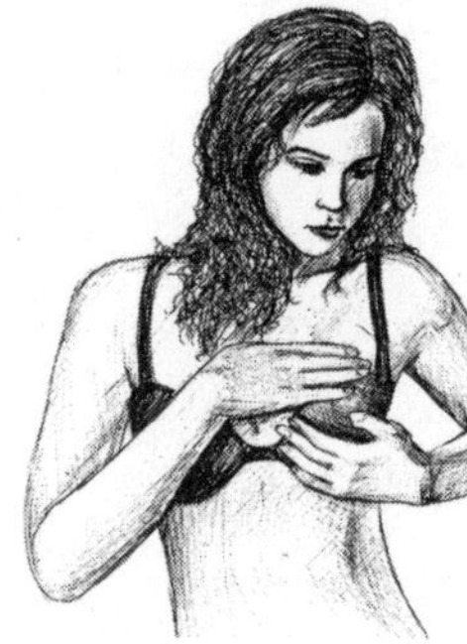

Drainant naturel

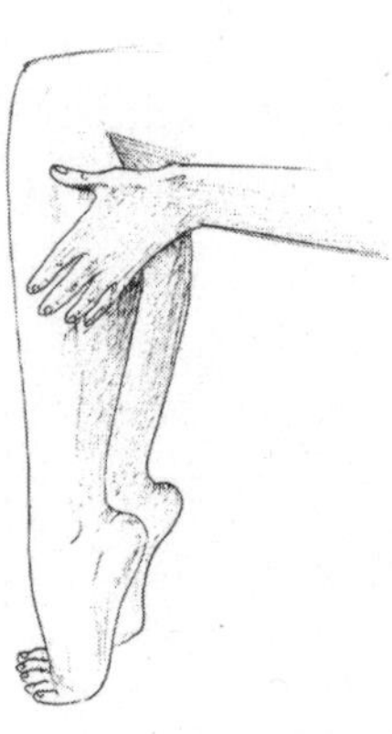

Pour avoir des jambes fines, Grand-mère avait sa lotion magique maison. Elle diluait 1 cuillère à soupe de bicarbonate de soude dans 2 verres de vinaigre de cidre. Elle se massait quotidiennement les cuisses et les mollets avec ce mélange. Elle favorisait ainsi la circulation sanguine de ses gambettes et aidait à chasser les amas graisseux.

Une crème pour les mains efficace

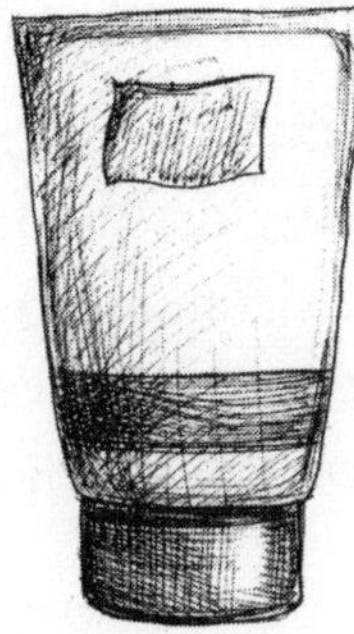

Vos mains sont rugueuses malgré l'utilisation fréquente d'une crème spécifique ? La solution : rajoutez 3 cuillères à café de bicarbonate de soude et 1 cuillère à soupe de vinaigre de cidre à votre crème.

Limiter la chute des cheveux

Si vous avez tendance à perdre vos cheveux, vous pouvez les fortifier avec le remède de Grand-mère. Dans 1 litre d'eau chaude, diluez 1 cuillère à soupe de miel, 1 verre de vinaigre de cidre et 4 cuillères à soupe de bicarbonate de soude. Après votre shampooing habituel, utilisez cette préparation comme dernière eau de rinçage.

Fortifier les ongles

Mamie était coquette et adorait avoir de beaux ongles. Une fois par semaine, elle les trempait dans un bain bicarbonaté. Portez à ébullition 3 cuillères à soupe de bicarbonate de soude avec 1 verre de vinaigre de cidre. Laissez tiédir et plongez-y vos mains durant 15 minutes environ.

Lotion pour peaux grasses

Dans 1 litre d'eau, mélangez 4 cuillères à soupe de bicarbonate de soude avec du jus de citron. Matin et soir, nettoyez-vous le visage avec cette lotion ancestrale. Votre peau retrouvera tout son éclat.

Resserrer les pores

Mamie connaît une recette aussi économique qu'efficace pour chasser les vilains points noirs : portez à ébullition 1 cuillère à soupe de pétales de rose avec du citron et 5 cuillères à café de bicarbonate de soude. Laissez refroidir et filtrez. Conservez le tout dans un bocal hermétique. Tous les matins, nettoyez votre visage avec.

Raviver la couleur des cheveux

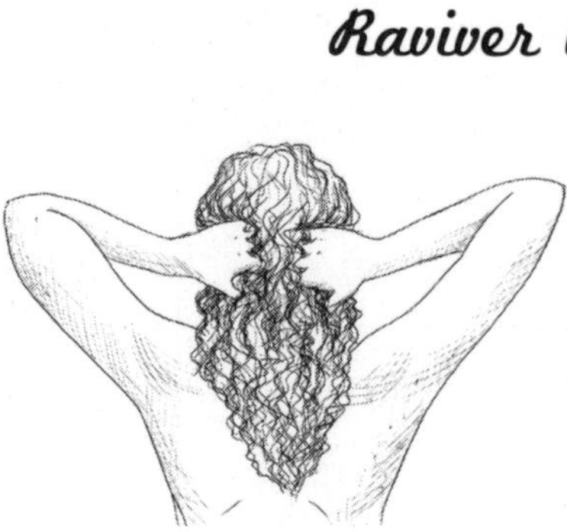

Grand-mère n'avait pas sous la main les produits des coiffeurs pour donner de la brillance à ses cheveux. En revanche, elle disposait toujours de bicarbonate de soude dans ses placards. Elle en diluait 4 cuillères à café dans une bouteille d'eau et utilisait ce mélange comme dernière eau de rinçage.

Mains de velours

Lorsque les températures descendent en dessous de 0, les mains ont tendance à vite s'assécher. En période de froid, Grand-mère avait l'habitude de les tremper dans de l'eau au bicarbonate de soude. Dans 1 litre d'eau rajoutez-en 2 cuillères à café et baignez vos mains 10 minutes dans ce mélange. Elles seront douces et prêtes à affronter l'hiver.

Odeurs de pieds

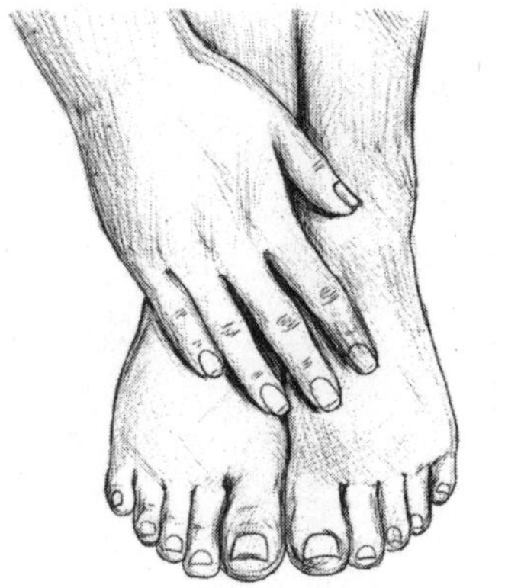

Éradiquez naturellement les mauvaises odeurs de pieds avec le bicarbonate de soude. Dans un petit flacon, diluez-en 5 cuillères à café avec de l'eau tiède. Pulvérisez sur vos pieds dès que vous le souhaitez. Laissez sécher : vos pieds ne sentiront plus rien.

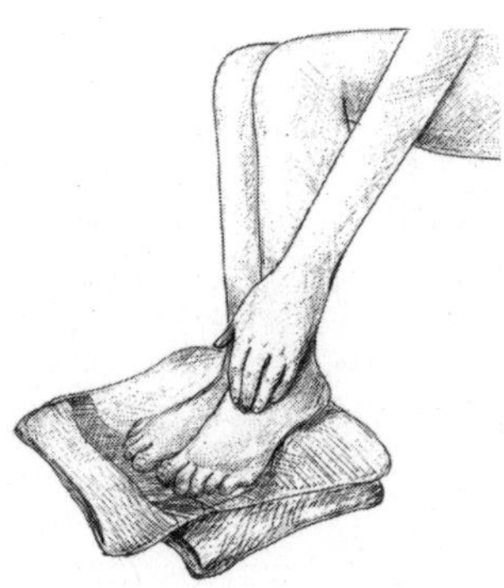

Peaux mortes

Le bicarbonate de soude sera votre allié pour enlever les peaux mortes de vos pieds. Mouillez-les, puis saupoudrez-les d'une fine couche de bicarbonate de soude. Massez énergiquement afin de faire tomber les résidus de peau. Terminez en rinçant à l'eau puis hydratez.

Ongles sales

Vous avez jardiné tout l'après-midi ? Votre jardin est magnifique et vos mains sont encrassées de terre ! Nettoyez-les naturellement avec un bain de bicarbonate de soude. Mélangez-en 2 cuillères à café dans 1 litre d'eau chaude. Trempez-y vos doigts 15 minutes environ puis rincez à l'eau.

Préserver ses mains

Si faire la vaisselle vous assèche les mains, rajoutez 2 cuillères à café de bicarbonate de soude dans votre eau de lavage. Cela diminuera la présence de calcaire, responsable du dessèchement de votre peau.

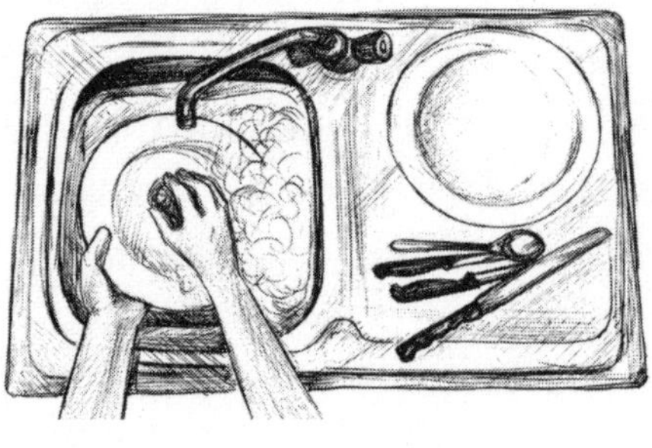

SOS boutons

Ils surviennent toujours au mauvais moment : les boutons. Asséchez-les rapidement en appliquant de l'eau bicarbonatée dessus. Couvrez à l'aide d'un petit pansement. Le lendemain, vos boutons ne seront plus là.

Gommage magique

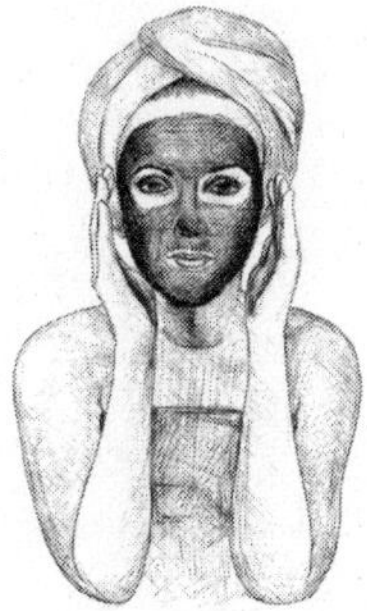

Ne cherchez plus en vain un gommage efficace. Mamie en connaît un qui chassera toutes vos imperfections. Diluez dans 1 litre d'eau 5 cuillères à soupe de bicarbonate de soude jusqu'à obtenir une pâte homogène. Appliquez sur le visage puis massez délicatement en faisant des cercles concentriques. Rincez à l'eau puis finissez en hydratant.

Nettoyer ses ustensiles bucco-dentaires

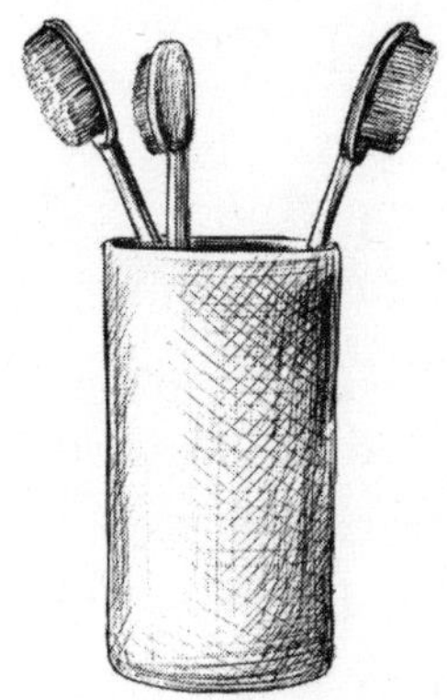

L'hygiène des ustensiles bucco-dentaires est aussi importante que l'hygiène des dents. Une fois par mois, diluez 4 cuillères à soupe de bicarbonate de soude dans 1 grand bol d'eau chaude. Laissez tremper toute 1 nuit votre brosse et votre verre à dents. Le lendemain, rincez à l'eau abondamment.

Soin dentaire

Rien ne vaut un bon brossage avec du bicarbonate de soude pour nettoyer ses quenottes en profondeur. Dans 15 cl d'eau oxygénée, diluez 3 cuillères à café de bicarbonate de soude. Déposez la mixture obtenue sur votre brosse à dents puis lavez-les avec. Attention, n'utilisez pas ce soin plus d'une fois par mois. L'eau oxygénée utilisée trop fréquemment peut attaquer vos gencives.

Odeur de chevelure

Vous avez fait la fête toute la soirée au milieu de fumeurs ? Résultat, le lendemain, vos cheveux sentent inévitablement le tabac froid. Même après les avoir lavés, l'odeur est toujours là ! Chassez-la simplement en versant du bicarbonate de soude sur votre crinière sèche. Massez énergiquement puis brossez pour enlever l'excès de poudre. Sentez : vos cheveux sont inodores !

Odeurs intimes

En période d'indisposition, le corps à tendance à sentir plus fort au niveau des parties intimes. Après votre toilette habituelle, rincez-vous avec de l'eau bicarbonatée. Malgré cela, si en journée l'odeur persiste, ayez toujours sur vous 1 petit spray rempli de cette eau. Dès que vous le pouvez, nettoyez-vous avec.

Déodorant express

Fabriquez rapidement votre déodorant avec du bicarbonate de soude. Diluez-en 2 cuillères à café dans un pulvérisateur avec de l'eau tiède. Agitez énergiquement puis vaporisez vos aisselles. En 5 minutes, la mauvaise odeur est neutralisée.

Rince-doigts inodore

Quel délice de manger des fruits de mer. Mais à la fin du repas, vos mains sentent fortement l'odeur des crustacés. Remédiez à ce petit désagrément en plongeant vos doigts dans de l'eau bicarbonatée. Il n'existe pas meilleur rince-doigts ! Il ne laisse ni odeur ni mains collantes. Faites le test !

Savon maison

Le bicarbonate de soude peut aussi faire office de savon. Diluez-en 4 cuillères à café dans 1 verre de vinaigre blanc. Une pâte homogène doit se former. Laissez reposer quelques minutes puis lavez-vous avec. Votre peau sera nettoyée en profondeur sans être agressée.

Mauvaise haleine

Votre réveil n'a pas sonné ce matin ? Résultat, vous êtes parti en vitesse au travail sans prendre le temps de vous brosser les dents… Évitez la mauvaise haleine matinale avec le bicarbonate de soude. Un petit gargarisme et le tour est joué. D'une pierre deux coups, vous nettoyez aussi votre dentition !

SOS ongles sales

Vous peinez à enlever les résidus de vernis sur vos ongles ? Nettoyez-les avec du bicarbonate de soude. Saupoudrez le produit sur 1 petite brosse puis frottez énergiquement vos ongles humidifiés. En 2 à 3 passages, vous aurez des ongles impeccables. C'est radical !

Des muscles plus résistants

Il n'est pas question de booster vos performances, mais d'aider vos muscles à se surpasser. Boire de l'eau bicarbonatée tout au long de la journée permet de fortifier votre organisme et de mieux résister aux efforts intenses et prolongés. Dans une bouteille de 1,5 litre d'eau, diluez 4 cuillères à café de bicarbonate de soude.

Déodorant maison

Vous avez tendance à transpirer facilement ? Régulez votre sueur simplement en tapotant vos aisselles avec un peu de bicarbonate de soude. Vous limiterez les odeurs nauséabondes. Gardez-en toujours un peu sur vous et renouvelez l'opération dans la journée si nécessaire.

Limiter les problèmes dentaires

Le bicarbonate de soude sera votre allié anti-carie. Diluez-en 2 cuillères dans 1 verre d'eau et rincez-vous la bouche avec ce mélange 2 fois par semaine. Si vous avez les gencives sensibles, demandez au préalable l'avis à votre médecin.

Soulager un coup de soleil

Si le soleil a fait des siennes sur votre peau et que vous n'avez pas de crème apaisante sous la main, optez pour le bicarbonate de soude. Imprégnez d'eau un torchon et saupoudrez-le de 5 cuillères à café de bicarbonate de soude. Tapotez ensuite délicatement les zones meurtries. Le soulagement est instantané !

Halte aux odeurs de friture

Après une longue journée à cuisiner, le constat est souvent le même : vos cheveux sentent la friture. Mamie s'empressait de les laver avec du bicarbonate de soude. Mélangez-en 2 cuillères à soupe dans une bouteille de 1,5 litre d'eau. Lavez-vous la tête avec votre shampooing habituel puis utilisez votre mélange comme dernière eau de rinçage. Vos cheveux seront propres et sans odeur !

En finir avec les pellicules

Rien de pire que des cheveux remplis de pellicules. Éradiquez-les naturellement avec le bicarbonate de soude. Diluez-en 4 cuillères à café dans 1 bol d'eau et frictionnez votre cuir chevelu avec ce mélange. Renouvelez l'opération 2 fois pendant 2 semaines. Si le problème persiste, n'insistez pas. Consultez votre médecin.

Enlever les produits coiffants

Le bicarbonate de soude est très efficace pour nettoyer votre cuir chevelu. Rincez-vous avec de l'eau additionnée de 2 cuillères à café de bicarbonate de soude et vous n'aurez plus de résidus de laque ou de gel dans les cheveux.

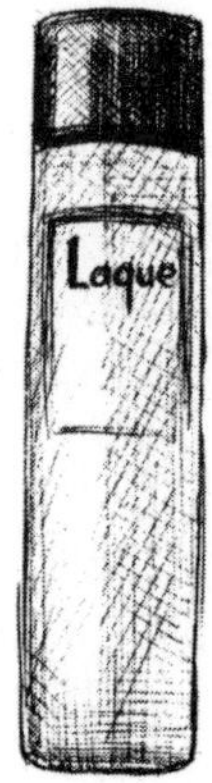

Des cheveux souples

Certains jours, quoi que vous fassiez, vos cheveux ne veulent pas se coiffer. La raison : ils manquent de souplesse. Remédiez-y en ajoutant 1 cuillère à café de bicarbonate de soude à votre shampooing. Votre crinière sera moins rebelle et se démêlera plus facilement.

Antiacné

Ne cherchez plus la crème miracle contre les boutons. Faites plutôt confiance à Mamie qui avait une peau sans imperfections. Humectez votre visage avec un peu d'eau, puis étalez du bicarbonate de soude. Un masque avec des petits grains doit se former. Gardez-le 2 minutes si vous souhaitez faire un traitement de fond et 5 minutes si vous avez des boutons à chasser.

Un rasage parfait

Votre homme peine à se raser proprement à cause de ses poils rebelles ? Suggérez-lui d'appliquer une fois par semaine un peu de bicarbonate de soude sur son visage humidifié. Après 5 minutes de pose, sa peau sera prête à être rasée.

Des bigoudis propres

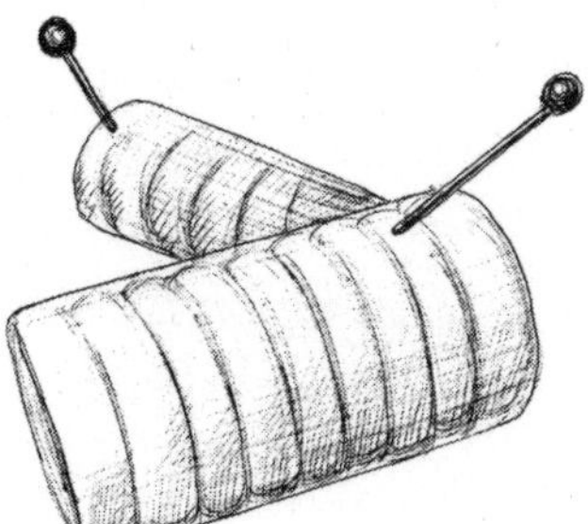

Vous avez de beaux cheveux bouclés ? Et ce grâce à vos précieux bigoudis ! Pour en prendre soin, faites tremper ces derniers toute une nuit dans ce mélange : 2 cuillères à soupe de bicarbonate de soude dans 50 cl d'eau chaude. Le lendemain, rincez bien le tout et essuyez-les soigneusement.

Astuces

Les remèdes au bicarbonate de Mamie

Il n'existe pas un mal dont Mamie ne connaît le remède. Son ingrédient magique : le bicarbonate de soude. L'air de rien, cette petite poudre blanche soigne presque tous les petits bobos du quotidien. Maux de gorge, fatigue, migraine, verrues, cors et bien d'autres encore… Attention tout de même, les recettes de nos aïeules ne remplaceront jamais l'avis d'un médecin. N'hésitez pas à lui demander conseil si votre état de santé ne s'améliore pas.

Soulager les aphtes

Les aphtes ont le chic pour gâcher votre quotidien en irritant votre bouche dès que vous mangez ? Remédiez à ce petit désagrément en recourant à ce remède : mélangez le jus de 2 citrons avec 1 cuillère à café de bicarbonate de soude. Imbibez un coton-tige avec cette mixture et passez-le sur vos aphtes. Poursuivez en faisant des bains de bouche avec le reste de la mixture.

Retirer facilement une écharde

En cas d'écharde, appliquez une pâte de bicarbonate de soude. Dans 1 volume d'eau, ajoutez 3 volumes de bicarbonate. Enveloppez la pâte formée dans du film alimentaire et placez-la 1 heure au réfrigérateur. Une fois le temps d'attente écoulé, appliquez cette pâte sur la zone touchée et laissez sécher pendant au moins 2 heures. L'écharde remontera d'elle-même.

Apaiser un mal de dos

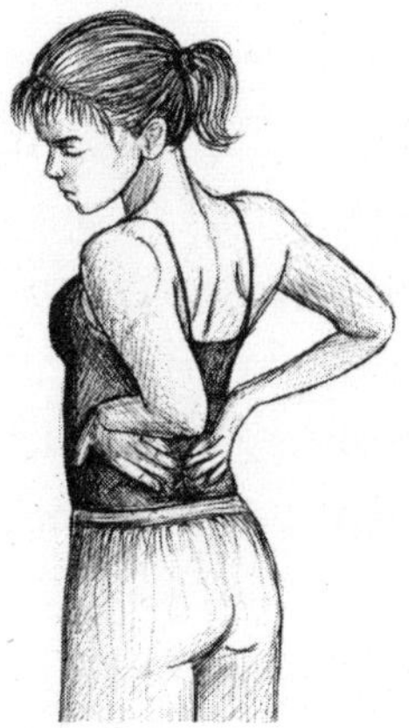

Vous avez porté un poids trop lourd et vous vous retrouvez avec un mal de dos ? Pas de panique, Grand-mère va soulager votre peine. Préparez-vous un cataplasme à base de bicarbonate de soude. Diluez-en 5 cuillères à soupe dans de l'eau brûlante. Une pâte épaisse doit se former. Enveloppez votre préparation dans un torchon, puis laissez refroidir sur la zone douloureuse.

Sommeil agité

Vous peinez à vous endormir ? Chaque soir c'est la même rengaine : vous tournez des heures dans votre lit. Mamie évitait les insomnies en buvant une tisane calmante. Laissez infuser 10 minutes 4 cuillères à soupe de fleurs séchées de camomille avec 2 cuillères à café de bicarbonate de soude. Buvez votre mixture 1 heure avant d'aller vous coucher.

Fortifier ses os

Luttez naturellement contre l'ostéoporose avec le remède ancestral de Grand-mère. Matin et soir, mangez 1 yaourt avec 1 cuillère à café de bicarbonate de soude. Vous aiderez ainsi vos os à fixer le calcium. Un petit geste préventif qui rendra en prime votre ossature plus résistante aux chocs.

Booster sa mémoire

Il paraît que manger du poisson stimule la mémoire et la rend plus performante. Mamie ne le savait que trop bien et rendait ce remède encore plus efficace en saupoudrant ses mets avec une pincée de bicarbonate de soude. Si vous vous demandiez pourquoi votre grand-mère n'oubliait pas la moindre de vos bêtises, c'est dans ce petit geste que résidait tout son secret.

Stopper le hoquet

Hic, hic, hic : votre hoquet ne veut pas passer ? Mamie arrive à la rescousse et vous donne son secret pour le faire passer. Buvez 1 grand verre d'eau contenant 1 cuillère à café de bicarbonate de soude en laissant 1 cuillère dans votre verre. Avalez d'une traite ! Hic ? Eh non ! Le hoquet a disparu.

Dégager les bronches

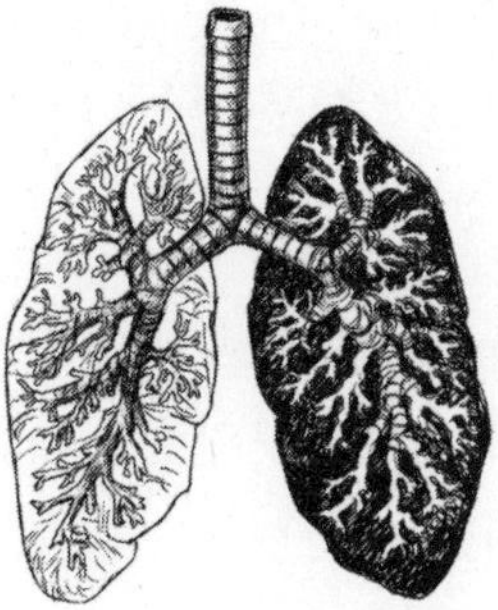

En cas de bronches encombrées, faites-vous une inhalation au bicarbonate de soude. Si vous n'avez pas d'appareil, portez une casserole à ébullition puis diluez 4 cuillères à café de bicarbonate avec 5 gouttes d'huile essentielle d'eucalyptus. Penchez-vous au-dessus avec une serviette sur la tête. Humez : vos bronches seront dégagées !

Otites à répétition

Les adeptes de la natation connaissent bien les problèmes d'otites. Le contact répété et prolongé de l'eau en est souvent la cause. Grand-mère adorait faire des longueurs elle aussi, sans les désagréments qui vont avec ! Elle utilisait le bicarbonate de soude en prévention. À la fin de ses séances, elle séchait avec attention ses oreilles et saupoudrait une petite pincée de bicarbonate dans chaque oreille.

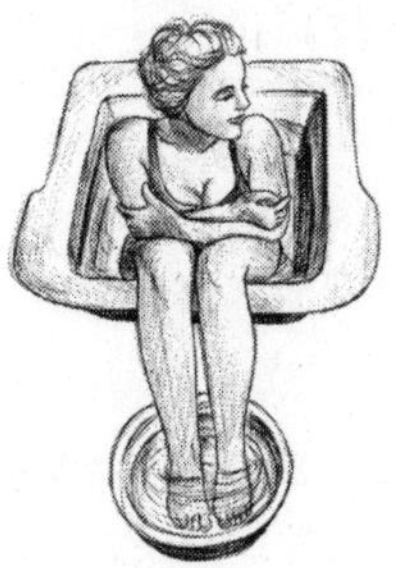

Soulager les hémorroïdes

Les hémorroïdes sont des veines sensibles qui ont gonflé au niveau de l'anus et du rectum. Souvent, les traitements sont assez longs à agir. Mamie les soulageait avec un bain de siège. Dans une bassine, diluez 3 cuillères à café de bicarbonate de soude dans de l'eau froide. Plongez-y les fesses durant 15 minutes. Petit à petit, les veines redeviendront normales.

Irritations anales

Quoi de plus irritant que des démangeaisons anales ? Heureusement, Mamie a le remède qu'il vous faut. Commencez par diluer 4 cuillères à café de bicarbonate de soude dans de l'eau tiède. Humidifiez un gant et nettoyez la zone sensible avec cette solution. Renouvelez l'opération 4 fois par jour durant 1 semaine. Les douleurs seront vite un mauvais souvenir.

Une poitrine ferme

Grand-mère prenait soin de sa poitrine. Chaque soir, elle confectionnait une pâte maison afin de garder les seins fermes. Sa devise : prévenir pour éviter de guérir. Elle diluait 4 cuillères à soupe de bicarbonate avec un peu d'eau et 1 cuillerée de vinaigre de cidre. Dès que le mélange était homogène, elle le laissait reposer 1 heure au frais, puis elle apposait la mixture sur son décolleté durant 20 minutes.

Fatigue intense

À vivre à 100 à l'heure, l'organisme se fatigue et vous pouvez vous sentir sans forces. Lorsque Grand-mère était dans la même situation, elle retrouvait du tonus avec un bain revigorant. Elle plongeait dans une eau fraîche à 10 °C où elle avait au préalable dilué 4 cuillères à soupe de bicarbonate de soude. Après 15 minutes d'immersion, elle en ressortait pleine d'énergie et revigorée !

Soulager les courbatures

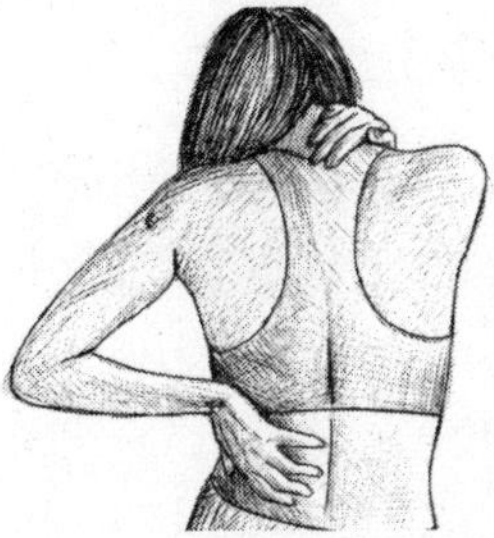

Après un effort physique, le corps est fatigué et peut souffrir de courbatures. Grand-mère en savait quelque chose ! Elle soulageait son organisme simplement dans un bon bain chaud où elle versait du bicarbonate de soude. Faites de même : ajoutez 4 cuillères à soupe de bicarbonate dans votre baignoire.

Lèvres gercées

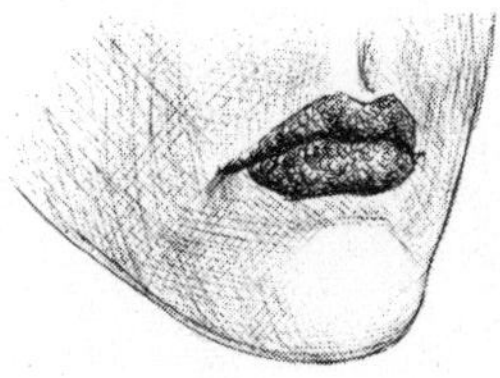

Si vous êtes sensible aux changements de température, vous devez facilement souffrir des lèvres gercées. Même en utilisant fréquemment un stick spécifique, celles-ci finissent par s'assécher et par vous faire mal. Mamie utilisait les vertus apaisantes du bicarbonate de soude pour y remédier. Mélangez-en 5 cuillères à café avec un peu d'eau. Formez une pâte homogène, puis appliquez-en sur votre bouche. Laissez sécher et retirer avec un peu d'eau.

Poils incarnés

Quoi que vous fassiez, vos poils poussent sous la peau. Résultat : vos jambes sont marquées et jamais nettes. Grand-mère a le remède miracle qu'il vous faut : humidifiez un coton d'eau tiède, puis saupoudrez-le de bicarbonate de soude. Tapotez délicatement les zones où les poils sont incarnés. Restez 2 minutes sur chaque zone. Petit à petit votre peau va s'assouplir et vos jambes seront enfin parfaites !

Soigner les ampoules

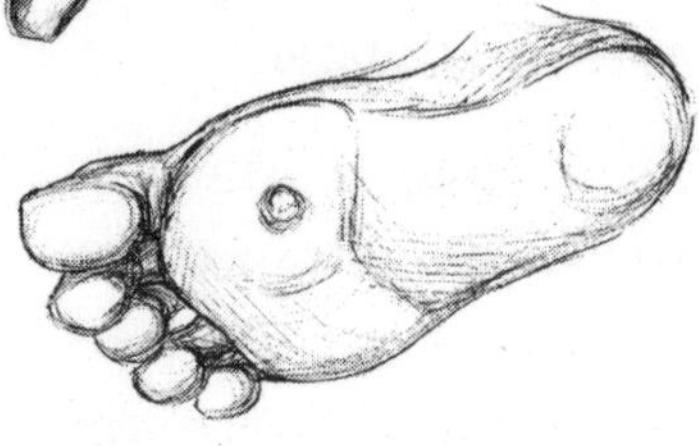

Rien de mieux que le bicarbonate de soude pour faire disparaître les ampoules. Mélangez-en 3 cuillères à soupe avec 1 grosse cuillère d'eau jusqu'à obtenir un mélange homogène. Déposez votre mixture sur les zones touchées et couvrez avec un pansement. Laissez agir toute une nuit. Renouvelez l'opération autant de fois que nécessaire.

Démangeaisons du cuir chevelu

Certains cuirs chevelus sont plus sensibles que d'autres. Les shampooings les irritent et ils finissent par s'assécher. Résultat : votre tête vous démange. Apaisez votre cuir chevelu avec un peu de bicarbonate de soude. Rajoutez-en 1 cuillère à café dans le shampooing que vous utilisez régulièrement. Dès que le mal est enrayé, utilisez 1 shampooing classique pour cheveux sensibles.

Aider à éradiquer les mycoses vaginales

Les mycoses vaginales résultent souvent d'un pH trop élevé des muqueuses. Elles arrivent sans crier gare et vous pouvez peiner à les faire partir. Lorsque Grand-mère souffrait de ces infections, elle les éradiquait en buvant 1 verre d'eau dans lequel elle avait dilué 1 cuillère à café de bicarbonate de soude. Elle régulait ainsi l'acidité de son organisme.

Soigner les mycoses

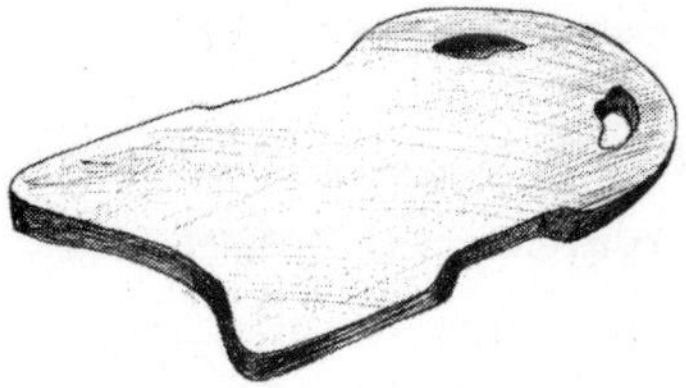

Vous adorez aller à la piscine ? Certes, c'est très bon pour la santé, mais un peu moins pour vos pieds si vous attrapez sans cesse des mycoses ! Mamie ne se privait pas d'un bon plongeon à cause de ce vilain désagrément. Elle se soignait rapidement avec du bicarbonate de soude. Diluez-en 2 cuillères à café dans une petite bouteille et rincez-vous avec ce mélange après chaque séance.

Un remède contre l'eczéma

Si votre enfant souffre d'eczéma, Mamie a un remède ancestral qui le soulagera rapidement. Préparez-lui un bon bain bicarbonaté. Faites couler de l'eau chaude et versez 1 cuillère à café de bicarbonate de soude par litre d'eau. Laissez votre petit au moins 25 minutes. Terminez en appliquant une huile hydratante neutre pour ne pas irriter sa peau.

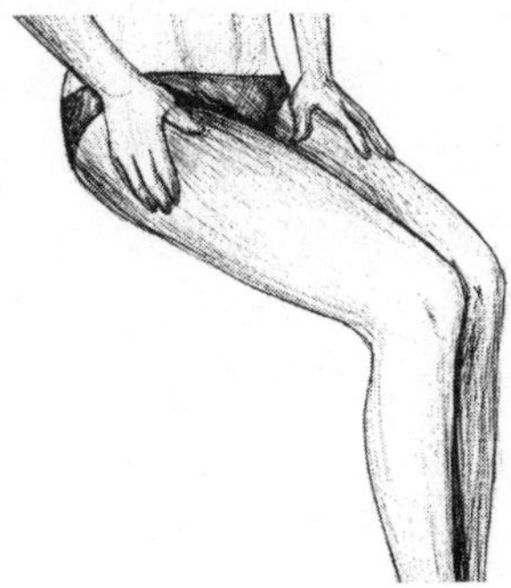

Extinction de voix

Vous avez trop crié la veille ? Résultat, vous n'avez plus de voix et en prime vous souffrez d'un mal de gorge. Soulagez le tout grâce au bicarbonate de soude. Avalez-en 1 petite cuillère à café toutes les 3 heures pendant 24 heures. Le lendemain, ces tracas seront déjà oubliés !

Enrayer la turista

Aïe, aïe, aïe ! Quoi de plus désagréable qu'une turista pendant ses vacances ? Grand-mère rééquilibrait son organisme en buvant 1 litre d'eau additionnée de 1 cuillère à soupe de bicarbonate de soude. Suivez son conseil : en 2 jours, le mal sera enrayé.

Un substitut au sel

Certaines pathologies interdisent la consommation de sel. Cette obligation alimentaire peut être difficile à respecter lorsqu'on n'en a pas l'habitude : le palais doit s'habituer à des saveurs plus fades. Remplacez donc cet ingrédient par du bicarbonate de soude. Acidulé, il relèvera naturellement vos plats. Par mesure de sécurité, demandez au préalable l'avis de votre médecin.

Halte aux poux

Chaque année scolaire connaît son invasion de poux. Si votre enfant en a attrapé, commencez par lui laver la tête avec de l'eau au bicarbonate de soude : 4 cuillères à soupe pour 1 verre d'eau. Terminez en brossant avec un peigne spécifique pour retirer les lentes et les poux morts. Renouvelez autant que nécessaire.

Piqûre d'abeille

En cas de piqûre d'abeille, courez vite chercher votre paquet de bicarbonate. Mélangez-en 3 cuillères à café dans un peu de vinaigre. Vérifiez que le dard de l'abeille n'est pas resté dans votre chair. Tamponnez ensuite localement à l'aide d'une compresse humidifiée de votre vinaigre bicarbonaté.

Soulager les pieds gonflés

Ce remède rendra le sourire à toutes les femmes enceintes dont les pieds gonflent. Dans une bassine, versez 1 verre de vinaigre de cidre et 2 cuillères à soupe de bicarbonate de soude. Plongez-y vos pieds et relaxez-vous. Effet immédiat garanti.

Éviter les nausées

Si vous vous sentez nauséeux dès le réveil, allez chercher votre bicarbonate de soude. Diluez-en 2 cuillères à café dans 1 grand verre d'eau. Buvez, vous serez tranquille tout au long de la journée. En cas de nausées répétées : consultez.

Gargarisme contre le mal de gorge

Pour les maux de gorge très prononcés, optez pour un gargarisme au bicarbonate de soude. Rincez-vous plusieurs fois la gorge avec de l'eau tiède additionnée de 2 cuillères à café de cet ingrédient magique. Laissez agir au moins 5 bonnes minutes dans votre bouche.

Maux de gorge

L'arrivée du froid annonce souvent le début des maux de gorge. Le matin au réveil, buvez 1 grand verre d'eau additionné de 1 cuillère à café de bicarbonate de soude et du jus d'un demi-citron. Le soulagement sera immédiat. Renouvelez si nécessaire et consultez votre médecin si cela ne passe pas.

Intoxication alimentaire

Il suffit d'un aliment pour souffrir d'une intoxication alimentaire. Soulagez naturellement votre estomac grâce au bicarbonate de soude. Durant 24 heures, buvez de l'eau bicarbonatée (2 cuillères à soupe pour 1 litre d'eau). Le lendemain, continuez en ingurgitant des aliments neutres comme le riz complet et les yaourts nature.

Sus aux durillons

En cas d'apparition de durillons sur vos pieds, confectionnez-vous une crème asséchante à base de bicarbonate de soude. Dans un bol, diluez 2 verres d'eau pour 6 verres de bicarbonate de soude. Mélangez : une pâte épaisse doit se former. Appliquez sur la zone touchée et laissez sécher.

En finir avec les cors

Les cors s'en iront rapidement avec les secrets médicinaux de Grand-mère. Mélangez 3 verres de bicarbonate de soude avec 1 verre d'eau jusqu'à l'obtention d'une pâte un peu épaisse. Appliquez-en sur les cors et laissez sécher à l'air libre. Renouvelez le soin jusqu'à leur complète disparition.

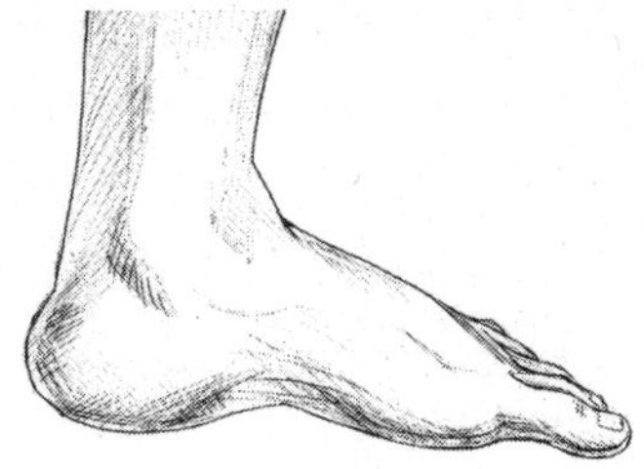

Halte aux champignons

Les microscopiques champignons qui attaquent la peau provoquent généralement des mycoses. Grand-mère utilisait le bicarbonate de soude comme fongicide afin de s'en débarrasser sans abîmer sa peau. Dans un verre d'eau, diluez 1 grosse cuillère à soupe de bicarbonate. Imprégnez une compresse de ce mélange, puis tapotez les zones touchées avec celle-ci.

Enlever le feu d'une brûlure

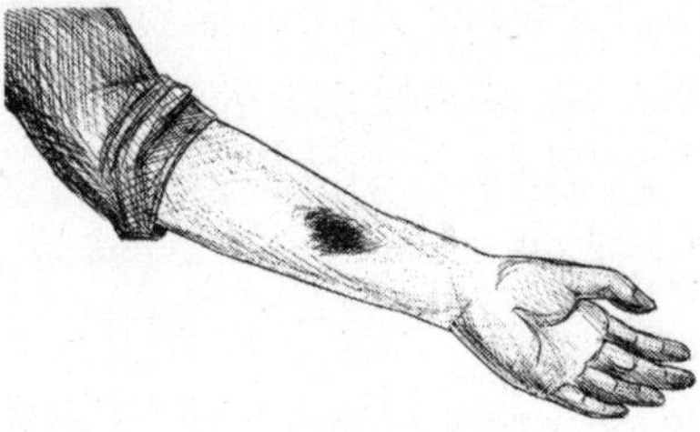

Si vous avez l'habitude de cuisiner, vous devez parfois vous faire de petites brûlures. Dès que cela arrive, apaisez votre peau avec de l'eau bicarbonatée bien froide. Diluez 2 cuillères à café de bicarbonate de soude dans 1 verre d'eau, cela devrait suffire à vous soulager rapidement.

Articulations douloureuses

Il arrive parfois que vos articulations soient douloureuses. Mamie soulageait les siennes avec un linge imbibé de bicarbonate de soude. Faites de même. À raison de 2 fois par jour minimum, la douleur s'en ira rapidement. N'hésitez pas à demander l'avis de votre médecin si le mal persiste.

Décongestionner les gencives

En cas de gencives gonflées ou saignantes, suivez le remède de Grand-mère. Matin et soir, faites des bains de bouche avec 1 cuillère à café de bicarbonate diluée dans 1 verre d'eau. Petit à petit, vos gencives deviendront moins sensibles. Continuez le traitement et consultez si le mal ne diminue pas.

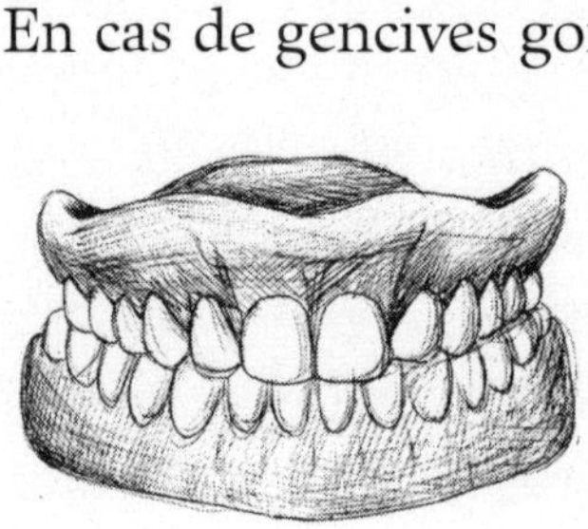

Irritations intimes

Le bicarbonate de soude apaisera vos brûlures intimes, notamment celles qui sont provoquées par le frottement des vêtements ou les rapports sexuels. Prenez 1 bain de siège tiède avec 5 cuillères à coupe de bicarbonate de soude dans votre eau de lavage. Restez-y 10 minutes et réitérez le soin le lendemain.

Sus aux remontées acides

En cas de reflux acides ponctuels, buvez de l'eau bicarbonatée. À raison de 1 cuillère à café dans un grand verre d'eau dès que vous vous sentez mal, le reflux devrait vite être enrayé. Toutefois, si le problème persiste, consultez rapidement un médecin.

Nez bouché

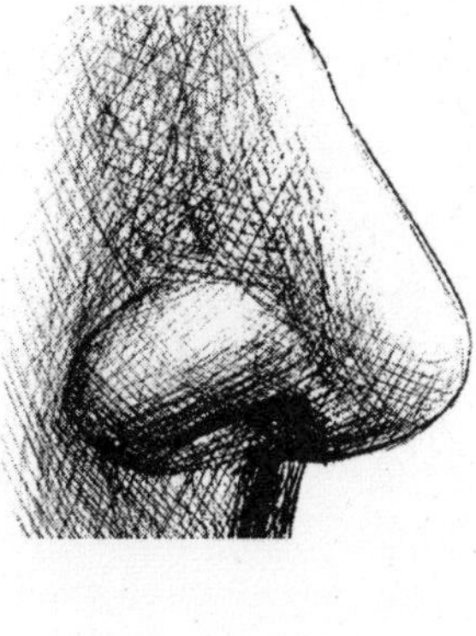

Votre nez est pris ? Rincez-le avec 1 verre d'eau additionné de 1 cuillère à café de bicarbonate de soude. Mettez la tête en arrière et instillez par petite dose cette préparation dans vos narines. Pour faciliter l'opération, vous pouvez vous aider d'une pipette. Renouvelez tant que votre nez ne sera pas dégagé.

Cure contre le psoriasis

Le psoriasis peut provoquer de fortes démangeaisons. Même si cela ne dispense pas d'un traitement médical, vous pouvez les soulager avec une cure de bains apaisants. Tous les jours pendant 1 semaine, détendez-vous durant 20 minutes dans une eau tiède additionnée de 300 g de bicarbonate de soude.

Assécher un bouton de fièvre

Rien de plus simple que de faire disparaître un bouton de fièvre. Dans un bol, versez 1 verre d'eau avec 3 cuillères à soupe de bicarbonate de soude. Une pâte doit se former. À l'aide d'un coton-tige, appliquez votre mixture sur le bouton et laissez sécher, puis rincez à l'eau claire.

Bain apaisant

Si vous avez été piqué par une araignée ou des insectes sur une zone étendue de votre corps, optez pour un bain antidémangeaisons. Versez 20 cuillères à soupe de bicarbonate de soude dans l'eau de votre bain. Restez-y environ 30 minutes : les irritations seront apaisées.

Sus aux démangeaisons

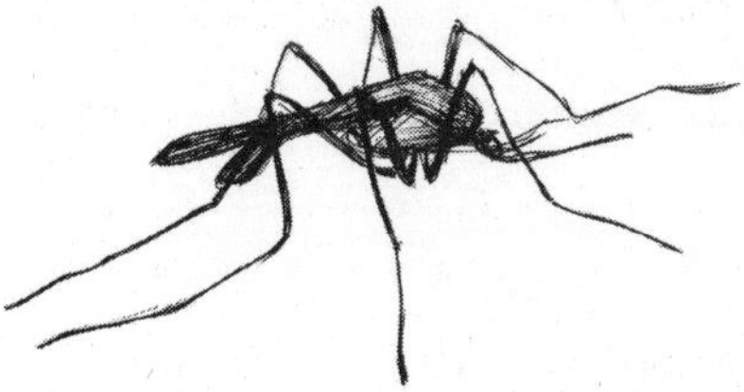

Zzz, un moustique s'est régalé toute la nuit sur votre bras ? Le lendemain, vous n'avez qu'une envie : gratter les zones piquées. Soulagez-vous en préparant le remède ancestral de Grand-mère. Versez 1 volume d'eau pour 3 volumes de bicarbonate de soude dans un bol jusqu'à l'obtention d'une pâte homogène. Appliquez sur la peau, laissez sécher puis rincez.

Apaiser les aphtes

Les aphtes sont de petites ulcérations de la muqueuse buccale. Grand-mère les chassait en rinçant intégralement sa bouche avec du bicarbonate de soude. Dans 1 verre d'eau, diluez-en 1 cuillère à café, prenez une gorgée de cette solution et laissez agir 5 minutes dans la bouche. Crachez et renouvelez l'opération 2 fois.

Un après-rasage sans alcool

Si vous n'aimez pas l'odeur de parfum, parfois forte, des après-rasage et préférez de plus utiliser des produits sans alcool, fabriquez votre propre lotion ! Ajoutez 1 cuillère à café de bicarbonate de soude à 20 cl d'eau tiède. Apaisez votre peau avec ce mélange, elle n'en sera que plus douce !

Astuces

Une cuisine bicarbonatée pour des mets parfaits

Une pincée de sel, un peu de sucre, de la farine, un jaune d'œuf et… du bicarbonate de soude ! Mamie préparait de délicieux plats avec cet ingrédient magique. Grâce à lui, elle obtenait une purée onctueuse, une viande bien tendre, un gâteau bien gonflé ou encore le meilleur des hachis parmentier. N'hésitez pas à lui emprunter ses idées culinaires et découvrez les miracles du bicarbonate en cuisine. Vous surprendrez les papilles de tous vos convives !

Citrons juteux

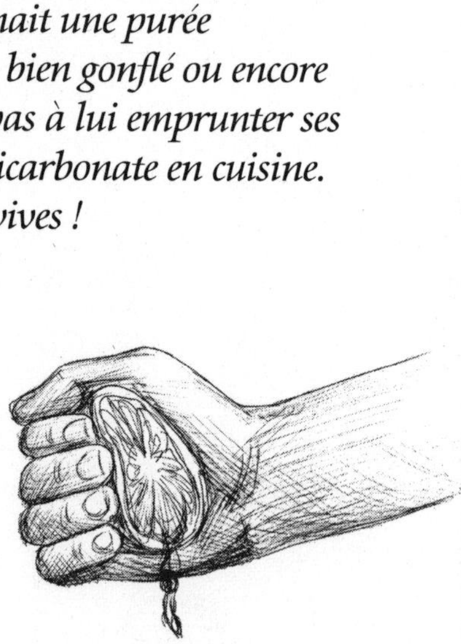

Vous avez besoin du jus de 2 citrons pour préparer un mets et il ne vous en reste qu'un ? Pas de panique, pressez votre citron et récupérez son jus. Rajoutez-lui un peu d'eau et 1 cuillère à café de bicarbonate de soude. Vous obtiendrez ainsi un jus moins acide, avec la quantité que spécifiait votre recette.

Salsifis amers

Les salsifis peuvent rebuter plus d'un palais, particulièrement celui des enfants. Si vous tenez à en faire manger à votre petit, rajoutez 1 pincée de bicarbonate de soude à son assiette. Cela adoucira le goût de son plat. Qui sait, votre enfant voudra peut-être même se resservir !

Un kiwi fade

En hiver, tous les matins, Grand-mère mangeait un petit kiwi. Lorsqu'elle tombait sur un fruit sans goût, elle ne manquait pas de le saupoudrer de 1 pincée de bicarbonate de soude. Non seulement elle rehaussait ainsi sa saveur, mais en plus elle le rendait plus tendre.

Yaourt sans sucre

Si vous essayez de limiter le sucre dans votre alimentation, commencez par ne plus sucrer vos yaourts nature. À la place, faites comme Grand-mère, ajoutez 1 cuillère à café de bicarbonate de soude. Il donnera un goût acidulé à vos produits laitiers en vous évitant les calories !

Astuces

Des muffins bien gonflés

Les muffins de Mamie sont toujours joliment gonflés, avec une garniture bien répartie. Son astuce : le bicarbonate de soude. Lorsqu'elle préparait sa pâte, elle ajoutait 2 cuillères à café de bicarbonate de soude. Elle poursuivait sa recette tout en laissant agir cet ingrédient miracle. Résultat : elle obtenait à chaque fois des gâteaux bien gonflés avec une pâte aérée.

Un tiramisu réussi

Grand-mère avait son petit secret pour rendre la crème au mascarpone du tiramisu onctueuse. Elle rajoutait une petite pincée de bicarbonate de soude à sa préparation. L'air de rien, cet ajout aérera la crème et permettra d'éviter les grumeaux. En prime, elle rend le tout encore plus léger à digérer !

Beurre rance

Au contact de l'air, le beurre prend un goût rance. Ne le jetez pas tout de suite et saupoudrez-y du bicarbonate de soude. Votre beurre reprendra sa saveur initiale avec une petite touche sucrée. Rajoutez ensuite du sel et vous aurez un ingrédient parfait pour accompagner vos tartines de foie gras.

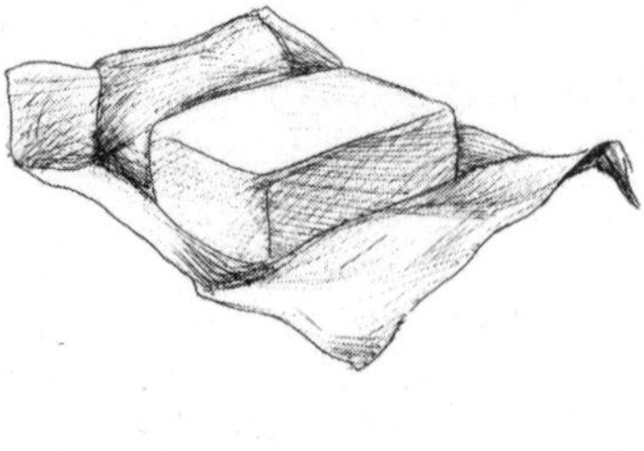

Pamplemousse trop acide

Le pamplemousse est très bon pour l'organisme. Il serait dommage de s'en priver. Si vous n'aimez pas son goût amer, jetez-lui une pincée de bicarbonate de soude. Il prendra une saveur acidulée qui ravira les palais amateurs de sucré.

Thé au citron

Vous aimez le thé au citron, mais vous avez du mal à le digérer ? Ne vous interdisez pas d'en boire ! Mamie a la solution : rajoutez 1 cuillère à café de bicarbonate de soude dans votre tasse. Vous réduirez ainsi l'acidité de votre breuvage, souvent responsable des remontées acides.

Redonner du goût au melon

Les melons sont toujours difficiles à choisir. Ce n'est qu'une fois ouvert que vous vous rendez compte du goût de celui-ci. Il arrive que certains melons soient très fades. Rehaussez simplement leur saveur en saupoudrant une pincée de bicarbonate de soude. Vous pouvez faire de même pour la pastèque.

Un poisson bien tendre

Le secret de Mamie pour obtenir un poisson tendre : le bicarbonate de soude. Avant de le faire cuire en papillote, elle n'oubliait pas de le saupoudrer avec ce produit magique. Testez : vos papilles verront la différence dès la première bouchée.

Limiter l'acidité des tomates

Les estomacs fragiles digèrent difficilement l'acidité des tomates. Avant de les éliminer de votre alimentation, saupoudrez-les, avant ou après la cuisson, de bicarbonate de soude. Un geste simple qui facilitera le travail de votre estomac.

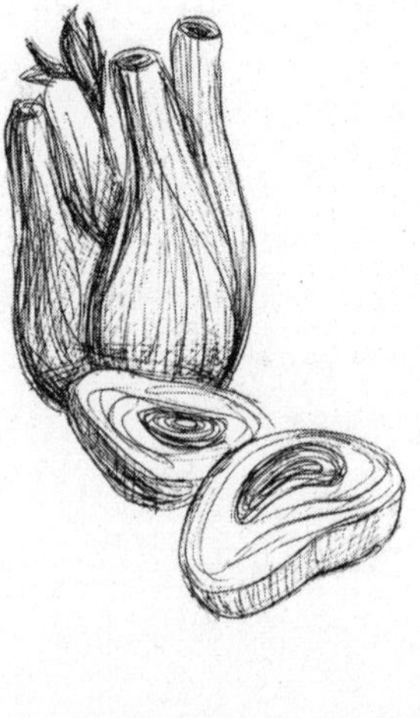

Atténuer l'odeur du fenouil

Lorsque Grand-mère cuisinait du fenouil, elle n'oubliait pas de jeter 1 cuillère de bicarbonate de soude dans son eau de cuisson. Elle évitait ainsi que l'odeur que dégageait sa préparation ne se répande dans toutes les pièces de la maison. Faites de même !

Des crucifères faciles à digérer

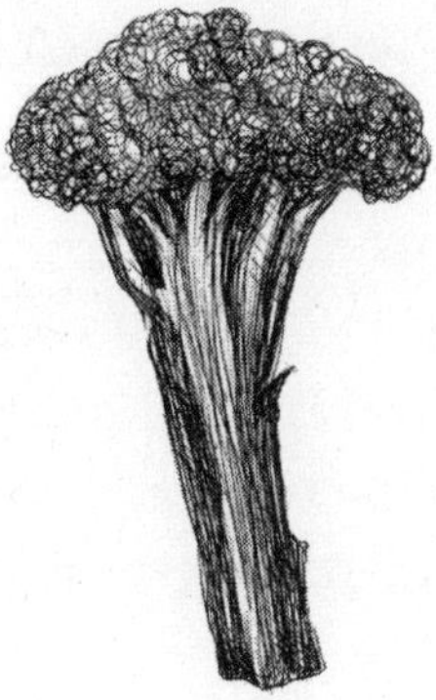

Pensez à ajouter 1 pincée de bicarbonate de soude dans l'eau de cuisson de vos choux et de vos choux-fleurs. Un geste simple et économique qui les rendra plus digestes. Ce petit ajout permet également de les rendre plus fermes tout en étant tendres.

Des légumes secs sans flatulences

La digestion des légumes secs entraîne souvent des flatulences. Évitez ce désagrément en les saupoudrant au préalable de bicarbonate de soude. Une pincée avant la cuisson suffit. Bonus : le bicarbonate de soude n'altérera pas leur goût.

Une orangeade pétillante

Vous avez pourtant suivi la recette d'orangeade à la lettre, mais elle est trop acide. Ne la jetez pas ! Avant de la servir, ajoutez simplement 2 cuillères à café de bicarbonate de soude par litre d'orangeade. Votre préparation pétillera et sera buvable !

Un gibier moins goûtu

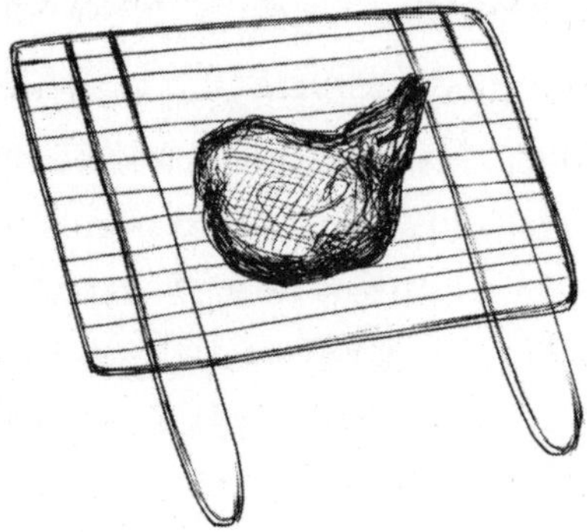

Le gibier peut être difficile à manger pour certains palais. Il est fort en bouche et dégage une odeur très prononcée. Limitez ce problème en jetant 1 cuillère à soupe de bicarbonate de soude dans l'eau de cuisson ou de braisage de votre viande.

Une viande croustillante

L'astuce de Mamie pour faire croustiller la viande : le bicarbonate de soude. Avant de jeter son morceau dans la poêle, elle la saupoudrait légèrement, puis elle faisait simplement faire à la viande 1 aller-retour sur le feu. Faites le test : votre mets sera en prime plus goûteux !

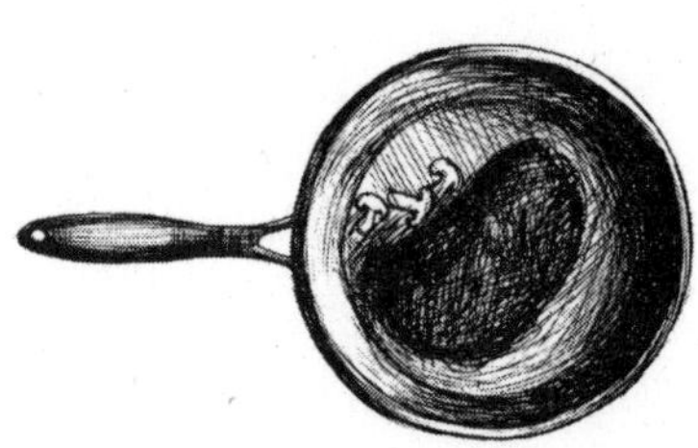

Un chili con carne digeste

Mmm… quelle joie de savourer un bon chili con carne. Le hic vient surtout après : la digestion est difficile et s'accompagne souvent de maux d'estomac. Remédiez-y simplement en saupoudrant de 2 cuillères à café de bicarbonate de soude votre préparation. Votre plat sera plus léger et beaucoup plus digeste.

Réussir un pot-au-feu

Le pot-au-feu est un plat difficile à réaliser. Il demande une surveillance constante, au risque d'obtenir une viande trop sèche. Mettez toutes les chances de votre côté en rajoutant 1 cuillère de bicarbonate de soude dans votre marmite. Vous attendrirez naturellement votre morceau de bœuf.

Plumer facilement une volaille

Rien de plus simple que de plumer une volaille avec l'astuce de Grand-mère ! Portez à ébullition de l'eau avec 5 cuillères à soupe de bicarbonate de soude. Plongez-y votre viande 5 minutes puis plumez-la. Le plumage s'enlèvera presque tout seul !

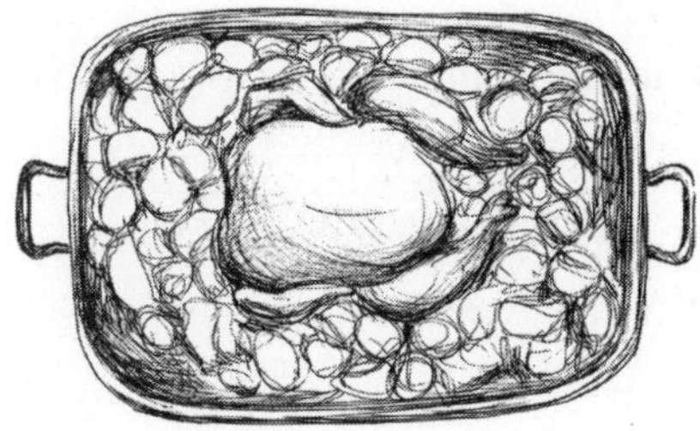

Des agrumes moins acides

Vous adorez rajouter des citrons et des pamplemousses à vos salades, au plus grand déplaisir de votre compagnon qui les trouve trop acides ? La solution : ajoutez 2 pincées de bicarbonate de soude. Cela adoucira le goût des agrumes et ravira toutes les papilles du foyer.

Un gratin dauphinois parfait

C'est la recette phare de nos grands-mères : le gratin dauphinois. Pas question pour Mamie de le rater. Si la recette peut varier d'une grand-mère à l'autre, sachez qu'elles ajoutaient toutes leur ingrédient magique : le bicarbonate de soude. Entre chaque couche de lamelles de pommes de terre, elles en jetaient 1 pincée. Ainsi, le lait ne caillera pas et les pommes de terre seront fondantes.

Une purée onctueuse

Enfant, vous savouriez la délicieuse purée de Mamie. Dans vos souvenirs, elle était onctueuse, fondante, sans grumeaux… En un mot : parfaite. Vous cherchez encore le secret de Grand-mère ? Le bicarbonate de soude. Mamie rajoutait 1 cuillère à ses pommes de terre. Faites de même et retournez en enfance le temps d'un repas !

Alléger un gâteau

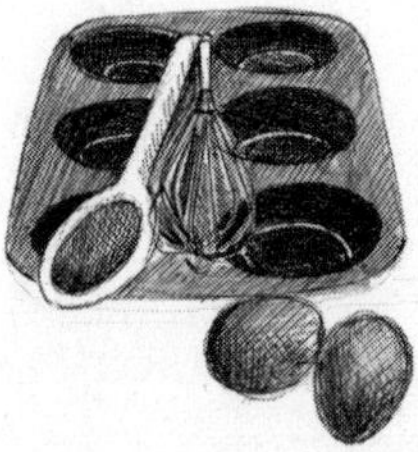

Vous adorez cuisiner de bonnes pâtisseries ? À tel point que chaque semaine vous testez une nouvelle gourmandise : muffins, cupcakes, tarte au citron… À force d'en manger, vous avez du mal à digérer. Ne renoncez pas à votre gourmandise ! Pensez plutôt simplement à alléger vos gâteaux. Rajoutez 3 cuillères à café de bicarbonate de soude à vos préparations. Vos sucreries seront ainsi plus digestes.

Des blancs en neige parfaits

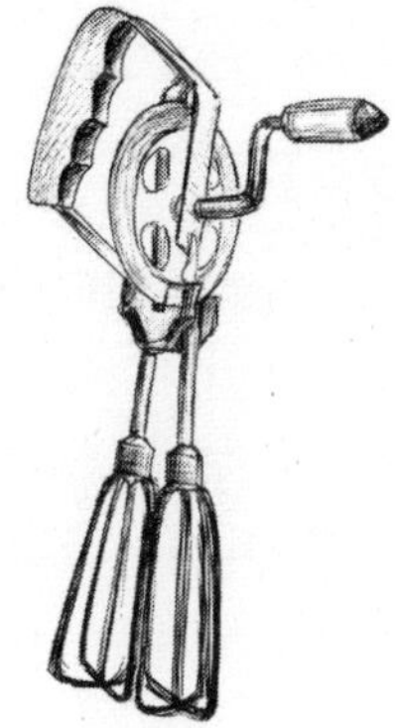

Le bicarbonate de soude sera votre ingrédient magique si vous souhaitez réussir comme un chef des blancs en neige. Une cuillère à café pour 4 œufs suffit à les rendre fermes et encore plus légers. Si vous optez pour cet ingrédient, n'utilisez pas de sel au risque d'altérer le goût de vos blancs.

Enlever les produits chimiques

Tout le monde le sait, les fruits et les légumes non bio achetés dans le commerce sont traités avec des produits chimiques. Même en les rinçant avec de l'eau, il reste toujours des résidus. Pour les enlever, plongez vos aliments dans de l'eau bicarbonatée. Rincez ensuite abondamment puis dégustez sans crainte : les pesticides ne seront plus là !

Cocktail fruité maison

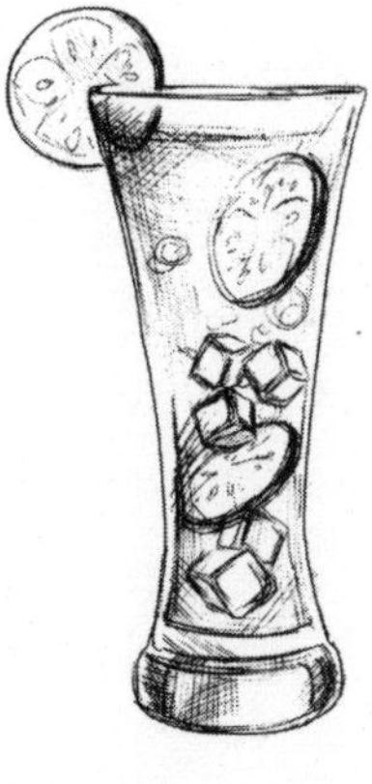

Rien de mieux que 1 pincée de bicarbonate de soude dans vos jus de fruits frais. Non seulement il les fait pétiller, mais en plus il les rend plus digestes. Sans oublier qu'il permet de raviver leur couleur. Pensez-y si vous recevez des invités : ils seront tous bluffés.

Conserver les fruits plus longtemps

À chaque fois c'est pareil : vous achetez des fruits et vous en jetez la moitié car ils ont trop vite moisi. Évitez simplement ce désagrément en leur jetant un peu de bicarbonate de soude. Il est un excellent conservateur naturel. En prime, il n'altérera que très peu la saveur de vos aliments.

Adoucir les confitures

Certains fruits ont une saveur qui peut rebuter plus d'un palais. Surtout lorsqu'ils sont cuits. Si vous souhaitez rendre plus doux le goût de vos confitures trop acides ou trop amères, saupoudrez en fin de cuisson votre préparation d'une petite poignée de bicarbonate de soude. Goûtez-la et ajustez la dose de bicarbonate selon vos préférences. Plus vous en rajouterez, plus la saveur sera atténuée.

Limonade pour sportif

Vous faites de longues randonnées ? Préparez-vous cette limonade en tablettes. Mélangez 150 g de sucre, 30 g de bicarbonate de soude, 15 g d'acide citrique et 15 gouttes d'huile essentielle de citron. Pressez le tout dans un mortier. Vous obtiendrez des pastilles, que vous conserverez à l'abri de l'humidité. Vous pourrez les transporter facilement. Il suffit de les mettre dans un verre d'eau et le tour est joué !

Attendrir la viande

Pour rendre à la viande un peu de souplesse, il n'y a pas que la marinade. On peut aussi la laisser reposer dans une eau additionnée de bicarbonate de soude ou encore la rouler dans une bonne quantité de marc humide. Dans les deux cas, rincez bien la viande avant de la cuire.

Faire une omelette moelleuse

L'omelette sera plus onctueuse en bouche si vous ajoutez aux œufs battus, avant la cuisson, une pincée de bicarbonate de soude.

Une sauce tomate savoureuse

Si la sauce tomate que vous avez préparée vous paraît trop acide, rectifiez-la en y ajoutant une pincée de sucre ou de bicarbonate de soude. À noter que lorsque les tomates sont encore sur pied, pulvériser les plants avec de l'eau et du bicarbonate les protège du mildiou.

L'art du jardinage au bicarbonate

Grand-père empruntait régulièrement le bicarbonate de Mamie. Dès qu'il allait faire un tour dans son jardin, il en avait toujours à portée de main. Malin : il utilisait les propriétés naturelles de cette poudre blanche pour entretenir ses massifs de fleurs et ses arbres. Dilué avec un peu d'eau, il est un puissant désherbant, un antifourmis efficace, sans oublier qu'il fortifie la terre et promet ainsi une belle récolte.

Des canalisations de piscine impeccables

Évitez les problèmes de canalisations de piscine, qui seraient si déplaisantes à nettoyer ! Pour cela, faites comme Mamie : elle jetait régulièrement 1 cuillère à soupe de bicarbonate de soude dans le filtre. À raison de 2 fois par mois, vous limiterez, voire empêcherez, l'accumulation des déchets dans vos tuyaux d'évacuation.

Un sol en ciment propre

Si vous peinez à nettoyer votre sol en ciment sans l'abîmer, essayez le bicarbonate de soude. Dans un seau, mélangez de l'eau avec 3 cuillères à soupe de bicarbonate de soude. Frottez ensuite votre sol avec cette préparation. Rincez à l'eau et laissez sécher. Votre ciment sera tout propre !

Une terre plus fertile

Vous rêvez d'avoir un beau potager qui donne de splendides fruits et légumes ? Avec Mamie, rien de plus simple. Avant de planter vos graines, retournez votre terre et saupoudrez-la de bicarbonate de soude. Vous la rendrez ainsi plus fertile. Vos pousses prendront plus facilement et vous obtiendrez des produits de qualité.

Un gravier blanc

Vous avez choisi du gravier blanc pour votre allée ? C'est de très bon goût, sauf qu'à la longue, ce dernier a tendance à noircir. Pour le garder le plus blanc possible, pensez à le nettoyer avec du bicarbonate de soude. Une fois par semaine, jetez un seau d'eau additionnée de 4 grosses cuillères à soupe de bicarbonate.

Halte aux guêpes

Vous avez des guêpes qui rôdent autour de votre terrasse ? Vous ne pouvez jamais faire de repas tranquille. La cause : vos plantes qui les attirent. Évitez ce désagrément en pulvérisant de l'eau bicarbonatée sur les feuilles et les fleurs des plantes à proximité. Durant l'été, faites-le tous les matins à la fraîche ; sinon 1 fois par semaine suffit.

Barbecue en flammes

Quelle bonne idée de profiter du beau temps en faisant un barbecue. Sauf qu'il suffit d'un petit moment d'inattention pour retrouver sa grille en flamme. Fabriquez un modérateur de feu. Dans un petit pulvérisateur, mélangez 1 cuillère à soupe de bicarbonate de soude et de l'eau. Dès que la flamme est trop importante pulvérisez-la avec votre solution.

Fortifier vos arbres

Si vous venez de planter de nouveaux arbres dans votre jardin, arrosez-les régulièrement d'eau bicarbonatée. Une cuillère à café dans votre arrosoir suffit à les fortifier. En été, faites-le de préférence le soir où le matin au lever du soleil pour éviter l'évaporation.

Pot en fer forgé

Vos pots en fer forgé ont tendance à rouiller ? Même en frottant, rien n'y fait : la rouille ne veut partir. Mamie à la solution : commencez par vous procurer une herbe sèche. Humidifiez-la, puis ajoutez-y du bicarbonate de soude. Frottez vos pots avec cette herbe. La rouille s'en ira comme par magie.

Limiter les effets du chlore

Vous n'y pensez pas forcément, mais le bicarbonate de soude s'avère utile dans l'eau de votre piscine. Non seulement il limite le dépôt de calcaire sur les rebords, mais en prime il atténue les picotements des yeux liés au calcaire. Faites le test : rajoutez 10 cuillères à soupe de bicarbonate de soude dans votre eau.

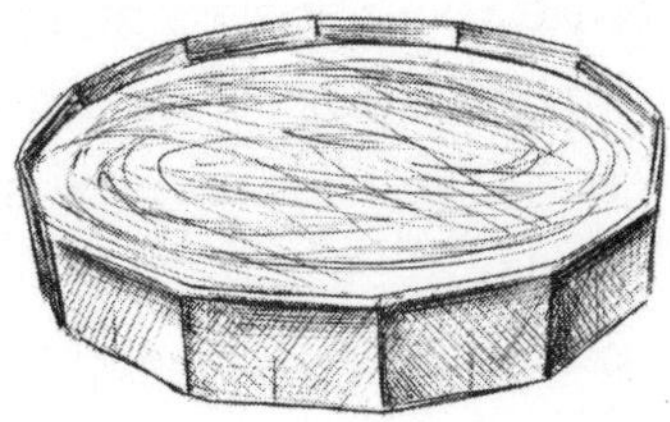

Odeur de renfermé

Si vous avez un local extérieur où vous stockez vos outils de jardinage, il se peut qu'avec l'humidité, il sente le renfermé. Mamie a la solution pour y remédier. Commencez par aérer régulièrement, puis laissez dans le local 1 gros bol d'eau bicarbonatée. Toutes les 2 semaines, renouvelez l'eau. En peu de temps, toutes les mauvaises odeurs auront disparu.

Un gazon parfait

Grand-mère connaissait l'ingrédient miracle pour entretenir son gazon : le bicarbonate de soude. Dans un petit pulvérisateur, elle en diluait 3 cuillères à café avec un peu d'eau, puis elle humidifiait sa pelouse avec ce mélange au moins 1 fois par mois. Un geste simple qui vous promet un grand effet !

Tuyau d'arrosage opérationnel

Avec le temps, le tuyau d'arrosage a tendance à s'encrasser et à s'entartrer. Pour le nettoyer, Mamie utilisait le bicarbonate de soude. Tous les 2 mois environ, elle en diluait 2 cuillères à soupe dans 1 verre de vinaigre blanc. Puis elle briquait son matériel à l'aide d'une petite brosse. Son tuyau restait ainsi propre et net toute l'année.

Un antifongique naturel

Soignez les plantes envahies de champignons à l'aide du bicarbonate de soude. Dans 2 litres d'eau, versez-en 1 cuillère à café, mélangez et transvasez dans un pulvérisateur. Aspergez ensuite les plantes à traiter avec votre lotion. Espacez vos traitements d'au moins 48 heures.

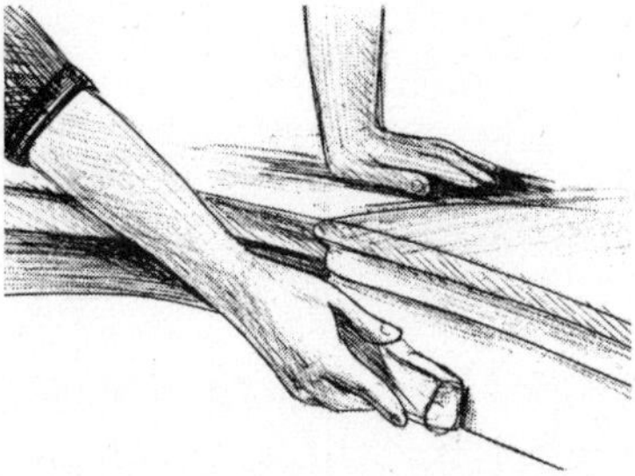

Un liner de piscine propre

Avec la stagnation de l'eau, une démarcation se forme sur les bords de votre piscine au niveau de la ligne d'eau. Souvent, les produits d'entretien classiques laissent des marques visibles. La solution : le bicarbonate de soude. Saupoudrez-en sur une éponge et frottez avec énergie la zone encrassée.

Une piscine 5 étoiles

Si l'eau de votre piscine est constamment trop calcaire, ne la chargez pas inutilement de produits chimiques. Rajoutez plutôt du bicarbonate de soude. Il régulera son pH et vous permettra d'avoir une belle eau limpide. Rajoutez-en 20 cuillères à soupe environ.

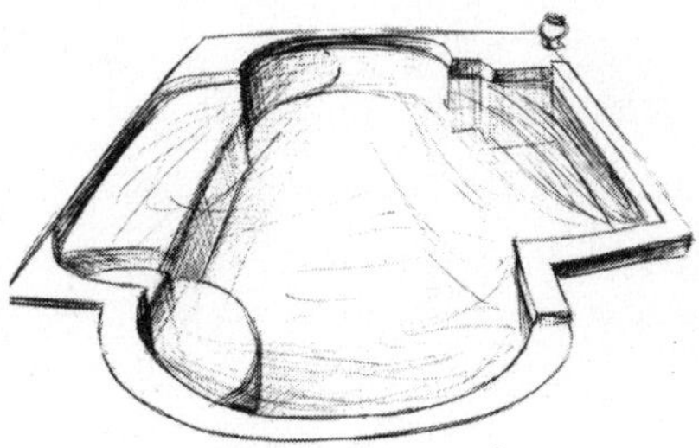

Désherbant écolo

Vous n'avez pas besoin de produits chimiques pour éradiquer les mauvaises herbes. Avec Mamie, le bicarbonate de soude est tout aussi efficace et 100 % naturel en prime ! Diluez-en 60 g dans 1 litre d'eau, puis désherbez vos allées. Renouvelez l'opération après la pluie, vous éviterez ainsi les mauvaises pousses.

Une terrasse propre

Souvent, lorsque des arbres ou des arbustes se trouvent à proximité d'une terrasse, celle-ci est sans cesse envahie de mousse. Nettoyez-la facilement avec un peu d'eau chaude bicarbonatée. Diluez 2 cuillères à soupe de bicarbonate de soude pour 1 litre d'eau. Frottez à l'aide d'une brosse à poils durs si nécessaire puis rincez.

Halte aux fourmis

Les fourmis adorent faire leur logis dans vos pots de fleurs ? Mettez un peu de bicarbonate de soude dans leur environnement. Cela perturbera leurs phéromones. Elles ne pourront plus communiquer entre elles et iront trouver d'elles-mêmes un autre lieu d'habitation. Vous serez débarrassé de ces envahisseurs une bonne fois pour toutes.

De magnifiques rosiers

Luttez efficacement contre les moisissures qui attaquent vos rosiers avec le bicarbonate de soude. Pulvérisez de l'eau bicarbonatée sur les feuilles à traiter. Comptez 1 cuillère à café pour 1 verre d'eau. Répétez l'opération 1 fois par semaine environ pendant 1 mois. Faites de même tous les lendemains de pluie.

Accessoires de pêche

Le bicarbonate de soude est idéal pour vos accessoires de pêche, car il n'est pas nocif et ne pollue pas l'eau des lacs et rivières. Utilisez-le pour nettoyer vos cannes à pêche, hameçons et leurres en métal. Saupoudrez-en sur un linge humide et frottez vos accessoires. Rincez à l'eau claire et essuyez-les.

Vêtements détachés, vêtements bicarbonatés

Il va devenir le nouvel allié de votre buanderie : le bicarbonate de soude préserve la blancheur du linge, il élimine ses mauvaises odeurs et vient à bout d'un bon nombre de taches, même les plus coriaces. Mais il n'est pas seulement un bon détachant. Vous allez pouvoir optimiser l'efficacité de votre lessive, d'autant plus qu'il agit également comme assouplissant. Attention cependant, il ne fait pas bon ménage avec la laine et la soie. Mais pour le reste, n'hésitez plus !

Le linge de bébé

Le bicarbonate de soude est idéal pour laver le linge de bébé. Il écarte tout danger d'irritation et d'allergie. Le bicarbonate de soude étant naturellement présent dans notre organisme, le corps de bébé ne l'identifiera pas comme une substance étrangère et nocive. Ainsi, il ne risque pas d'avoir de réaction à ce produit.

Laine et soie

Faites attention, si vous optez pour le bicarbonate de soude en tant que lessive, assouplissant ou détachant : il ne faut surtout pas l'utiliser sur de la soie ou de la laine. Ces deux tissus sont fragiles et bien que le bicarbonate possède mille et une vertus, il risquerait de les abîmer par son action légèrement abrasive.

Fixer la blancheur du linge

Les vêtements de couleur blanche ont tendance à griser ou à jaunir avec le temps et les multiples lavages. Pour préserver leur blancheur éclatante, ajoutez d'abord 1 verre de bicarbonate de soude dans l'eau de lavage. Puis 500 g de bicarbonate de soude à l'eau de rinçage. En prime, votre linge ressortira tout doux !

Lessive naturelle

Concoctez votre lessive avec des produits naturels. Mélangez 3 cuillères à soupe de bicarbonate de soude, 200 g de savon de Marseille en paillettes et 10 cl de vinaigre blanc, le tout dans 4 litres d'eau. Il ne vous reste plus qu'à parfumer votre lessive maison avec quelques gouttes d'huile essentielle de votre choix. Agitez bien avant utilisation.

Taches de fruits rouges

Les taches laissées par les fruits rouges sont une vraie corvée à nettoyer ! Bien colorées, elles sont difficiles à éliminer. Passez la tache tout de suite sous l'eau froide. Diluez du bicarbonate de soude dans de l'eau froide et appliquez ce mélange sur la tache. Laissez agir 1 bonne heure, grattez la croûte formée puis rincez.

Taches de fruits

Bien que les taches de fruits rouges soient plus voyantes, il ne faut pas oublier que les autres laissent également de belles traces tenaces ! Mettez dans l'instant le vêtement sous l'eau froide. Préparez une pâte de bicarbonate de soude et posez-en un peu sur les traces. Au bout de 1 heure, rincez : les traces auront disparu.

Une lessive efficace

Le bicarbonate de soude renforce l'action de la lessive liquide : il rend le linge doux et absorbe les mauvaises odeurs. Mettez moitié moins de lessive liquide dans le compartiment prévu à cet effet et ajoutez-y 2 cuillères à soupe de bicarbonate. Bon à savoir : ne pas utiliser de bicarbonate de soude sur de la laine ou de la soie.

Neutraliser les odeurs du panier à linge

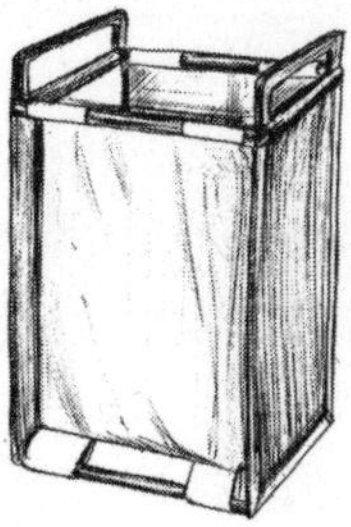

Prenez le réflexe bicarbonate de soude : au fur et à mesure que vous mettez du linge sale dans le panier à linge, saupoudrez les habits d'un peu de bicarbonate de soude. L'odeur sera absorbée par ce dernier. Ne secouez pas les vêtements avant de les passer en machine. Attention toutefois à ne pas utiliser le bicarbonate sur des vêtements en laine ou en soie.

Désodoriser les chaussures

Après une longue journée de marche, et pire encore s'il fait bien chaud, vos chaussures parlent d'elles-mêmes : vous n'avez plus qu'à vous boucher le nez. Pour éliminer les odeurs de transpiration émanant de vos souliers, une solution : saupoudrez-y du bicarbonate de soude qui les absorbera. Laissez agir une nuit.

Éliminer les odeurs de transpiration

L'été, par forte chaleur, bien que vous soyez une folle du déodorant, il est bien difficile de ne pas transpirer ! Et vos vêtements en font les frais. Un simple lavage ne suffit parfois pas à faire partir ces odeurs nauséabondes. Vous en viendrez à bout en ajoutant au cycle de rinçage une demi-tasse de bicarbonate de soude.

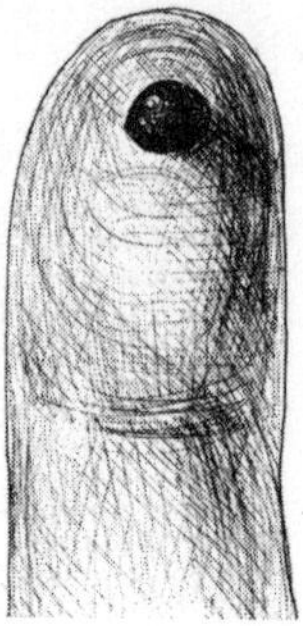

Taches de sang

Les taches de sang ont la réputation d'être tenaces ! Passez dès que possible le vêtement sous l'eau bien froide, l'eau chaude fixerait la tache et vous ne pourriez plus la récupérer. Saupoudrez la tache de bicarbonate de soude, faites pénétrer la poudre et laissez agir. Procédez ensuite à 1 lavage à la machine.

Taches de vin

Qu'elle soit récente ou ancienne et résistante, le bicarbonate de soude viendra à bout d'une tache de vin sur votre beau chemisier ou votre nappe blanche. Il suffit de le mélanger avec un peu de jus de citron pour en faire 1 pâte que vous laisserez appliquée sur la tache 1 heure. Rincez, le tour est joué !

Taches d'herbe

Les taches d'herbe doivent être prises à temps, car elles sont plus que tenaces. Surtout, pas de lavage à l'eau chaude, auquel cas elles resteront fixées à jamais. Pour vous en débarrasser, avant tout lavage, humectez la tache de vinaigre blanc. Lavez ensuite le vêtement à la main avec du bicarbonate de soude.

Allergie à la lessive

Si jamais un membre de votre famille présente une allergie à la lessive, pas de panique ! Mamie a la solution. Remplacez-la par du bicarbonate de soude : c'est un produit naturel qui n'agresse pas la peau, contrairement aux produits chimiques. De plus, vous ferez des économies !

Taches de graisse

Les taches de gras sont difficiles à faire partir. Mais ce n'était pas une mission impossible pour Mamie ! Elle faisait tremper le linge taché dans 1 bassine d'eau bicarbonatée. Puis elle le mettait en machine et ajoutait 2 cuillères à soupe de bicarbonate de soude à la lessive. Celui-ci ravive les couleurs et absorbe les odeurs par la même occasion.

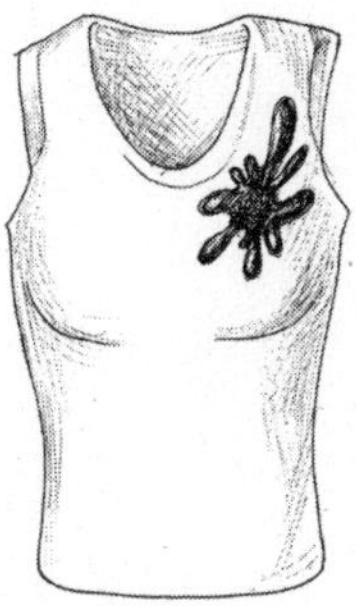

Contre l'odeur d'essence

Pour venir à bout de l'odeur d'essence sur un vêtement, il suffit de le faire tremper dans une bassine remplie d'eau froide à laquelle vous ajouterez 60 cl de Coca-Cola et 1 bonne tasse de bicarbonate de soude. Laissez agir 1 journée et laissez sécher. Procédez ensuite à un lavage normal.

Contre l'odeur de tabac

Que vous soyez fumeur ou simplement entouré de fumeurs, vos vêtements ne vont pas y échapper. Et l'odeur de tabac froid n'est vraiment pas des plus agréables ! Un simple lavage ne veut pas la faire partir ? Trempez vos habits dans une bassine d'eau additionnée d'un peu de bicarbonate de soude. Laissez agir et procédez à un lavage en machine.

Contre l'odeur de moisi

Il vous est déjà arrivé de laisser trop longtemps vos vêtements en machine une fois lavés ? Bien mouillés, si vous oubliez de les étendre immédiatement, ils risquent de dégager une forte odeur de moisi. Saupoudrez l'ensemble de bicarbonate de soude et mettez-les à sécher : l'humidité et l'odeur seront ainsi absorbées.

Maillot de bain propre

Vous ne pouvez pas rincer dans l'immédiat votre maillot de bain trempé ? En attendant de pouvoir le faire, mettez-le dans un sac en plastique avec 1 tasse de bicarbonate de soude. Fermez bien le sac et secouez-le vivement. Cela évitera que votre maillot ne moisisse, le bicarbonate absorbant l'humidité.

Taches de Bétadine

En soignant le bobo que s'est fait votre petit garçon au genou, vous avez taché votre chemisier de Bétadine. Pas de panique : rincez dans l'instant à l'eau froide. Saupoudrez de bicarbonate de soude et laissez agir 20 minutes. Frottez doucement pour enlever le bicarbonate : la tache a disparu.

Taches de boue

Il pleut, résultat : votre pantalon est couvert de petites taches de boue. Laissez-les sécher avant d'agir : vous pouvez brosser une fois la boue sèche. L'auréole restante partira en lui appliquant un peu de bicarbonate de soude mouillé. Brossez de nouveau et rincez si nécessaire.

Taches de café

Une tache de café part facilement si on la traite immédiatement à l'eau bien froide. Si vous êtes dans l'impossibilité de la nettoyer dès l'accident arrivé, faites tremper le vêtement concerné dans une bassine d'eau bicarbonatée. Laissez agir un bon moment puis rincez.

Taches de brûlé sur tissu

Il sera difficile de récupérer entièrement une tache de brûlé, puisque les fibres du tissu sont abîmées. Vous pouvez toutefois tenter de l'atténuer en la saupoudrant de bicarbonate de soude. Si cela ne fonctionne pas, ajoutez-lui un peu d'eau. La légère trace de brunissement devrait disparaître.

Taches de cigarette

Quelqu'un a malencontreusement abîmé votre manteau avec sa cigarette. Frottez la brûlure avec 1 linge que vous aurez trempé dans du bicarbonate. La trace devrait s'atténuer ; cependant, si le tissu est bien brûlé, les fibres abîmées ne pourront être régénérées. Il est donc possible qu'une petite marque subsiste.

Taches de cire

Une tache de cire sur votre T-shirt préféré ? Optez pour la bonne vieille technique de nos ancêtres : du papier buvard et un coup de fer à repasser. La cire est ainsi absorbée ! Quant à l'auréole restante, vous la ferez partir au lavage en ajoutant du bicarbonate dans le bac à lessive de votre machine à laver.

Assouplissant naturel

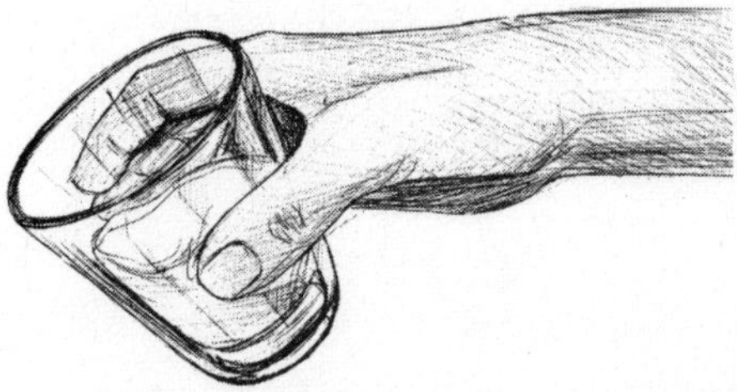

Pourquoi ne pas remplacer votre adoucissant par du bicarbonate de soude ? Ajoutez-en 1 verre lors du cycle de rinçage de vos vêtements, ils ressortiront parfaitement doux. D'une pierre deux coups : réalisez des économies tout en préservant les personnes sensibles aux produits chimiques.

Taches de confiture

Racler les pots de confiture fait partie de vos petits plaisirs. Seulement, il est facile de s'en mettre plein les habits ! Grattez le surplus avec un couteau, puis passez la tache à l'eau froide. Lavez le vêtement avec de l'eau additionnée de vinaigre blanc et de bicarbonate de soude. Rincez abondamment, la tache a disparu !

Taches de crayon de couleur

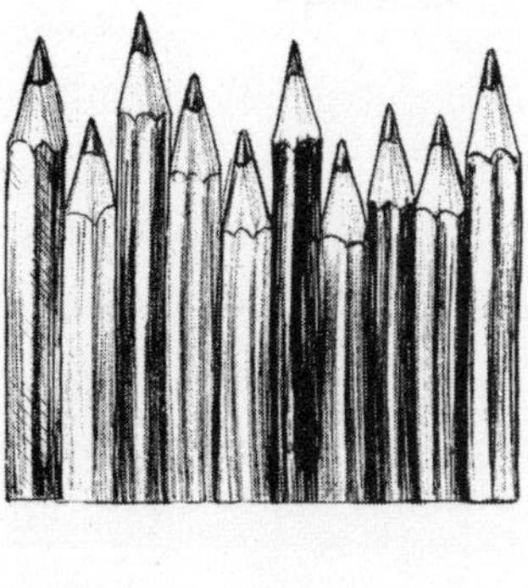

Vos bambins adorent dessiner, mais les crayons de couleur dérapent et finissent souvent sur leurs vêtements. Les voilà donc multicolores ! Vous en viendrez à bout en leur appliquant 1 pâte à base de bicarbonate de soude (un quart d'eau, trois quarts de bicarbonate). Laissez agir 1 heure puis rincez.

Taches de feutre

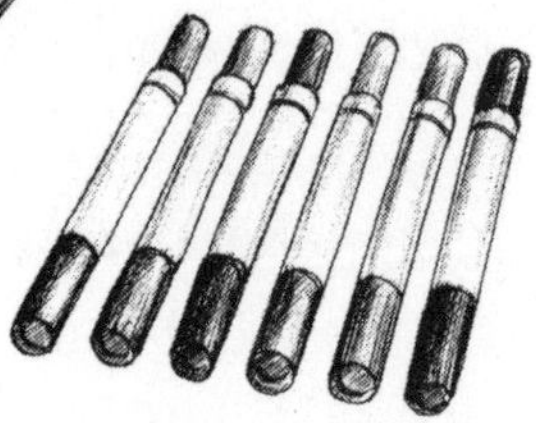

Et voici de belles taches de toutes les couleurs ! Les enfants ont l'esprit créatif, toutefois leurs habits font les frais des coups de feutre lorsqu'ils se mettent à dessiner. Mais ce n'est pas grave, puisque Mamie vous a montré de quelle manière les éliminer : un peu de jus de citron et de bicarbonate de soude apposés sur la tache. Laissez sécher puis rincez bien.

Taches sur du cuir

Vous aimez entretenir vos beaux souliers en cuir. Il suffit d'1 bon brossage et d'1 coup de chiffon humide. Mais certaines traces sont tenaces ! Diluez un peu de vinaigre blanc et un peu de jus de citron dans du bicarbonate de soude. Laissez cette pâte agir sur les taches quelques instants puis rincez bien. Il ne reste plus qu'à cirer vos chaussures !

Taches d'encre

Si vous renversez de l'encre sur votre nappe, agissez dans l'instant : l'encre étant de nature indélébile, il est difficile de l'éliminer. Tamponnez délicatement la tache avec du papier absorbant. Trempez ensuite un chiffon dans du vinaigre blanc et du bicarbonate de soude et recommencez : la tache devrait disparaître.

Taches d'œuf

Si vous renversez de l'œuf sur votre chemisier, occupez-vous tout de suite de la tache. Retirez l'excédent avec un couteau puis passez l'habit sous l'eau froide. Avec un peu de savon, la tache devrait disparaître. Finissez avec un peu de bicarbonate de soude afin d'éliminer l'odeur nauséabonde.

Taches de nuoc-mâm

Adepte de cuisine asiatique, vous avez toujours 1 bouteille de nuoc-mâm sous la main. Si par malheur vous en renversiez sur votre belle nappe blanche, rincez la tache sur l'instant à l'eau bien froide. Couvrez-la ensuite d'une pâte à base de bicarbonate (un quart d'eau et trois quarts de bicarbonate). Laissez agir 1 heure puis rincez.

Taches de sauce

Pour les taches de sauce diverses, surtout pas d'eau chaude, ni même tiède ! Pour les faire disparaître, utilisez du bicarbonate de soude. Saupoudrez-en un peu sur les taches, laissez agir quelques instants puis brossez délicatement. Rincez ensuite, toujours à l'eau bien froide.

Taches tenaces

Certaines taches ne veulent pas partir, même au bout de plusieurs lavages. Et vous ne savez même pas d'où elles proviennent ! Il ne vous reste plus qu'à tenter le bicarbonate de soude, qui sait ? Diluez-en 2 cuillères à soupe dans 30 cl d'eau froide. Imbibez un linge puis tamponnez les taches avec ce mélange. Rincez, la magie aura peut-être opéré !

Taches de vinaigrette

La vinaigrette tache surtout à cause de l'huile, laissant une belle marque de gras. Vous l'enlèverez à coup sûr avec un mélange d'eau et de bicarbonate de soude. Que la tache soit récente ou ancienne, elle ne fera pas long feu grâce à ce produit miracle ! Vous sauverez ainsi votre habit.

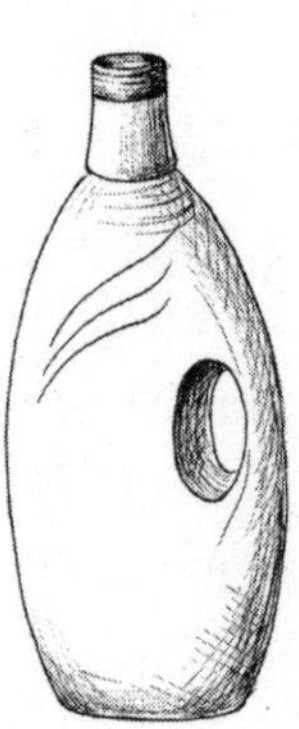

Adoucissant naturel

Réaliser soi-même un adoucissant avec des produits naturels ? Facile : mélangez dans une boîte le jus de 4 citrons et 1 cuillère à café de bicarbonate de soude, le tout dans 50 cl d'eau. Fermez la boîte et secouez énergiquement. Il ne vous reste plus qu'à ajouter un peu de cette préparation au cycle de rinçage, et votre linge en ressortira tout doux !

Traces de chewing-gum

Vous vous êtes assis sur un chewing-gum ? La première chose à faire est de le retirer à l'aide d'un glaçon, afin de le durcir. Il partira ainsi plus facilement. L'auréole laissée sur votre pantalon partira en la frottant avec de l'eau additionnée d'un peu de bicarbonate de soude.

Lessive écologique

Râpez 1/2 savon de Marseille à l'huile d'olive et sans colorant dans 1,5 litre d'eau bouillante. Ajoutez-y 1 cuillère à soupe de bicarbonate de soude et 30 gouttes d'huile essentielle d'arbre à thé, secouez jusqu'à ce que le savon soit bien dissous. Votre lessive devra être secouée avant chaque utilisation car le savon a tendance à retomber au fond du bidon.

Remplacer l'adoucissant

En panne d'adoucissant ? Pour éviter que vos draps ne ressortent rêches du tambour, versez, dans le bac réservé à l'assouplissant de votre machine, une cuillère à soupe de bicarbonate mélangé à un peu d'eau.

Le citron, un ingrédient précieux

Il est jaune ou vert, petit, de forme ronde avec une écorce épaisse et grumeleuse. Si vous le pressez, un jus acide s'en extrait. Coupez-le en deux et une pulpe pâle apparaît. Diluez-le avec un peu d'eau froide, vous obtiendrez un breuvage rafraîchissant. Qu'est-ce donc ? Le citron. Son nom évoque aussi bien le soleil méditerranéen que l'acidité qui pique le palais. Il serait dommage de s'arrêter à ce goût amer puisque cet ingrédient cache bien son jeu et possède de nombreuses vertus ! Antiseptique, drainant, nettoyant, désodorisant, apaisant, stimulant, reminéralisant, détartrant, désinfectant, tonifiant... et bien d'autres encore. Il a tous les atouts pour séduire, même les plus sceptiques ! Multifonctions, il s'emploie aussi bien pour briquer votre demeure que pour cuisiner, fabriquer des cosmétiques ou confectionner des remèdes efficaces. Comment ? Simplement en récupérant son jus pur ou en l'associant avec les bons ingrédients. Pour connaître les mélanges magiques de ce précieux produit miracle, Grand-mère a réuni ses recettes et vous livre tous ses secrets ! Quant à l'huile essentielle de citron, elle est tout aussi intéressante puisqu'elle concentre l'ensemble des propriétés médicinales de cet agrume. N'hésitez pas à vous en procurer, vous en ferez forcément bon usage.

À quoi ça sert le citron ?

Le citron est un fruit magique et ingénieux. Ses vertus sont multiples et variées : antiseptique, dégraissant, désincrustant, digestif… et bien d'autres encore. Son secret ? Sa composition : tout est bon dans cet agrume. De l'écorce à la pulpe en passant par son jus, ses divers composants sont une source nutritionnelle exceptionnelle.

Désinfectant, nettoyant, purifiant, détoxifiant, détartrant, drainant, apaisant, stimulant... et bien d'autres encore : la liste des propriétés du citron est longue et n'a pas fini de vous surprendre. Pourtant, la première qui vient à l'esprit de la plupart des personnes est son acidité. Il suffit de poser une goutte de son jus sur votre langue pour s'en convaincre, n'est-ce pas ? À peine a-t-elle touché votre palais que la bouche se contracte sous l'effet de sa saveur. Si le citron peut être amer au goût, il n'est en aucun cas aigre pour l'organisme. Au contraire, il combat l'acidité et soulage de nombreux maux d'estomac. Alors d'où vient cette sensation d'agression ? Simplement d'un processus chimique : les acides organiques se transforment, au contact des sucs gastriques, en substances alcalines. Ces dernières neutralisent l'acidité non seulement de l'agrume mais aussi des autres aliments. Consommer régulièrement du citron permet de réguler le taux d'acidité souvent en déséquilibre dans l'organisme à cause d'une alimentation trop riche en lipides et en glucides. Les principaux fautifs sont la viande, les graisses et les produits industriels trop sucrés (bonbons, chocolat, glaces...). Le stress peut lui aussi être la cause d'aigreurs.

Mesurer l'acidité

L'acidité se mesure avec un indice unique : le pH. Ce sigle indique la quantité d'hydrogène potentielle que comporte une solution. Les substances acides dégagent de l'hydrogène en grande quantité au contact de l'eau (pH élevé) au contraire des substances alcalines qui en dégagent peu (pH faible). Pour savoir si une solution est acide ou non, on se réfère donc au pH. En dessous de 7, vous avez une substance acide, au-dessus le pH est considéré comme alcalin. Et s'il est de 7, il est neutre. Dans l'organisme, le pH devrait toujours être à 7,5. Pour conserver ce taux, le citron est l'ingrédient miracle à consommer régulièrement.

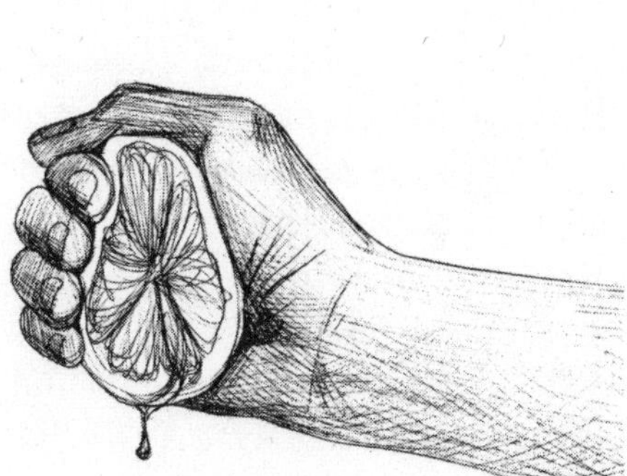

Les vertus les plus courantes

Le citron est avant tout un antiseptique efficace. La raison ? La présence d'acides organiques dans sa composition (environ 5 g pour 100 g de citron). Ces substances permettent d'anéantir les microbes et les champignons. Récupérez simplement le jus d'un citron et vous avez un précieux désinfectant entre les mains. Il s'avère ainsi très utile lors de petites blessures, d'infections buccales ou gingivales. Autre avantage : il est un stimulant naturel. La grande quantité de vitamine C qu'il contient tonifie l'organisme comme nul autre puisqu'elle est associée à des flavonoïdes lors de la digestion. Vous retrouverez davantage de tonus en absorbant de l'eau citronnée qu'en avalant de la vitamine C sous forme de comprimé. En prime vous lutterez efficacement contre le vieillissement. Le citron est aussi un antioxydant miraculeux grâce à l'apport en minéraux qui ralentissent l'activité cellulaire. De quoi vivre plus longtemps tout en restant en bonne santé !

Un citron et ça repart

Rien ne vaut le citron pour garder la forme toute l'année. Un peu d'eau citronnée et votre système immunitaire est paré à toute attaque microbienne. La vitamine C de ce fruit permet cette fois d'augmenter la fabrication d'anticorps. L'organisme est donc plus réactif en cas d'infections virales. N'hésitez pas à faire des cures de citron, surtout en hiver. Vous éviterez de souffrir pendant 15 jours d'un rhume ou de maux de gorge. Si vous avez des problèmes de digestion, le citron est LE remède qu'il vous faut. Il aide à digérer et ce dès la première bouchée. Tout d'abord, il augmente la production de salive qui permet la transformation des aliments en nutriments. Dans l'estomac, il stimule la production des sucs gastriques. Une fois dans l'intestin, il favorise le bon fonctionnement du transit grâce à ses fibres. De quoi digérer naturellement sans aigreurs mais aussi sans ballonnement. Le citron a un effet carminatif

qui vous aidera à évacuer vos gaz sans maux de ventre !
Côté ossature, cet agrume prévient non seulement les douleurs articulaires mais a également une action reminéralisante sur les os. Il contient à la fois du calcium, du magnésium et du phosphore, ce qui fortifie l'ossature et la rend petit à petit plus résistante.
Enfin, le citron est le diurétique le plus employé au monde. Sa teneur en potassium permet l'élimination des déchets en augmentant la production d'urine tout en facilitant leur évacuation. Les cures citronnées sont d'ailleurs l'un des remèdes les plus anciens pour détoxifier l'organisme. Faites le test, vous serez bluffé par les résultats obtenus !

Le citron, un atout beauté

Ne vous fiez pas aux apparences, le citron a aussi des propriétés plus qu'intéressantes si vous souhaitez prendre soin de vous naturellement. Il est un allié de taille pour garder la ligne et chasser les kilos en trop. Comment ? Uniquement grâce à ses vertus drainantes, il éliminera sans mal vos poignées d'amour. Pour cela, citronnez vos plats sans modération, buvez de l'eau citronnée et, pour les plus motivés, faites régulièrement le jeun du citron. Cela consiste à boire seulement de l'eau avec du sirop d'érable, du piment de Cayenne et du jus de citron durant plusieurs jours.

De la même manière qu'il régule le pH de l'organisme, ce petit fruit jaune chasse les problèmes d'hyperacidité de l'épiderme. Nettoyer quotidiennement la peau avec du jus de citron promet de l'adoucir mais aussi d'éradiquer tous les boutons.
Autre bienfait : le citron est un astringent et un raffermissant 100 % bio. Confectionner des crèmes et des huiles à base de cet agrume permet de resserrer les fibres corporelles. Il fera des prouesses pour éliminer la cellulite ou effacer les vergetures.
Autre avantage : vous pouvez nourrir votre peau rien qu'avec la pulpe du

citron. Étalez-en sur votre visage ou votre corps et vous lui apporterez les nutriments essentiels dont elle a besoin. En prime, vous favoriserez la circulation sanguine : vous aurez non seulement une peau de velours mais aussi des jambes de déesse !

Un nettoyant magique

Encore une fois le citron n'aura de cesse de vous étonner tant il est efficace pour nettoyer votre demeure. Ce puissant dégraissant et anticalcaire fera briller tous vos objets : argenterie, casserole, robinetterie, bouilloire, cafetière, réfrigérateur... Vos ustensiles usuels retrouveront leur éclat presque sans effort. Un peu de jus de citron et le tour est joué ! Vous pouvez citronner à tout va sans craindre de les abîmer : l'acidité du citron est non agressive. De plus il vous évitera d'employer des produits toxiques souvent onéreux.

Il saura aussi vous séduire puisqu'en plus de ses vertus nettoyantes, il est un puissant désodorisant. Quelques gouttes de son huile essentielle ou de son jus diluées dans de l'eau permettent d'éradiquer les odeurs nauséabondes de l'atmosphère. Sentez : vos pièces sentent bon le citron. De quoi rendre les tâches ménagères beaucoup plus agréables !

Et pour votre linge ? Le citron est un blanchissant écologique intéressant pour confectionner des lessives. Il aidera vos vêtements blancs à retrouver un éclat immaculé. N'étant pas un décolorant, vous pouvez laver tous vos tissus sans crainte d'une mauvaise surprise. En cas de tache, n'oubliez pas de presser un peu de jus de citron dessus avant de passer en machine votre linge. Vous éliminerez plus facilement les salissures les plus incrustées.

Quant aux indésirables, comme les mouches, les moustiques, les fourmis, les puces ou encore les mites, ils ne resteront guère longtemps chez vous grâce au citron. Aspergez-les de son jus ou déposez des écorces dans vos placards et vous ne serez plus jamais ennuyé par ces vilaines bêtes.

Un ingrédient phare pour cuisiner

Rarement croqué à cause de son acidité, le citron est bel et bien un fruit. S'il n'est jamais consommé comme dessert, il est un précieux produit qui relèvera la majorité de vos mets, qu'ils soient salés ou sucrés. Un de vos plats est trop fade ? Citronnez-le et goûtez-le à nouveau : l'acidité aura donné du piquant à votre préparation. Mélangez-le à vos assaisonnements et vous aurez une saveur fraîche en bouche. N'hésitez pas à en presser sur vos poissons, vos viandes ou vos légumes. Le jus de citron changera totalement leur goût. En prime il est un anti-calories naturel. Rajoutez de son jus à votre plat et vous diviserez par deux l'apport calorique de votre assiette. La raison ? Elle est simple : il mettra le feu aux poudres à votre métabolisme. Résultat : vous brûlerez davantage de calories à chaque moment de la journée, que vous soyez au repos ou pendant une séance sportive.

Le citron en huile essentielle

L'huile essentielle de citron est tirée directement de l'écorce de l'agrume par simple pression. Elle concentre toutes les vertus du citron et s'utilise aussi bien en cuisine qu'en cosmétique ou en thérapeutique. Cependant son usage doit se faire avec beaucoup de précautions. Il faut avant tout respecter les doses indiquées : elles se quantifient en quelques gouttes. De plus, il ne faut en aucun cas s'exposer au soleil après avoir fait un soin à base d'huile essentielle de citron car elle est photosensibilisante. Vous risqueriez de voir apparaître des taches brunâtres sur votre épiderme qui seraient impossibles à enlever. Pour les femmes enceintes et les enfants, même si elle n'est pas interdite, l'huile essentielle de citron devra être testée sur des petites zones au préalable afin d'éviter toute éruption cutanée inattendue.

Bon à savoir

Le citron ne présente pas de contre-indications et peut être consommé par tous sans restriction. Cependant il faut éviter d'en donner en trop grosses quantités aux nourrissons et aux jeunes enfants. Leur estomac étant plus fragile, l'acidité organique que contient le citron a du mal à devenir une substance alcaline au contact des sucs gastriques. Ainsi leur métabolisme peut avoir du mal à le supporter et à le transformer en acide citrique.

Le citron, incontournable

Ses origines restent quelque peu floues mais cela n'entache en rien la réputation qu'il s'est faite aujourd'hui. La nature l'a doté de nombreuses qualités, il serait dommage de passer à côté ! Apprenez à cultiver ce petit agrume rond et jaune, à le choisir ainsi qu'à le conserver.

Le citron est le fruit du citronnier, arbre de la famille des rutacées. Les citronniers sont principalement cultivés en Espagne, en Italie, aux États-Unis et en Argentine. Ils peuvent atteindre une hauteur de 3 mètres. Des fleurs blanches et odorantes recouvrent l'arbre presque toute l'année. Celles-ci se pollinisent par le biais des insectes et du vent. Ces arbres produisent leurs fleurs en même temps que leurs fruits. Agrumes d'un jaune vif, oscillant entre le rond et l'ovale, les citrons sont réputés pour leur acidité et leur fraîcheur. Mais sous (et dans) leur écorce se cachent bien des vertus dont vous ne soupçonnez pas l'existence ! Composé à 90 % d'eau, le citron est une grosse source de vitamine, d'oligo-éléments et de minéraux. Il est très peu calorique : seulement 19 kcal pour 100 g de fruit. Il est le plus riche des agrumes en vitamine C, avec 52 mg pour 100 g de fruit. Les besoins de l'organisme s'élevant à 100 mg par jour, boire le jus de 2 citrons pressés remplit cet apport journalier requis. En croquant dans un citron, ou en buvant son jus, pour les moins courageux, vous ferez également le plein (mais en quantités plus infimes) en cuivre, fer, potassium, magnésium, calcium et en vitamine A, E, B1, B2, B3, B5, B6, B9 et B12. Le citron se compose de chair (ou pulpe) juteuse, par laquelle on récolte son jus, d'une écorce (le zeste) et de ziste, la fine pellicule blanche et amère entre l'écorce et la chair. C'est à partir de l'écorce qu'on extrait l'huile essentielle de citron.

Un peu d'histoire

D'où nous vient le citron ? Son origine reste méconnue : il serait issu d'un croisement entre le pamplemousse, la lime et le cédrat. Vieux de 3000 ans, on le localise en premier lieu en Chine et en Inde. Il y demeure à l'état sauvage. Les Chinois, Indiens et les civilisations de Mésopotamie l'utilisaient pour ses propriétés antiseptiques, en

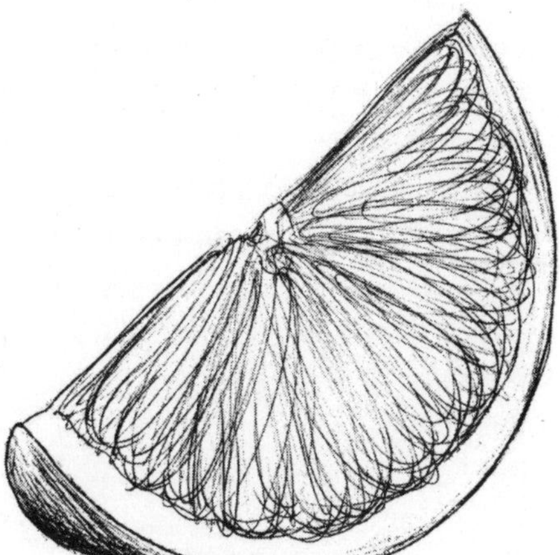

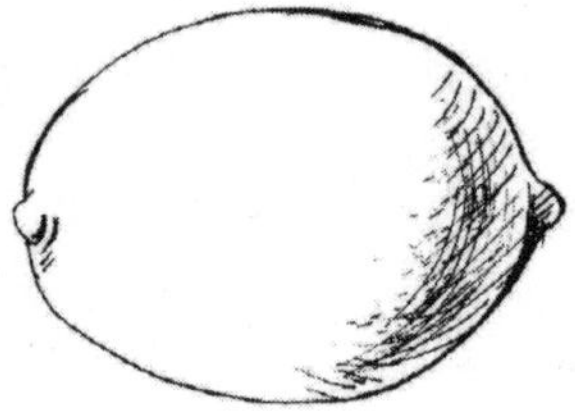

tant qu'antidote ou astringent. Il était également considéré comme un fruit sacré, éloignant le démon de leurs demeures. Les Égyptiens le déposaient dans les cercueils et s'en servaient pour embaumer les momies ; les Hébreux utilisaient le citron lors de pratiques religieuses et de cérémonies. Les Grecs lui découvrirent ensuite d'autres particularités. D'abord utilisé comme objet d'ornement, il servit aussi à parfumer le linge et éloigner les mites, puis, à l'extérieur, à défendre les plantes de divers parasites. Tout comme les Romains, ils en firent également un usage thérapeutique.

Au xe siècle, les Arabes développèrent sa culture dans tout le bassin méditerranéen, en commençant par la Sicile. Ils l'employèrent pour ses vertus médicinales. En Europe, on assista à l'une des premières grosses cultures de citronniers, au milieu du xve siècle, précisément à Gênes, en Italie. Il fut aussi abondamment cultivé en Espagne pendant le Moyen Âge. Il fut ensuite implanté en Floride par des missionnaires portugais et espagnols, peu après la découverte des terres d'Amérique de Christophe Colomb. C'est par ce même moyen que le fruit fut introduit dans le nord de l'Europe. Les navires des pays du nord venaient s'approvisionner via la Méditerranée. À l'époque, le citron valait son pesant d'or ! Il était considéré comme un fruit de luxe. On découvrit également que le jus de citron préservait et soignait le scorbut, maladie résultant d'une forte carence en vitamine C. Les marins en emmenaient donc à foison lors de leurs voyages en mer, leur nourriture se limitant à des aliments en conserve pauvres en vitamines. À partir du XVIIIe siècle, on commença à se servir du citron en cuisine : il assaisonnait les plats et parfumait les boissons.

Aujourd'hui, le citron est l'emblème de la ville de Menton. Selon la légende, Eve déroba un citron avant d'être chassée du paradis. Accompagnée d'Adam, ils parcoururent les terres, cherchant un endroit ressemblant à leur paradis perdu. Ils trouvèrent enfin ce lieu espéré en la baie de Menton. Eve y planta le citron, et c'est ainsi que naquit la ville de Menton. Outre la mythologie, la région bénéficie d'un climat favorable à la culture des citronniers. Les citrons restant 1 an sur l'arbre avant d'être cueillis, ils se gorgent de sucre. Les citrons de Menton sont donc réputés pour leur faible acidité. La ville organise une fête en l'honneur de l'agrume jaune depuis 1934. Un véritable carnaval s'installe dans la cité au mois de février, 20 jours durant, ameutant plus de 230 000 visiteurs. 300 professionnels se mobilisent pour aménager des jardins, construire des sculptures, décorer la ville d'agrumes. La préparation d'un tel événement nécessite en moyenne 145 tonnes d'agrumes ! La nuit, chars, danseurs et spectacles battent leur plein, sans oublier les feux d'artifice.

Comment le cultiver

Vous souhaitez vous lancer dans la culture de petits fruits jaunes ? Attendez le printemps pour effectuer vos semis. Pensez à préparer votre sol : optez pour un mélange de terreau et de sable. Le citronnier se plaît en terre ordinaire, drainante et non calcaire. Procurez-vous des plants de citronnier et plantez-les en les séparant d'au moins 2 mètres, dans un trou peu profond. Choisissez un endroit ensoleillé. Arrosez-les abondamment avec une eau peu chlorée et non calcaire puis apportez-leur de l'engrais. Respectez bien cet ordre : en faisant l'inverse, les racines seraient grillées ! Contrôlez régulièrement le pH du sol : il doit être neutre (maintenu à 7). Arrosez vos citronniers tous les 3 jours en été, dès que le sol est sec. Faites-le généreusement, mais sans avoir la main trop lourde pour éviter tout risque de pourrissement : l'eau stagnerait aux racines. En hiver, arrosez une fois par semaine en plus petite quantité. Apportez tous les mois de l'engrais à vos plants et pensez à ôter les mauvaises herbes. La culture des citronniers n'est possible que si le climat de votre lieu d'habitat est doux : l'hiver trop froid leur est fatal. Si vous habitez dans une région où des risques de gel sont fréquents, vous pouvez opter

pour une culture en pot. Attention : ce n'est pas une plante d'intérieur ; dès que les beaux jours reviennent, faites-lui prendre l'air. Elle ne doit pas être conservée à l'intérieur au-dessus de 20 °C. Les fruits produits seront plus petits mais aussi délicieux !
Selon les saisons, l'entretien du citronnier diffère. Au printemps et en automne, il est conseillé de lui fournir un apport de fumier. Il assurera une bonne production de fruits. En hiver, installez un voile pour que l'arbre conserve sa chaleur. L'idéal est de le placer en serre ou en véranda. Dans le cas où vous auriez choisi de planter votre citronnier en pot, rentrez-le d'octobre à mai. En terre ou en pot, il faut maintenir une température de 12 °C. En été, plus particulièrement après fructification, c'est le moment de tailler l'arbre : supprimez les bois morts, nettoyez le centre de l'arbre pour l'aérer et lui redonner un peu de lumière, et préférez une taille en boule. La récolte du citron peut s'effectuer tout au long de l'année. Cueillez-les souples, même s'ils sont encore un peu verts. Si vous attendez trop avant de les collecter, ils risqueraient d'être trop secs et de ne pas fournir beaucoup de jus.
Attention : le citronnier est sujet à divers maladies et nuisibles. Inspectez le revers des feuilles et le bois régulièrement pour vérifier qu'ils ne comportent pas de lésions sombres, signe de champignons ou de virus. Vous en viendrez à bout avec de l'oxychlorure de cuivre ou tout produit à base de mancozèbe et

bénomyl. Taillez votre arbre pour supprimer les rameaux infectés. Si les fruits commencent à se couvrir de taches brunes et à se ramollir, votre arbre est sans doute atteint de moniliose. Il s'agit d'un champignon qui pourrit le fruit, favorisé par l'humidité. Pour ne pas contaminer toute la production, ôtez au plus vite les fruits atteints. En prévention, pulvérisez l'arbre de bouillie bordelaise en automne et en hiver, à renouveler 2 à 3 fois toutes les 2 semaines. Il se peut également que l'arbre souffre de chlorose ferrique lorsque le sol est trop calcaire. Nourrissez-le à l'aide d'un engrais riche en magnésie pour lui fournir un apport en fer. Les nuisibles ne sont pas en reste ! Pucerons, limaces, escargots, aleurodes (ou mouches des fruits), tétranyques tisserands… Sortez les insecticides. Quant aux chenilles et cochenilles, elles aspirent la sève de l'arbre, ce qui l'affaiblit fortement. L'arbre doit être traité avec de l'huile blanche pour les éliminer.

Bien choisir son citron

Vous voilà dans le rayon fruits et légumes de votre supermarché. Un étal empli de petits agrumes jaunes… Oui, mais lequel choisir ? Sachez que les citrons ronds sont davantage juteux que les ovales. Il en est de même si la peau est fine et brillante, mais non grumeleuse. Préférez un fruit bien ferme et lourd lorsque vous le tenez dans la main. Optez pour des citrons jaune vif : ce sont ceux qui contiennent le plus de vitamines !

Conservation

Maintenant qu'ils sont achetés, il faut savoir à quel endroit mettre vos citrons pour qu'ils se conservent au mieux. Dans votre corbeille à fruits, à température ambiante, ils tiendront 1 semaine. Dans le bac de votre réfrigérateur, 2 semaines, et 6 si vous les placez en plus dans un sac plastique. Vous visez du long terme ? Mettez vos fruits dans du papier absorbant et placez le tout dans un sac plastique. Déposez-le dans un tiroir ou un placard, à l'abri de la lumière. Vous les garderez ainsi trois mois. En Afrique du Nord, les citrons sont conservés dans de grandes bassines d'eau froide : tentez l'expérience !

Et que faire des citrons entamés ? Enveloppez vos moitiés de citron dans du film plastique, mais jamais dans de l'aluminium. L'acidité du citron le rend neurotoxique. Toutefois gardez-les au réfrigérateur et consommez-les rapidement : une fois le fruit à l'air libre, la vitamine C s'évapore au plus vite. Quant aux écorces déshydratées, séchées à température ambiante, préservez-les en pot.

Le cédrat et le yuzu

Ils ressemblent au citron, mais ces deux agrumes sont pourtant quelque peu différents : le cédrat et le yuzu.

Le cédrat est un gros fruit vert ou jaune à la peau rugueuse et bosselée, de forme ovale assez irrégulière. Il en existe une trentaine de variétés. Selon les espèces, il peut atteindre 25 cm de long et peser jusqu'à 2 kg ! Originaire de Perse, il se développe ensuite en Asie du Sud et en Europe. Aujourd'hui, il est principalement cultivé en Chine, en Italie, au Maroc et en Amérique du Sud. Cet agrume est issu du cédratier : cet arbre peut atteindre 3 mètres de hauteur et a la particularité d'être en fleurs au même moment où il donne ses fruits. Il se démarque également car il est couvert de grandes épines. En cuisine, on utilise surtout le cédrat en gelée, en confiture ou confit. C'est davantage son huile essentielle qui est utilisée. Le fruit, lui, entre dans la composition d'une liqueur appelée cédratine, fabriquée en Turquie. Vous connaissez sans doute le cédrat pour son odeur : son essence est employée dans la conception de parfums.

Quant au yuzu, il est issu de l'arbre du même nom, poussant en Asie. Le fruit a l'apparence d'un petit pomelo, d'abord vert, puis jaune une fois mûr. Sa chair juteuse dégage un parfum oscillant entre le pamplemousse et la mandarine. Son huile essentielle est d'ailleurs utilisée en parfumerie. Vous retrouverez surtout cet agrume dans la cuisine asiatique. Les Japonais l'utilisent en confiture, en assaisonnement, en condiment et pour agrémenter les desserts, mais aussi pour fabriquer une liqueur nommée *yuzukomachi*. Amalgamé au piment, il donne la fameuse sauce *yuzukosho*. Il est réputé pour ses bienfaits thérapeutiques : c'est même une coutume populaire, au Japon, de prendre en hiver un bain au yuzu, pour profiter de ses vertus énergisantes. En Corée, il entre dans la conception d'un sirop, mélangé à du sucre et du miel. Une fois dilué dans de l'eau, on nomme cette boisson *yujacha*. Les Coréens boivent ce thé en hiver, pour lutter contre les maladies.

Le citron de Menton

Lorsqu'Eve fut chassée du paradis terrestre avec Adam, elle emporta avec elle un fruit doré. Adam tenta de la convaincre de jeter ce fruit, craignant la colère des Dieux. Mais elle ne souhaitait pas délaisser son précieux trésor dans n'importe quel lieu ; ils se mirent donc en route à la recherche d'une terre adéquate et parcoururent montagnes, plaines et vallées. Arrivés à la baie de Menton, à Garavan, ils trouvèrent cet endroit ressemblant tant à leur Eden : un climat doux, des paysages de végétation luxuriante... Eve décida d'y planter son fruit couleur or, un citron. C'est ainsi que naquit la ville de Menton. Ce petit agrume jaune est devenu l'emblème de cette ville, et pas seulement grâce cette jolie légende. La région se prête volontiers, de par son climat, à la culture des citronniers, ces derniers redoutant particulièrement le gel et le froid. Depuis le xve siècle, la ville commença à en organiser le commerce. Si son fruit est si apprécié, c'est parce que les Mentonnais le laissent une année entière sur l'arbre avant de le cueillir. Le citron se gorge ainsi de sucre et perd en acidité. Les citrons de Menton sont réputés pour leur pulpe juteuse, leur douceur et leur écorce jaune vif qui est très riche en huile essentielle. En 1934 est créée la Fête du citron : pendant 20 jours, au mois de février, la ville se transforme, donnant vie à des paysages aux couleurs de l'agrume. C'est plus de 300 personnes qui se mobilisent pour construire des sculptures, décorer de motifs gigantesques les jardins ou encore fabriquer des chars. Tout cela nécessite environ 145 tonnes d'agrumes ! Outre l'aménagement de décors, des spectacles et feux d'artifice sont organisés, et ce même la nuit. Cette fête fait aujourd'hui partie des grands événements de la Côte d'Azur, au même titre que le Carnaval de Nice ou le Grand Prix de Formule 1 de Monaco. 230 000 visiteurs se laissent charmer chaque année par ce carnaval magique et haut en couleurs.

Une maison qui sent bon… le citron !

Vous n'allez bientôt plus pouvoir vous passer de lui : le citron. Grâce à ses propriétés désinfectantes, nettoyer surfaces et appareils ménagers avec son précieux jus sera un jeu d'enfant. D'une pierre deux coups, il prévient l'apparition de moisissures et autres germes. Il a d'ores et déjà remplacé la rangée des produits nettoyants de Grand-mère ! Et pour cause, ce détachant ravive l'éclat du cuivre, du marbre, du laiton, de l'inox, de l'émail… Mais ce n'est pas tout : il assainit également l'air ambiant. Votre demeure dégagera une douce odeur citronnée !

Taches de gras

Le citron, avec ses pouvoirs dégraissants, viendra à bout de toutes les taches de gras sur votre sol et sur diverses surfaces. Vous avez renversé de l'huile par terre ? Après avoir épongé le surplus, nettoyez la marque avec une éponge imbibée de jus de citron pur. Rincez et séchez avec un torchon propre.

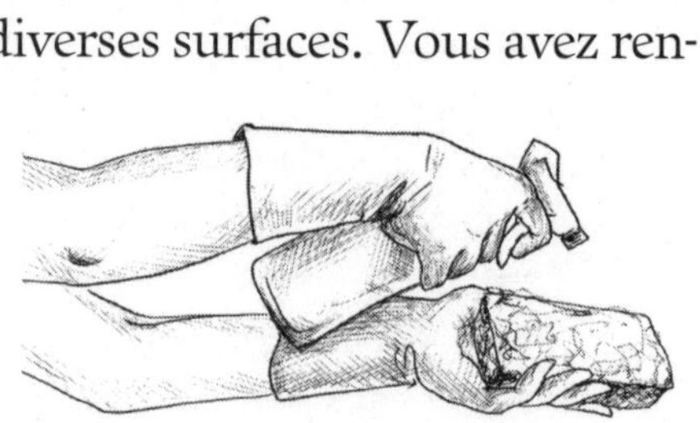

Nettoyer les plaques électriques

Les plaques électriques se salissent inévitablement, avec les projections d'huile se dégageant de la poêle, lorsque vous cuisinez. Le citron vous aidera à leur redonner leur éclat d'antan. Versez du jus de citron sur votre éponge et nettoyez vos plaques. Rincez et séchez avec un chiffon non pelucheux.

Nettoyer l'inox

Votre évier en inox fait grise mine ? Mamie va vous aider à lui rendre son éclat. Lavez-le d'abord à l'eau savonneuse. Rincez et séchez. Passez ensuite dessus un chiffon propre, légèrement imbibé de jus de citron. Il dégraissera, désinfectera et éliminera les traces de calcaire. Regardez : votre évier brille à nouveau !

De l'encre magique

Épatez vos petits avec ce tour de magie. Trempez un coton-tige dans du jus de citron et servez-vous-en pour écrire sur une feuille blanche. Patientez un moment, le temps que la feuille sèche. Allumer une bougie et éteignez la lumière. Placez la feuille tout près de la bougie (sans la brûler !) : le message apparaîtra !

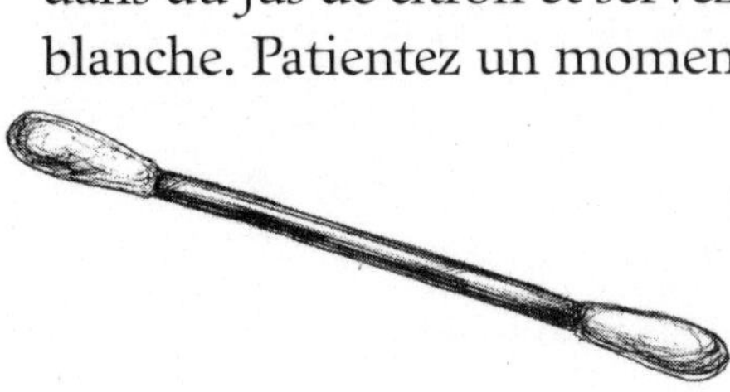

Nettoyer un rideau de douche

Les moisissures se développent facilement sur un rideau de douche. Vous devez le nettoyer régulièrement. Pour ce faire, mélangez 1 cuillère à soupe de sel avec 2 de jus de citron. Frottez les taches avec une éponge imprégnée de cette mixture. Laissez sécher le rideau, puis procédez à un lavage normal.

Fabriquer de la cire

N'achetez plus de cire pour traiter vos meubles : confectionnez-la vous-même ! Mélangez bien 12 cl de jus de citron et 25 cl d'huile d'olive. Appliquez-en un peu sur un chiffon et cirez vos meubles. Laissez sécher. Conservez dans un pot avec un couvercle. La cire se conserve 3 semaines au réfrigérateur.

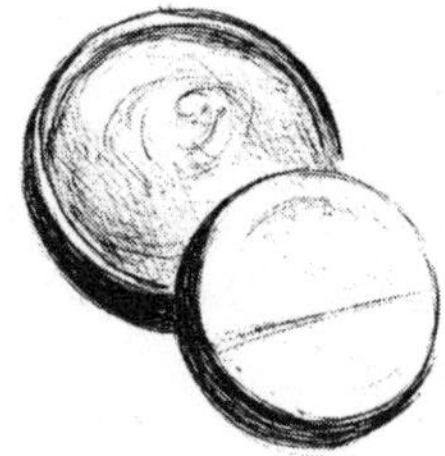

Un broyeur d'ordures qui sent bon

Épluchez un citron et découpez les épluchures en morceaux. Mettez-les dans le broyeur. Versez un peu d'eau froide par-dessus.

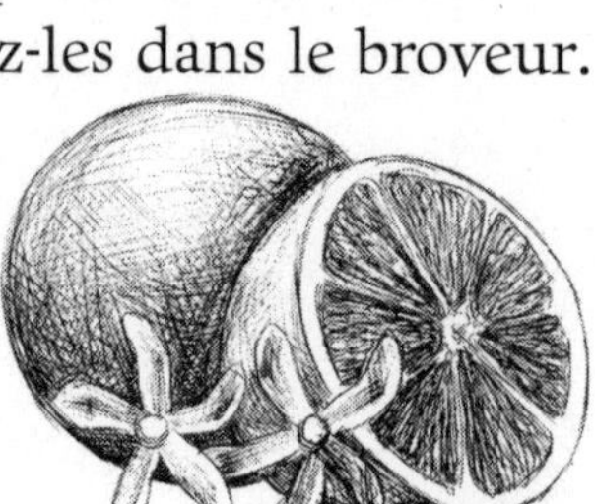

Cela devrait désodoriser votre broyeur d'ordures. Vous pouvez utiliser de vieux citrons, même un peu abîmés, mais ils ne doivent pas être moisis. Sinon, gare aux mauvaises odeurs !

Nettoyer une râpe à fromage

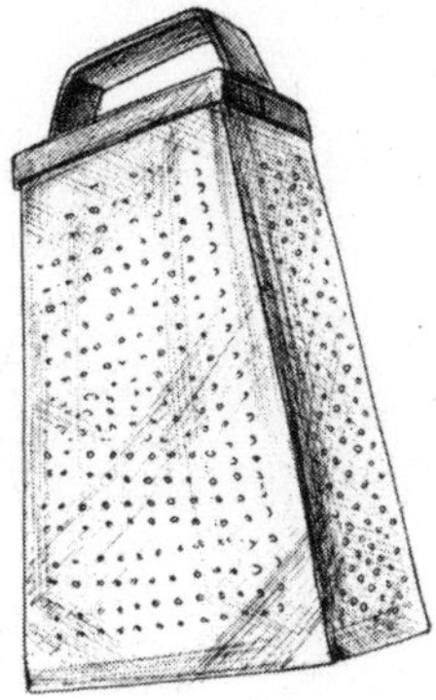

Une râpe à fromage, quelle invention merveilleuse ! Mais tellement compliquée lorsqu'il s'agit de la nettoyer... Grand-mère avait trouvé la solution : elle y passait un demi-citron avant de la laver. L'acidité du citron empêche le fromage de rester collé à la râpe. Il suffisait de la rincer, et le tour était joué !

Désodorisant pour le lave-vaisselle

Il arrive que des odeurs nauséabondes se dégagent de votre lave-vaisselle. Elles sont dues au mélange de saleté et d'humidité. Mamie savait comment y remédier. Rien de compliqué : il suffit de placer dans votre lave-vaisselle des épluchures de citron lorsqu'il ne fonctionne pas. Ainsi, il sentira bon le fruit !

Désodorisant pour le four

Vous avez cuisiné de délicieuses papillotes au four... Un régal. Seulement, votre four en a gardé tout le parfum. Une cuisine

qui empeste le poisson, ce n'est pas des plus agréables ! Désodorisez-le en y faisant chauffer quelques épluchures de citron, pendant une dizaine de minutes. Lorsque votre four sera bien chaud, l'odeur de citron annihilera celle du poisson.

Désodorisant W.-C.

Les toilettes ne sont pas le lieu le plus agréable en ce qui concerne les odeurs. Vous désodoriserez la pièce en y plaçant une pierre poreuse sur laquelle vous aurez versé 3 gouttes d'huile essentielle de citron. Le parfum s'estompant au bout d'une semaine, renouvelez l'opération lorsque la pierre n'émet plus d'odeur.

Désodorisant cuisine

C'en est fini des mauvaises odeurs dans la cuisine, grâce au citron ! Faites bouillir des épluchures de citron dans une casserole d'eau, pour que sa senteur se répande. Vous pouvez aussi en disposer dans un four encore chaud, le temps qu'il refroidisse. Sa chaleur propagera également une bonne odeur de citron.

Un plan de travail propre

Aujourd'hui, vous avez sorti votre tablier : pour l'anniversaire de votre filleul, vous êtes chargé de confectionner toutes les pâtisseries ! Vous voilà avec un plan de travail tellement sale que vous n'en distinguez même plus la couleur d'origine. Désodorisez-le, désinfectez-le et nettoyez-le en même temps. Comment ? Avec du jus de citron !

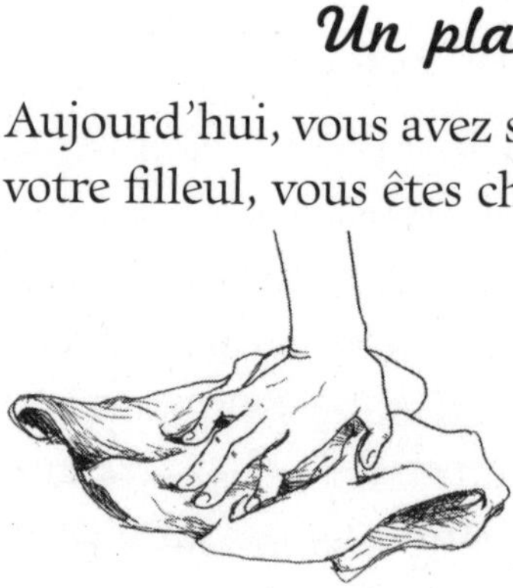

Ustensiles malodorants

Ce soir, c'était poisson à l'ail au dîner. Vos ustensiles et couverts s'en souviennent encore. Si la forte odeur de certains aliments s'imprègne sur votre vaisselle, utilisez du citron pour les nettoyer. À la place de l'éponge, employez un demi-citron et frottez-les avec.

Parfumer un humidificateur

Les humidificateurs, avec le temps, se mettent à dégager une odeur assez nauséabonde. Pensez à les parfumer avec du citron ! Remplissez-le d'eau à laquelle vous ajouterez 15 ml de jus de citron. Si vous le nettoyez, pensez à laver ses parois avec un demi-citron et 2 cuillères à soupe de bicarbonate de soude.

Adieu, odeurs de cuisine !

Les odeurs de cuisine sont inévitables. Elles peuvent parfois être si fortes qu'elles dérangent grandement votre nez. En prévention, préparez cette solution : mélangez 1 cuillère à café d'huile essentielle de citron, 1/2 cuillère à café de pamplemousse, 1/2 cuillère à café de bergamote et 25 gouttes de santal. Vaporisez ce mélange 15 minutes avant la cuisson.

Purifier l'atmosphère

L'huile essentielle de citron est tout indiquée pour assainir l'air ambiant de votre demeure. N'hésitez pas à en verser quelques gouttes dans un diffuseur, sur vos pots-pourris, dans une soucoupe que vous placerez au-dessus d'un radiateur voire même sur vos ampoules éteintes. Une fois allumées, elles répandront l'huile.

Nettoyer des boîtes en plastique

Les résidus de nourriture salissent les boîtes en plastique et y laissent même parfois leur odeur. Le citron va vous aider à les nettoyer et les désodoriser. Versez-y 1 cuillère à soupe de jus de citron et 1 cuillère à soupe de bicarbonate de soude. Frottez avec le côté abrasif de votre éponge. Puis remplissez-les d'eau et laissez agir une nuit. Rincez le lendemain.

Entretien des W.-C.

Les toilettes doivent être régulièrement désinfectées pour y faire régner une hygiène irréprochable. Confectionnez un produit désinfectant en mélangeant 40 gouttes d'huile essentielle de citron, 40 de lemongrass et 40 de pin sylvestre. Ajoutez 1 cuillère à café de ce mélange et 2 cuillères à soupe d'eau-de-vie à 15 cl d'eau. Il ne vous reste plus qu'à verser cette préparation dans la cuvette.

Nettoyer les vitres

Confectionnez vous-même votre produit pour laver les vitres, plus efficace et moins onéreux qu'un produit industriel. Mélangez 90 cl d'eau et 10 cl d'alcool à brûler. Ajoutez-y 5 gouttes d'huile essentielle de citron. Versez le tout dans un vaporisateur. Votre nettoyant est prêt, vos vitres vont briller de mille feux !

Lave-vaisselle amélioré

Optimisez l'efficacité de votre lave-vaisselle ! Pour ce faire, rien de bien sorcier : il suffit de remplacer le liquide de rinçage par la même quantité de jus de citron. Ce dernier est un agent nettoyant qui combat le calcaire. Votre vaisselle n'en sera que plus éclatante !

Tache de café

Le café peut tacher votre blanche vaisselle. Si vous êtes las de frotter pour venir à bout de ces traces plus que coriaces, faites comme Mamie. Elle appliquait d'abord un peu de jaune d'œuf sur les taches puis elle y passait un demi-citron. Son coup d'éponge devenait aussitôt plus efficace !

Tache de thé

Vous êtes un grand consommateur de thé, et vos tasses finissent par être gravées à jamais de ces fâcheuses traces de tanin. Vous avez beau frotter, vous n'arrivez pas à les éliminer ? Déposez un peu de jaune d'œuf sur les taches, puis un peu de jus de citron. Utilisez le grattoir de votre éponge pour en venir à bout.

Entretien du parquet

Le parquet s'abîme et se tache facilement. Il doit être nettoyé régulièrement. Pour ce faire, additionnez 10 gouttes de jus de citron et 5 cl de paraffine, préalablement fondue, à 1 litre d'eau. Mélangez bien. Lustrez votre parquet avec un linge imbibé de cette préparation puis laissez sécher naturellement.

Entretien du rotin

Mamie savait prendre soin de ses meubles en rotin. Elle déposait d'abord des chiffons par terre, autour des meubles, pour ne pas salir le sol. Pour les nettoyer, elle versait dans 1 litre d'eau chaude 2 cuillères à soupe de jus de citron. Elle imbibait un torchon de ce mélange et en frottait le rotin.

Nettoyer son réfrigérateur

Le réfrigérateur doit faire l'objet d'une hygiène impeccable, puisqu'il contient la nourriture que vous mangez. Lieu préposé au développement de champignons, vous devez le désinfecter régulièrement pour ne pas que l'alimentation soit contaminée. Utilisez le citron : son jus éradiquera toute moisissure.

Entretien des mosaïques

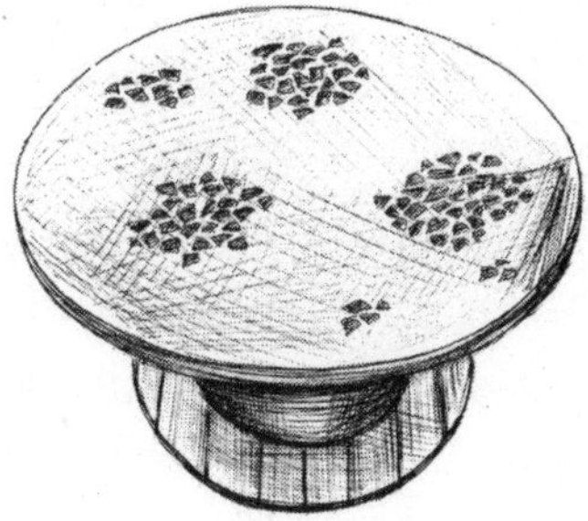

Vous possédez des mosaïques dans votre appartement ? Qu'elles soient en pierre, en verre, en marbre, en émail ou en métal, optez pour le citron ! Il vous aidera à leur redonner tout leur éclat. Imprégnez votre éponge de jus de citron ou servez-vous d'un demi-citron directement pour nettoyer vos mosaïques.

Contre les moisissures

Le citron empêche la formation de champignons grâce à ses propriétés antifongiques et désinfectantes. Il vous aidera ainsi à lutter contre les moisissures. Servez-vous d'une éponge que vous aurez imbibée au préalable de jus de citron pour nettoyer les surfaces propices à leur développement.

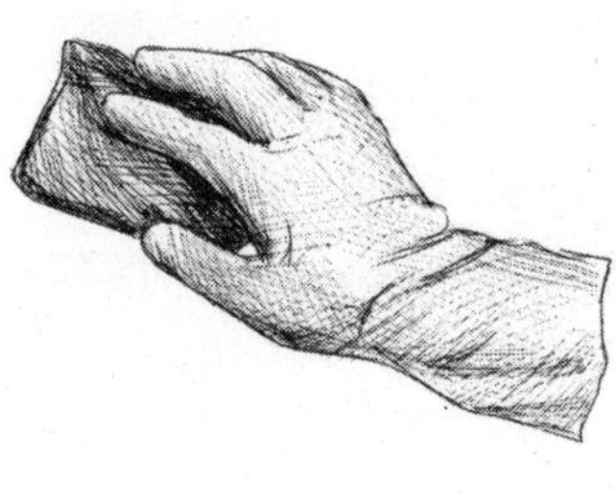

Des vieilles pièces qui brillent

Vous collectionnez les vieilles pièces de monnaie ? Celles-ci font grise mine. Le citron va vous aider à donner une seconde vie à vos pièces ternies. Versez du jus de citron dans une petite coupelle et plongez-y les pièces une vingtaine de minutes. L'acidité du citron leur fera retrouver leur éclat d'antan.

Parfumer armoires et penderies

Fabriquez un petit sachet parfumé pour vos armoires, penderies et tiroirs à vêtements. Si vous n'avez pas de sachet, prenez un mouchoir en tissu et versez-y 200 g de bicarbonate de soude et le zeste d'un citron. Nouez-le à l'aide d'un petit ruban. Il ne vous reste plus qu'à placer vos sachets odorants aux endroits où vous rangez votre linge.

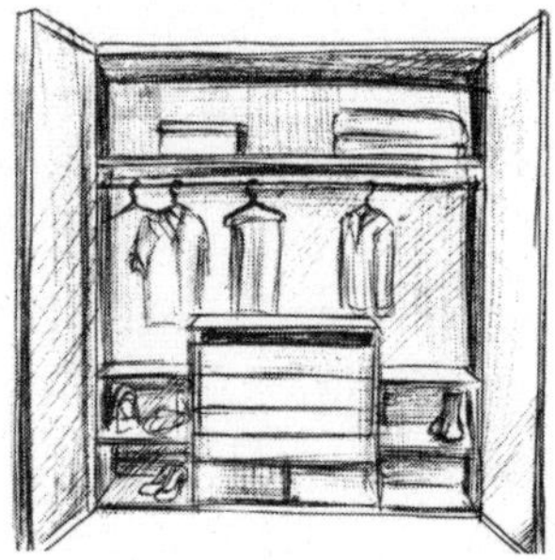

Laver sa baignoire

Lavez sa baignoire n'est pas une partie de plaisir ! Récurer, frotter… Vous pouvez vous simplifier la tâche avec le citron ! Découpez-en un en rondelles. Salez-les. Utilisez ces dernières comme une éponge et nettoyez votre baignoire. Les traces de saleté et de calcaire ne feront pas long feu !

Désodoriser les ustensiles de cuisine en bois

Vos ustensiles de cuisine en bois, cuillères, spatules et planches à découper, gardent une odeur qui laisse à désirer ? Le citron va vous aider à réparer ce petit désagrément. Frottez-les avec la pulpe d'un demi-citron, à l'aide d'une éponge. Ils seront ainsi nettoyés et désodorisés.

Parfumer un feu de cheminée

Conservez les épluchures des citrons que vous pressez. Coupez-les en gros morceaux et faites-les sécher sur du papier absorbant, sur un radiateur par exemple, ou dans un endroit sec. Il ne vous reste plus qu'à les ajouter au petit bois lorsque vous allumerez votre feu de cheminée. Il en sera ainsi parfumé !

Nettoyer un lavabo

Un lavabo se salit bien vite : entre les taches de maquillage, de dentifrice, de crèmes diverses et de savon, sans parler de la poussière et du calcaire… Ayez toujours un citron sous la main ! Servez-vous d'un demi-citron sur lequel vous verserez un peu de sel fin comme d'une éponge, et votre lavabo brillera de mille feux.

Nettoyer le laiton

Vous possédez des bijoux en laiton, mais vous n'avez pas la moindre idée de la façon de les entretenir ! Concoctez une pâte avec du sel fin et un peu de chair de citron. Frottez vos bijoux avec la mixture obtenue. Si certaines traces sont coriaces, vous pouvez renforcer son pouvoir nettoyant avec un peu de bicarbonate de soude.

Insecticide

Le citron est en soi un véritable insecticide naturel. Pour éviter tout intrus indésirable dans votre lieu à vivre, n'hésitez pas à déposer par-ci par-là quelques rondelles de citron ou à verser quelques gouttes de son jus. Son odeur et son acidité repousseront les insectes. Ils n'oseront plus mettre les pattes dans votre demeure !

Contre les insectes volatiles

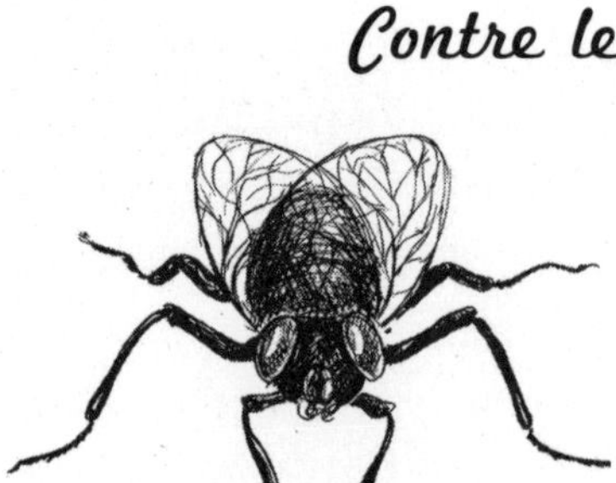

Assez des bestioles qui s'amusent à virevolter dans votre salon ! Et qui viennent vous enquiquiner dans votre chambre, la nuit ! Pour y remédier, coupez un citron en rondelles. Placez-en quelques-unes sur une ficelle que vous suspendrez au plafond. L'odeur les fera fuir !

Touches de piano jaunies

Les touches en ivoire de votre beau piano ne sont plus ce qu'elles étaient… Redonnez-leur leur blancheur d'antan : additionnez de la sciure de bois et du jus de citron. Nettoyez les touches avec un linge doux imprégné de ce mélange. Laissez sécher et lustrez avec un chiffon de laine.

Nettoyant citronné

Le citron a des pouvoirs dégraissants et détartrants. Il désinfecte et laisse une odeur agréable. Réalisez un nettoyant multi-usages pour votre maison : dans 2 litres d'eau chaude, versez 20 cl de savon de Marseille liquide, 10 cl de jus de citron et 2 gouttes d'huile essentielle de citron. Résultat garanti !

Entretien du marbre

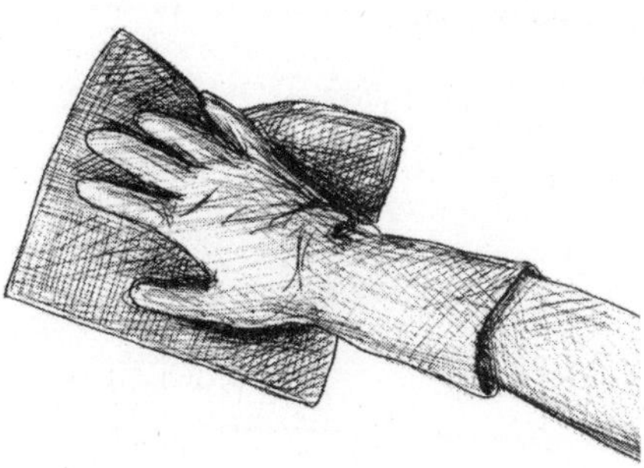

Fini les taches sur votre beau plan de travail en marbre ! Il suffit de les frotter avec une éponge imbibée de jus de citron et de sel fin. Continuez en y passant un linge imprégné d'huile de lin. Rincez aussitôt : le citron pourrait blanchir le marbre s'il n'est pas immédiatement nettoyé.

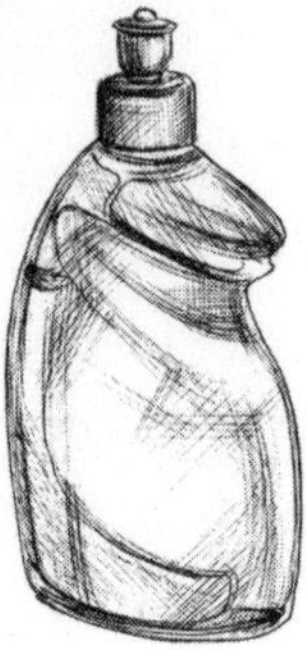

Liquide vaisselle maison

Confectionnez votre propre liquide vaisselle en suivant la recette de Grand-mère. Versez 10 cl de liquide vaisselle écologique, 1 cuillère à soupe de vinaigre blanc, 1 de bicarbonate de soude et 15 gouttes d'huile essentielle de citron, le tout dans un flacon de 50 cl. Complétez avec de l'eau. C'est prêt !

Nettoyer son micro-ondes

Voici un moyen efficace et rapide de nettoyer son micro-ondes. Faites chauffer pendant 2 minutes une tasse d'eau dans laquelle vous aurez versé le jus d'un citron. La vapeur ainsi dégagée va désincruster la saleté. Vous n'aurez plus qu'à terminer le travail en passant un petit coup d'éponge. Votre micro-ondes sent bon !

Entretien du fer à repasser

Votre fer à repasser ne fonctionne plus très bien et a triste mine. Il est peut-être entartré. Nettoyez-le et détartrez-le avec du citron. Passez sur la semelle un demi-citron sur lequel vous aurez versé du sel fin. Rincez aussitôt avec une éponge et séchez avec un chiffon.

Entretien des éponges

Les éponges sont de vrais nids à bactéries. Normal, puisqu'elles vous servent exclusivement à nettoyer votre intérieur. Pour les désinfecter et leur ôter ces odeurs nauséabondes, faites-leur prendre un bain d'eau citronnée. Et ce, pendant 24 heures. Le lendemain, elles ressortiront toutes propres !

De l'émail comme neuf

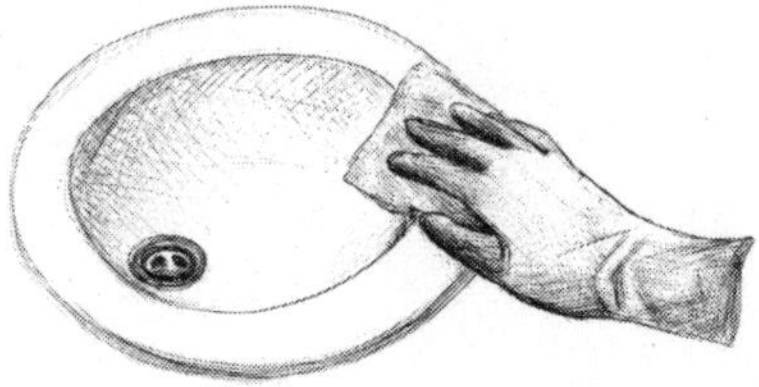

L'émail de votre lavabo ou de votre baignoire commence à ternir et à jaunir ? N'attendez pas : après les avoir bien nettoyés, frottez-les avec une éponge imbibée de jus de citron (ou passez directement un demi-citron). Rincez à l'eau claire : ils auront retrouvé leur éclat d'antan.

Désinfectant

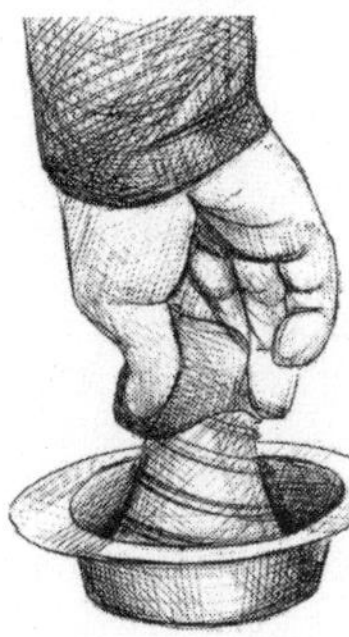

Créer un désinfectant multi-usages, facile avec Mamie ! Elle additionnait simplement les propriétés du citron et du sel. Elle imbibait son éponge du jus d'un citron et la saupoudrait ensuite de sel fin. Il ne lui restait plus qu'à frotter pour assainir l'ensemble des surfaces de sa demeure. Sans oublier de rincer abondamment !

Désinfecter l'air ambiant

Si certains membres de votre famille sont vulnérables aux allergènes, il est important d'assainir l'air de votre demeure. L'huile essentielle de citron a des propriétés germicides. Embaumez votre intérieur en en mettant un peu dans un diffuseur. Renouvelez tous les jours.

Une vaisselle qui brille

Avoir de la belle vaisselle qui brille, c'est toujours plus agréable pour composer une jolie table. Quel est l'ingrédient miracle qu'utilisaient nos grands-mères pour obtenir un tel résultat ? Le citron ! Il suffit de vous servir de son jus comme d'un nettoyant : frottez vos assiettes et vos couverts avec une éponge imbibée de jus de citron, résultat garanti !

Faire sécher du citron

Pour réaliser divers objets de décoration, nos grands-mères faisaient sécher des rondelles de citron. Comment procédaient-elles ? Après avoir finement découpé les citrons, elles laissaient les tranches sécher sur un radiateur ou au soleil pendant 4 à 5 jours. Si vous n'avez pas cette patience, passez-les au four durant 12 heures, à 90 °C (th. 3). Elles doivent être craquantes.

Guirlandes citronnées

Décorez votre intérieur avec du citron ! Réalisez de jolies guirlandes avec des rondelles de citron séchées. Transpercez-les d'un fil solide à l'aide d'une grosse aiguille et faites un nœud autour des deux extrémités afin qu'elles ne bougent pas. À mettre sur la table, sur le sapin de Noël, ou à accrocher dans la maison.

Pot-pourri

Confectionnez un joli pot-pourri citronné. Faites sécher des rondelles de citron, puis posez-les dans une petite coupelle. Accompagnez-les de fleurs et d'épices de votre choix, selon les couleurs que vous souhaitez mettre en avant, et le mariage de senteurs désiré. Versez dessus quelques gouttes d'huile essentielle de citron. Renouvelez quand l'odeur s'estompe.

Embaumer la maison

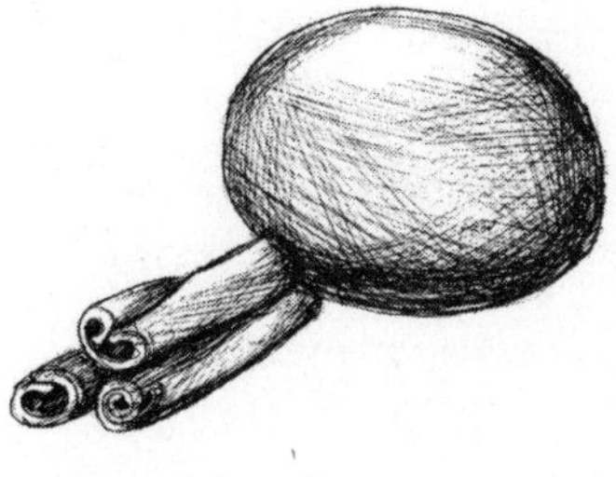

Vous souhaitez apporter une touche citronnée à votre demeure ? Faites d'une pierre, deux coups : prenez 5 citrons, plantez une dizaine de clous de girofle dans chacun d'eux. Amusez-vous à varier les motifs. Vous parfumerez votre intérieur tout en le décorant. Une activité à faire avec vos enfants !

Raviver du cuivre terni

Votre belle bassine en cuivre en a vu de toutes les sortes, des confitures. Entretenez-la et ravivez son éclat grâce au citron. Imbibez votre éponge de jus de citron pur, ou servez-vous d'un demi-citron directement pour la nettoyer. Essuyez-la ensuite avec un chiffon de laine pour lui rendre sa brillance d'antan.

Nettoyer le cuivre

L'association citron et sel se montre très efficace pour nettoyer le cuivre. Si votre ensemble de casseroles est constellé de taches coriaces, vous arriverez à les éliminer en les couvrant de gros sel. Frottez-les ensuite avec un demi-citron. Rincez à l'eau claire et lustrez avec un chiffon doux.

Entretien du cuir

Pour préserver la beauté des vêtements, des objets ou du mobilier en cuir, nos aïeules utilisaient une mixture secrète. Elles mélangeaient un blanc d'œuf monté en neige avec le jus d'un citron. Elles se servaient de cette préparation pour nettoyer le cuir.

Du cirage trop sec

Cirer vos chaussures, ce n'est pas votre tasse de thé. Vous n'utilisez pas si souvent votre boîte de cirage : du coup, celui-ci est devenu tout sec. Ne le jetez pas pour autant, il est facile de le récupérer : il suffit de lui ajouter quelques gouttes de jus de citron bien chaud. Mélangez : le cirage est de nouveau utilisable.

Des joints bien blancs

Difficile de récupérer les joints jaunis et noircis entre les carreaux de votre salle de bains. Mais rien n'est impossible pour Mamie ! Préparez une pâte à base de bicarbonate de soude et de jus de citron, à parts égales. Posez-la sur les joints et laissez agir plusieurs minutes. Frottez ensuite avec une vieille brosse à dents et rincez.

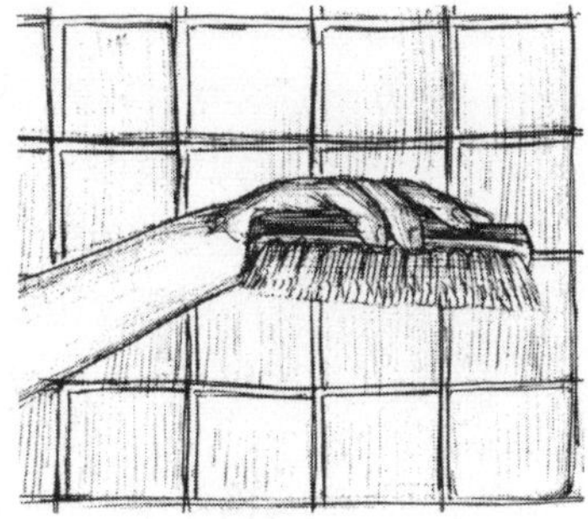

Un carrelage propre

Nos aïeules ne s'embêtaient pas avec des produits industriels et coûteux lorsqu'il s'agissait de nettoyer leur sol. Elles ajoutaient simplement du jus de citron et un peu de bicarbonate de soude à leur seau d'eau. Après avoir passé une serpillière imprégnée de ce mélange sur leur carrelage, il brillait de mille feux !

Le citron, l'allié beauté de mamie

S'il existe un ingrédient que grand-mère avait toujours à portée de main, c'est bien le citron. La raison : c'est le produit qui fera des miracles sur votre peau. Il agit aussi bien de l'intérieur que de l'extérieur. Soins du corps, gommages, lotion tonique, démaquillant… ce petit fruit jaune est la base de nombreux soins cosmétiques. 100 % naturel, son acidité n'attaque pas l'épiderme. Au contraire, elle la soigne en douceur. N'hésitez pas à l'employer sans modération !

Un antitranspirant naturel

Après chaque douche, passez un coton imbibé de jus de citron sur vos aisselles et vos pieds. Vous éviterez ainsi la prolifération bactérienne responsable des mauvaises odeurs corporelles. Si vous transpirez facilement, complétez le traitement en saupoudrant un peu de talc sur les zones qui ont tendance à transpirer.

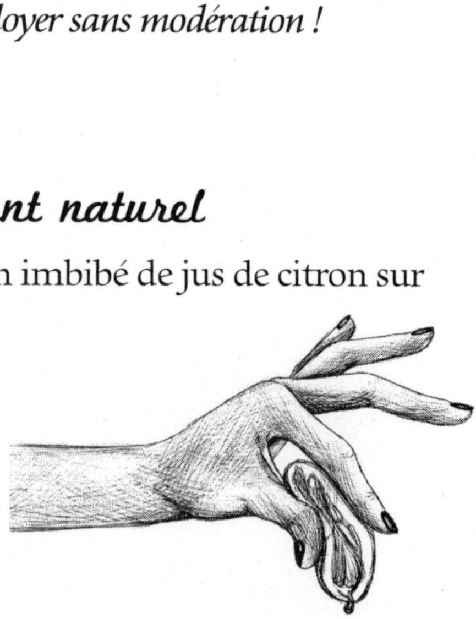

Diminuer la transpiration des pieds

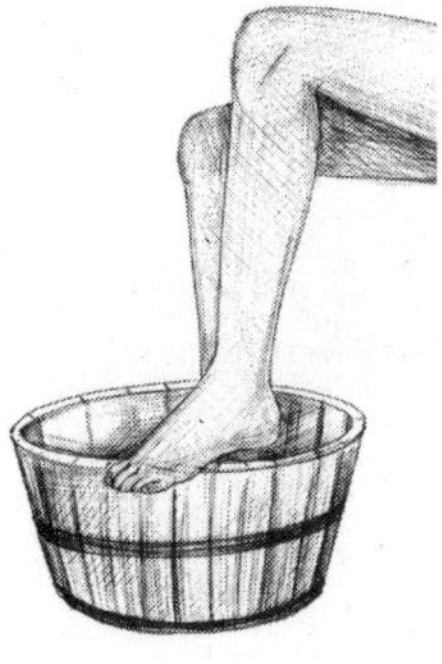

Rien de plus désagréable que de transpirer des pieds ! Ils deviennent moites dans vos chaussures et dégagent une odeur nauséabonde qui disparaît difficilement. Remédiez à ce désagrément en prenant des bains de pieds citronnés. Dans une bassine, versez le jus de 3 citrons. Ajoutez de l'eau chaude, dans laquelle 3 sachets de thé vert ont infusé. Plongez-y vos petons pendant 30 minutes.

Fixer le maquillage

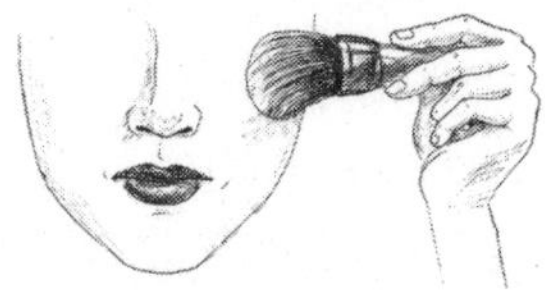

Vous avez la peau grasse et votre maquillage à tendance à couler en fin de journée ? Le matin, après vos soins habituels, imbibez un coton de jus de citron et passez-le sur votre visage avant de vous maquiller. Laissez sécher et appliquez votre fond de teint et votre poudre libre. Votre make-up tiendra ainsi jusqu'au soir.

Sauna purifiant

Lorsque Grand-mère souhaitait nettoyer sa peau en profondeur, elle préparait un bain vapeur citronné. Piquez-lui son astuce ! Portez à ébullition ½ litre d'eau. Retirez du feu et ajoutez 2 gouttes d'huile essentielle de citron, 2 de cyprès et 2 de géranium. Transvasez dans un saladier. Penchez votre tête, couverte avec une serviette, au-dessus de votre préparation. Les vapeurs que celle-ci dégage assainiront naturellement votre peau. Gardez cette position pendant 10 minutes, puis séchez votre visage.

Resserrer les pores

Vous en avez assez de ces vilains points noirs sur votre visage ? Suivez la recette ancestrale de Grand-mère, rapide et efficace. Mélangez le jus de 1 citron avec 1 cuillère à soupe de poudre d'amandes et 1 cuillère à soupe d'huile de jojoba. Massez votre peau avec cette mixture, en formant des petits cercles. Terminez en rinçant abondamment.

Tonique maison

Grand-mère obtenait une peau nette sans imperfection en la nettoyant régulièrement avec son tonique maison. Voici sa recette : dans une fiole, diluez 20 cl d'eau, 5 gouttes d'huile essentielle de lavande, 1 cuillère à soupe d'huile d'argan et le jus de 1 citron.

Tous les matins, appliquez ce tonique sur votre visage en secouant bien votre flacon au préalable. Conservez le tout au réfrigérateur.

Marques de couperose

Si vous êtes sujet à la couperose, votre peau est marquée par des petites striures difficiles à masquer. Heureusement, Grand-mère est là et elle a la solution : l'huile essentielle de citron. Mélangez-en 6 gouttes avec 6 gouttes d'huile essentielle de géranium, 6 gouttes d'huile essentielle de cyprès et 2 cl d'huile végétale de calophylle. Massez-vous avec cette lotion 2 fois par jour.

Soigner les dartres

Vous avez des problèmes de dartres et, quoi que vous fassiez, ces marques de desquamation ne disparaissent pas ? Traitez-les efficacement avec le remède citronné de Grand-mère. Humectez tous les jours votre visage avec le jus de l'agrume jaune. Si vous êtes assidu, en 1 mois à peine, les taches ne seront plus là ! Pendant ce traitement, évitez de vous exposer au soleil.

Hydrater sa peau en profondeur

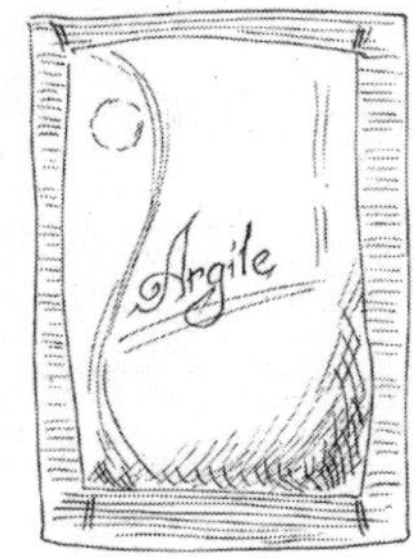

Dans un bol, mélangez 2 cuillères à soupe d'argile en poudre avec le jus de 1 citron. Ajoutez 1 cuillère à café de miel d'acacia, 1 autre d'huile de jojoba et 3 gouttes d'huile essentielle de géranium. Une pâte onctueuse doit se former. Apposez sur le visage et laissez sécher avant de rincer à l'eau. Renouvelez l'opération toutes les semaines.

Masque régénérant

Votre peau est terne ? Rendez-lui sa vitalité avec le simple masque hydratant 100 % bio de Mamie. Mélangez énergiquement 3 gouttes d'huile essentielle de citron avec la même quantité d'huile essentielle de palmarosa, 1 cuillère à soupe de miel et 1 yaourt nature. Appliquez le mélange obtenu sur le visage durant 15 minutes, puis rincez. Votre peau sera éclatante !

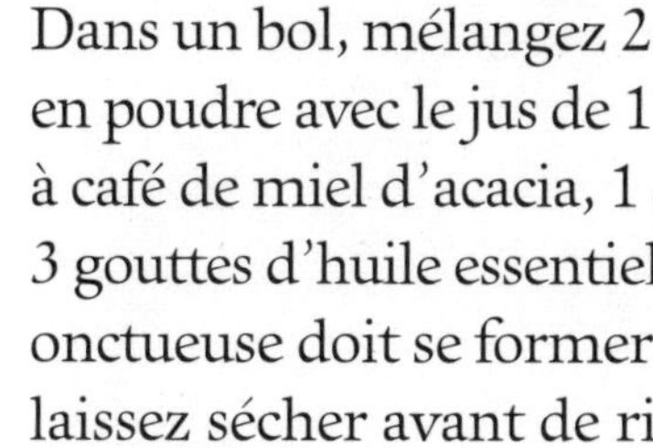

Huile anti-âge

Il est inutile de vous ruiner en crèmes anti-rides onéreuses pour éviter les effets du vieillissement cutané. Le soin ancestral de Grand-mère est tout aussi efficace ! Dans un flacon hermétique, mélangez de l'huile essentielle de citron, de lavande, de géranium et de palmarosa : 3 gouttes de chaque. Ajoutez-y 3 cl d'huile végétale de bourrache, puis étalez en petite quantité sur votre peau, nettoyée au préalable. Faites bien pénétrer et retirez l'excédent avec un mouchoir.

SOS mains gercées

Chaque hiver, c'est la même rengaine : le froid assèche vos mains, qui finissent par gercer. Apaisez-les rapidement : Pressez 1 citron, et récupérez son jus. Ajoutez-y 1 cuillère à café d'huile d'olive et 1 cuillère à soupe de miel liquide. Appliquez cette mixture sur vos mains et laissez agir 20 minutes avant de rincer.

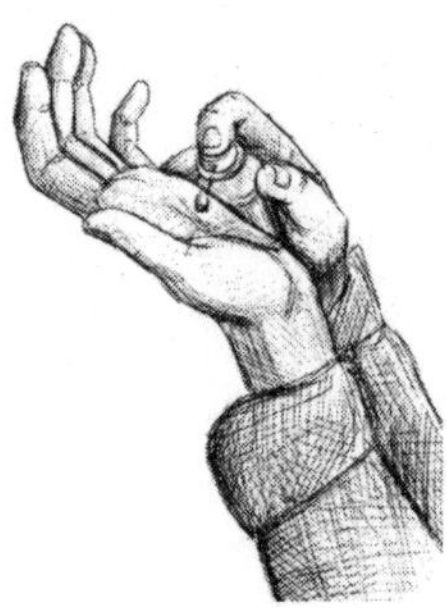

Hydrater les mains rapidement

Vous partez au ski et vous avez oublié d'acheter votre crème pour les mains ? Pas de panique : si vous avez de l'huile essentielle de citron, mélangez-en 5 gouttes avec 1 cuillère à soupe d'huile d'amande douce dans une fiole. Dès que vous le pouvez, massez vos mains avec. Elles seront ainsi protégées du froid et, en prime, sentiront bon le citron !

Chasser les mauvaises odeurs des mains

À la maison, c'est vous qui cuisinez et qui régalez toute la famille. À force de manipuler les aliments, vos mains empestent souvent le poisson ou l'oignon. Remédiez à ce petit désagrément en les frottant simplement avec le jus d'un citron puis rincez à l'eau froide. Sentez : vos mains sont citronnées !

Fortifier les ongles

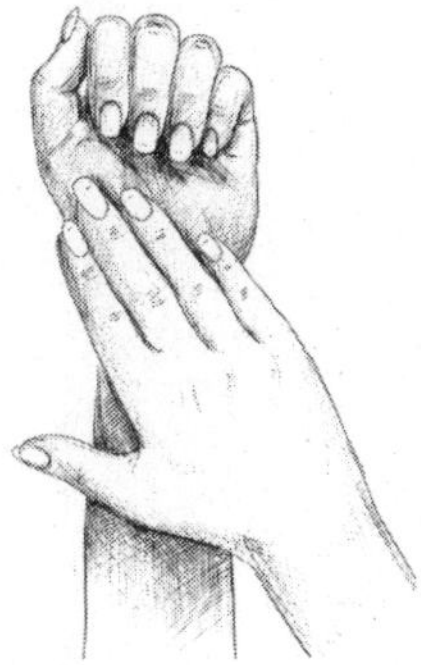

Vos ongles sont secs et cassants ? Ne cherchez plus le soin miracle, Mamie a la recette qu'il vous faut. Mélangez le jus de 2 citrons avec 1 cuillère à café d'huile d'olive. Appliquez cette préparation sur vos ongles en insistant sur les cuticules. Mettez ensuite des gants fins et laissez agir toute une nuit. Le lendemain, rincez à l'eau.

Halte aux cheveux mous

Vos cheveux sont raplapla et sans volume ? Suivez la recette de Mamie : elle est simple et rapide. Dans un bol, mélangez 1 jaune d'œuf, 2 cuillères à soupe de jus de citron, 1 cuillère à soupe d'huile d'avocat et 1 cuillère à soupe de rhum blanc. Étalez sur votre chevelure humide et laissez agir 10 minutes. Terminez en vous lavant la tête avec un shampooing doux.

Réguler les cheveux gras

Les cheveux gras ne seront plus qu'un souvenir, avec cette lotion régulatrice de sébum. Dans un flacon, diluez 2 cuillères à soupe de jus de citron avec 25 cl d'eau de source. Ajoutez-y 2 gouttes d'huile essentielle de sauge sclarée, la même quantité d'huile essentielle de cyprès, de lavande et de cèdre. Appliquez cette lotion sur vos cheveux secs et laissez agir toute une nuit. Le lendemain, lavez vos cheveux avec votre shampooing habituel.

Chasser les pellicules

L'excès de pellicules résulte souvent de l'irritation du cuir chevelu. Apaisez-le en le régulant naturellement. Mélangez 1 yaourt au lait entier avec 2 gouttes d'huile essentielle de citron et 2 de romarin. Humidifiez vos cheveux et massez-vous la tête avec cette lotion. Dix minutes plus tard, rincez et lavez avec un shampooing doux. Renouvelez l'opération 1 fois par semaine durant 1 mois.

Shampooing antipelliculaire

Vous n'avez pas le temps de fabriquer des soins maison pour chasser vos pellicules ? Pas de panique, pensez à l'astuce de nos grands-mères. Ajoutez 10 gouttes d'huile essentielle de citron à votre flacon de shampooing habituel. Il deviendra ainsi un prodigieux produit antipelliculaire. En prime, il sera citronné à souhait !

Crème nourrissante de nuit

Confectionnez vous-même votre crème hydratante. Pour cela, mixez 1 abricot avec le jus d'un citron. Faites chauffer au bain-marie à feu doux 3 cuillères à soupe de beurre de karité. Mélangez le tout jusqu'à l'obtention d'une crème opaque. Transvasez dans un pot hermétique et mettez au réfrigérateur. Tous les soirs, avant de vous coucher, appliquez-en une petite noisette sur votre visage.

Lotion astringente citronnée

Chassez les impuretés de la peau avec une lotion astringente 100 % bio. Faites tiédir dans une casserole 10 cl d'eau de fleur d'oranger. Retirez du feu et ajoutez le zeste d'un citron entier. Couvrez et laissez infuser 24 heures. Filtrez et conservez dans une fiole hermétique que vous laisserez au réfrigérateur. Matin et soir, nettoyez votre visage avec un coton imbibé de cette préparation.

SOS crevasses aux mains

Le citron sera votre allié pour soulager les crevasses des mains. Dans un bol, versez le jus d'un citron avec 2 cuillères à soupe d'huile

d'olive et 2 autres d'argile en poudre. Une pâte onctueuse doit se former. Apposez sur les zones à traiter et laissez agir 30 minutes. Terminez en rinçant à l'eau tiède.

Apaiser la peau

Vous avez la peau irritée par les crèmes industrielles ? Soulagez-la rapidement avec un lait maison. Portez à ébullition 25 cl d'eau avec une poignée d'amandes émondées. Retirez du feu et ajoutez 3 feuilles de laitue. Passez le tout au mixeur jusqu'à l'obtention d'un liquide laiteux. Terminez en ajoutant le jus d'un citron. Utilisez cette crème matin et soir pour nettoyer votre visage.

Taches de rousseur

Vous n'aimez pas vos taches de rousseur que vous trouvez trop prononcées ? Faites-les disparaître naturellement et de manière progressive avec ce remède de grand-mère. Passez sur votre visage du jus de citron salé, 2 fois par jour, pendant 1 mois. Vous verrez, c'est magique !

Effet bonne mine

Rien de mieux que le citron pour détoxifier l'organisme et le purifier. Durant 3 semaines, buvez à jeun, chaque matin, le jus d'un citron additionné d'eau chaude. Vous allez ainsi nettoyer votre foie, ce dernier influant sur votre teint. En une semaine à peine celui-ci deviendra plus lumineux et plus clair. En prime, vous éviterez l'apparition de nouveaux boutons !

Rouge à lèvres naturel

Vous avez oublié votre rouge à lèvres fétiche ? Pas de panique : frottez énergiquement durant 5 minutes votre bouche avec une rondelle de citron. Celle-ci activera la circulation sanguine et vous fera une bouche bien rouge. Ni vu ni connu, vous aurez des lèvres à croquer !

Gommage corporel

Une fois par mois, il est conseillé de faire un gommage corporel afin d'éliminer les peaux mortes. Voici une recette facile à réaliser : battez 1 œuf jusqu'à ce qu'il mousse. Ajoutez le jus d'un citron, 2 cuillères à soupe de crème fraîche et 4 de farine de pois chiches. Remuez à l'aide d'un fouet pour qu'il ne reste aucun grumeau. Mouillez-vous le corps et appliquez cette mixture en vous en frottant énergiquement. Rincez-vous et terminez en hydratant à l'aide d'une huile.

Halte aux cheveux ternes

Mamie avait toujours une belle chevelure quelle que soit la saison ! Son secret ? Sa lotion revitalisante maison. Piquez-lui sa recette : faites bouillir 30 g de sauge séchée dans 1 litre d'eau durant 5 minutes. Retirez du feu et laissez infuser 10 minutes. Filtrez et ajoutez le jus d'un citron. Lavez-vous les cheveux et utilisez cette mixture comme dernière eau de rinçage. Renouvelez l'opération pendant 1 mois.

Masque pour cheveux secs

Vous avez les cheveux secs ? Hydratez-les efficacement avec un masque nourrissant spécifique. Écrasez 1 banane jusqu'à l'obtention d'une purée puis ajoutez 1 jaune d'œuf, 2 cuillères à café de miel liquide et le jus d'un citron. Appliquez cette mixture sur vos cheveux et laissez poser 1 heure. Rincez-vous la tête puis lavez-la avec un shampooing doux. Renouvelez le soin 2 fois par semaine, pendant 1 mois.

Parfumer les cheveux

Si vous travaillez en cuisine, vos cheveux s'imprègnent inévitablement de l'odeur de cuisson des aliments. Pour éviter ce désagrément, suivez l'astuce de Grand-mère. Portez à ébullition 10 cl d'eau de fleur d'oranger puis incorporez le jus de 2 citrons. Laissez tiédir hors du feu. Transvasez le tout dans un flacon hermétique. Après chaque lavage, rincez-vous avec cette lotion aromatisée.

Un tonique maison

Matin et soir, il faut toujours appliquer un tonique sur son visage afin de purifier l'épiderme. Vous n'en avez pas sous la main ? Portez à ébullition 10 cl d'eau de rose. Retirez du feu et ajoutez les zestes d'un citron coupés fins ainsi que son jus. Couvrez et laissez reposer. Le lendemain, filtrez et transvasez dans une fiole hermétique. Imbibez-en 1 coton et passez-le sur votre visage.

Lotion astringente

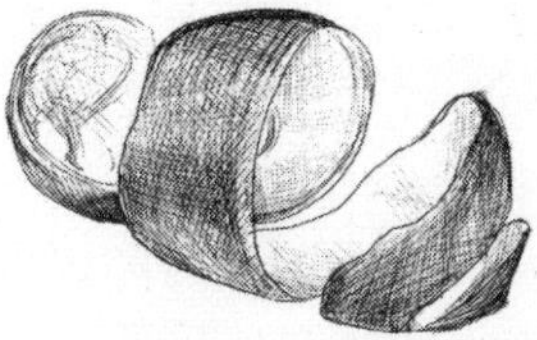

Le citron sera votre allié pour assainir votre peau en profondeur. Pressez-en 2 dans 20 cl de fleur d'oranger. Faites bouillir durant 2 minutes puis retirez du feu. Ajoutez le jus de 2 autres citrons, cette fois les zestes coupés en lamelles. Laissez reposer pendant 1 journée, puis filtrez. Conservez dans une bouteille hermétique que vous laisserez au réfrigérateur. Matin et soir, nettoyez-vous le visage avec cette lotion.

Huile nourrissante

Dans un flacon opaque, diluez 10 cl d'huile d'olive avec 2 gouttes d'huile essentielle de citron. Râpez le zeste de 1/2 citron et incorporez-le au mélange. Fermez et laissez reposer 48 heures. Filtrez et transvasez de nouveau dans la fiole. Après vous être soigneusement démaquillée, appliquez cette huile sur votre visage. Votre peau sera ainsi parfaitement hydratée.

Soin pour peaux sèches

Lorsque l'épiderme est fragilisé, la peau tire et s'assèche. Pour y remédier il vous suffit d'appliquer un soin doux nourrissant et hydratant. Mamie en connaît un qui n'agressera pas votre peau : mélangez 6 gouttes d'huile essentielle de citron, 2 cuillères à soupe d'huile d'amande douce et 2 cuillères à soupe de miel jusqu'à l'obtention d'un mélange bien lisse. Appliquez ce masque sur votre visage. Une heure plus tard, retirez l'excédent avec un coton imbibé d'eau de rose. Recommencez l'opération tous les soirs, pendant un mois.

Baume maison

Vous avez tendance à avoir les lèvres sèches ? Apaisez-les en vous fabriquant une crème réparatrice naturelle. Dans un pot muni d'un couvercle, mélangez 4 gouttes d'huile essentielle de citron, 4 d'orange, 1 cuillère à café de crème fraîche épaisse entière et 1 cuillère à soupe de miel liquide. Une crème onctueuse se forme : hydratez-en votre bouche. Conservez votre préparation 6 jours au maximum dans votre réfrigérateur.

Cure ancestrale anti-âge

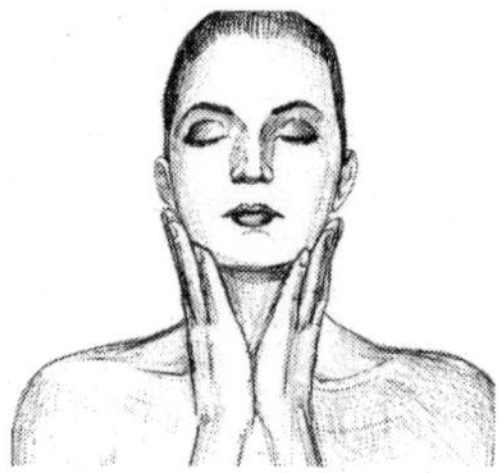

Ne cherchez plus en vain comment faisait Mamie pour rester jeune ! Faites plutôt sa cure anti-âge et vous aurez la réponse. Pendant 2 semaines, le matin, à jeun, buvez le jus de 2 carottes additionné d'un jus de citron. Mangez ensuite des fruits secs à coques au petit-déjeuner : amandes, noix ou noisettes. Faites vos autres repas en essayant de limiter les sucres rapides et les lipides. Cette cure vous apportera beaucoup de vitalité et détoxifiera votre organisme.

Revitaliser son organisme

Rien de mieux qu'une cure de jus de citron pour purifier son organisme. Le principe est de boire au réveil le jus d'un ou de plusieurs agrumes, selon un ordre précis. Le premier jour commencez par boire le jus de 1 citron avec de l'eau chaude. Augmentez le nombre petit à petit : 2 puis 3, pour arriver à 4 citrons au quatrième jour. Le cinquième jour, ramenez la dose à 3, pour finir à 2, le sixième jour.

Chasser les kilos en trop

Lorsque Grand-mère souhaitait perdre les kilos accumulés avec les fêtes, elle faisait une diète au citron. Pendant 10 jours, elle buvait uniquement une mixture à base de cet agrume. Voici sa recette : portez à ébullition le jus de 5 citrons. Retirez du feu et laissez refroidir. Filtrez et ajoutez 2 cuillères à soupe de sirop d'agave. Mettez au frais et buvez cette préparation tout au long de la journée.

Infusion minceur

Grand-mère ne manquait pas de recettes miracles pour perdre du poids. En hiver, elle optait pour une tisane amincissante. Dans une grande casserole d'eau bouillante, elle versait 20 g de fleurs de camomille avec 5 citrons coupés en rondelles. Elle laissait macérer une nuit, avant de filtrer le tout et de boire cette infusion dès le matin au réveil.

Coupe-faim naturel

En période de régime, il est parfois difficile de ne pas succomber aux tentations. Résistez-y à tous les coups, grâce au coupe-faim naturel de Mamie. Mélangez le jus de 1 citron vert avec 1 cuillère à café de miel et le jus de 1 concombre. Dès qu'une envie de gourmandise surgit, buvez cette préparation. Vous êtes certain de résister sans frustration.

Jambes de déesse

Vous souhaitez affiner vos jambes ? Massez-les avec une huile amincissante naturelle. Dans une petite fiole hermétique, mélangez 10 cl d'huile de jojoba, 15 gouttes d'huile essentielle de citron et 15 de cyprès. Tous les soirs, appliquez énergiquement cette préparation sur vos gambettes jusqu'à sa pénétration totale.

Halte à la cellulite

L'apparition de cellulite résulte de l'hypertrophie des tissus adipeux. Une fois qu'elle est apparue, il est difficile de s'en débarrasser, à moins de recourir aux remèdes de Mamie. Faites chauffer 40 g de vaseline, 20 g de lanoline et 2 cuillerées à soupe d'huile d'olive. Ajoutez 15 gouttes d'huile essentielle d'origan, 5 de lavande et 5 de citron. Mélangez. Appliquez la préparation obtenue sur une peau sèche et propre.

Huile contre la peau d'orange

Pour chasser la cellulite, vous devrez vous armer de patience et surtout être très assidue. Commencez par préparer une huile drainante à base d'huile essentielle de citron. Dans un flacon, mélangez-en 5 gouttes avec 7 cuillères à soupe de vinaigre de cidre, 20 cl d'huile d'amande douce et 3 gouttes d'huile essentielle de cèdre. Secouez énergiquement pour obtenir une émulsion uniforme. Massez-en les zones de peau d'orange, 2 ou 3 fois par jour.

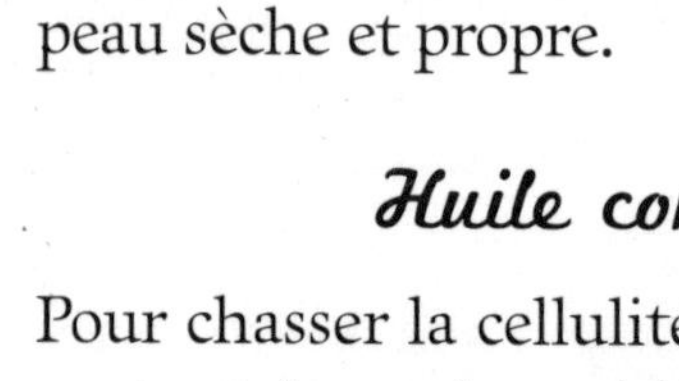

Bain drainant

Quoi de mieux qu'un bain 2 en 1, qui détend tout en affinant la silhouette ? Hachez 100 g de feuilles de lierre dans 1 litre de vinaigre de cidre bouillant. Ajoutez le jus de 1 citron et laissez macérer 6 heures, avant de verser le tout dans votre eau de lavage. Vingt minutes plus tard, vous serez parfaitement raffermie et détendue. D'une pierre, deux coups !

Cataplasme anticellulite

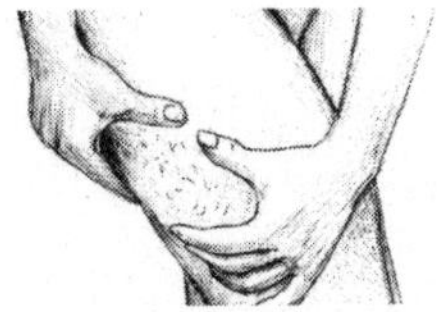

Grand-mère faisait disparaître la peau d'orange à l'aide d'un cataplasme à base de citron. Pressez-en 3 et portez leur jus à ébullition dans 1 litre d'eau, pendant 15 minutes, avec 50 g de feuilles de citronnier. Filtrez et laissez tiédir. Imbibez des compresses avec cette mixture et placez-les sur les zones de cellulite. Laissez agir pendant 10 minutes. Renouvelez l'opération deux à trois fois par semaine. En quelques mois votre peau sera plus ferme !

Crème nourrissante corporelle

Bien hydrater son corps est essentiel si vous souhaitez avoir une peau douce et soyeuse. Grand-mère appliquait chaque soir une crème spécifique citronnée. Faites de même : mélangez 1 yaourt, 1 cuillère de miel liquide et 3 cuillères à soupe de flocons d'avoines avec le jus d'un citron. Avant de vous coucher, étalez cette crème sur votre corps en formant des mouvements lents et réguliers.

SOS mains abîmées

Vous avez les mains rugueuses et sèches ? Remédiez à ce désagrément grâce à la crème réparatrice de Mamie. Mélangez la chair de 1 avocat avec 2 abricots jusqu'à l'obtention d'une pâte bien lisse. Ajoutez 2 cuillères à soupe de miel et 10 gouttes d'huile essentielle de citron. Avant de vous coucher, enduisez-vous les mains avec cette mixture et mettez des gants. Le lendemain, rincez à l'eau tiède. Renouvelez l'opération 3 nuits d'affilée.

Nourrir sa peau

Faites ramollir, à petit feu et au bain-marie, 2 cuillères à soupe de beurre de karité jusqu'à ce qu'il soit crémeux. Retirez du feu et ajoutez 2 cuillères à soupe de crème d'amande, le jus d'un citron et 4 gouttes d'huile essentielle de citron. Mélangez énergiquement : une pâte bien lisse doit se former. Appliquez cette préparation tous les soirs sur votre visage, sur votre cou et sur votre décolleté.

Le régime miracle au citron

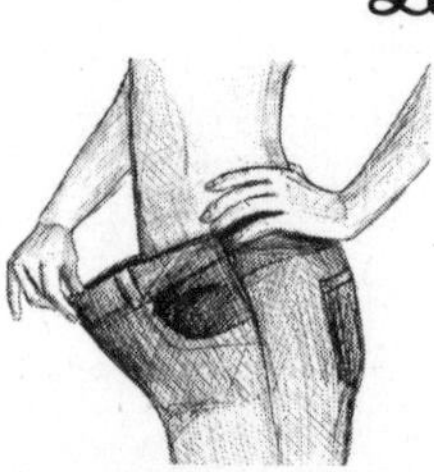

Lorsque Grand-mère souhaitait maigrir rapidement, elle faisait un jeûne à base de citron. Dans 1,5 litre d'eau, elle versait le jus de 10 citrons, 10 cuillères à café de sirop d'érable et une pincée de piment de Cayenne. Durant au moins 7 jours, elle buvait uniquement cette mixture. Cette cure est assez radicale : elle promet de perdre 2 kg rapidement sans être fatiguée. Si vous souhaitez faire cette diète, demandez l'avis de votre médecin.

Brûler les graisses

Réduire les calories d'un plat, c'est possible ? Avec Mamie, oui ! Comment ? En assaisonnant simplement ce plat d'huile essentielle de citron. Mélangez-en 10 ml avec 3 ml d'huile essentielle de genévrier et avec 3 ml de sauge. Ajoutez 2 cuillerées de cette préparation à de l'huile de l'olive. Votre vinaigrette est prête !

Soin anti-vergetures

Une fois que les vergetures sont apparues, il est très difficile de les faire disparaître. Cependant, vous pouvez toujours les atténuer avec une huile spécifique. Dans une petite fiole, mélangez à parts égales de l'huile essentielle de citron et de l'huile essentielle de rose musquée. Agitez et massez les zones concernées 2 fois par jour avec cette préparation.

Gommage maison

Pratiquer un gommage au moins 1 fois par semaine est bon pour la peau. Dans un bol, mélangez 1 tasse de sucre en poudre avec 1 tasse de jus de citron. Étalez cette lotion sur le visage en formant des mouvements circulaires. Terminez en rinçant à l'eau claire. Observez : toutes les imperfections ont disparu.

Combattre l'acné

Grand-mère évitait les problèmes acnéiques à l'aide d'une cure de lait caillé citronné. Pressez le jus de 1 citron dans ½ litre de lait, puis remuez énergiquement. Le lait doit devenir granuleux. Laissez reposer 30 minutes. Buvez cette mixture 2 fois par jour, pendant 1 mois. Petit à petit, les boutons disparaîtront.

Soin antirides

La forte concentration en vitamine C du citron en fait un instrument efficace de lutte contre le relâchement cutané. Faites chauffer la même quantité de crème fraîche et de lait dans une casserole. Ajoutez 2 rondelles de citron. Couvrez et laissez refroidir durant 3 heures. Appliquez cette mixture sur votre visage et laissez agir 30 minutes. Retirez l'excédent à l'aide d'un gant mouillé. Recommencez matin et soir.

Huile aroma-massage complète

Un soin anticellulite digne d'un grand institut à la maison, c'est possible ? Oui, en suivant la recette de Grand-mère : dans un grand flacon, diluez 94 ml d'huile d'argan, 1 ml d'huile essentielle d'hélichryse, 2 ml d'huile essentielle de genévrier et 3 ml d'huile essentielle de citron. Avant chaque douche, appliquez cette lotion sur l'ensemble de votre corps. La chaleur de l'eau en activera les principes actifs, qui agiront en profondeur sur la cellulite.

Pour des mains douces

Retrouvez des mains douces et soyeuses grâce à la crème réparatrice de Mamie. Mélangez la même quantité de jus de citron, de glycérine et d'eau de Cologne dans un petit récipient. Une lotion homogène doit se former. Appliquez cette préparation dès que vos mains sont sèches.

Coude rugueux

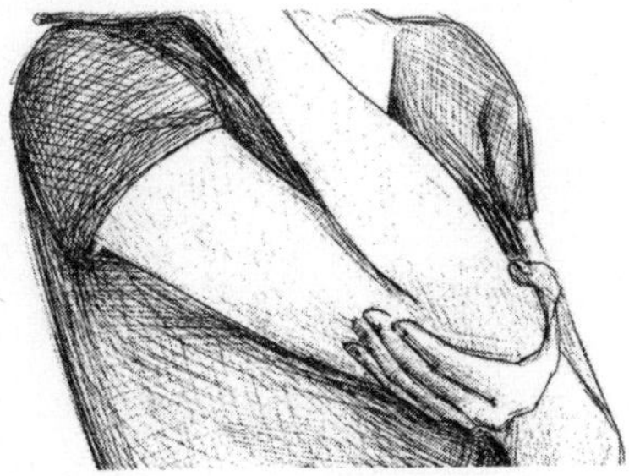

Vous avez beau passer de la crème tous les jours, rien n'y fait : vos coudes restent rêches et rugueux. Remédiez à ce désagrément avec un remède ancestral simple et naturel. Après chaque lavage, sur la peau encore humide, passez un citron coupé en deux sur les zones à traiter. En un mois à peine, vos coudes seront doux au toucher.

Bain revigorant

Après une journée éreintante, retrouvez du tonus avec le bain magique de nos aïeules. Dans un bol, mélangez 8 gouttes d'huile essentielle de citron, 6 de romarin, 6 de cyprès et 1 verre de lait. Versez cette préparation dans votre bain et relaxez-vous 15 minutes au minimum. Votre corps est revitalisé et vous êtes parfaitement détendue.

Adoucir la peau

Nos aïeules gardaient une peau douce grâce à un bain gommant régulier. Faites de même ! Mélangez le zeste de 1 citron avec 2 cuillères à café de son dans un petit sac de mousseline. Faites-le bouillir dans 1 litre d'eau durant 30 minutes. Ajoutez cette eau à votre bain. Après 15 minutes d'immersion, frottez-vous avec le sac de mousseline. Vous chasserez ainsi toutes les peaux mortes.

Démaquillant express

Vous n'avez plus de quoi nettoyer votre peau et vous manquez de temps ? Dans un flacon, mélangez à parts égales de la vaseline et de l'huile d'amande douce avec le jus d'un citron. Secouez : votre lotion démaquillante est prête. Imbibez-en un coton et passez-le sur votre visage. Le matin, avant de vous mettre de la crème, et le soir, pour chasser les impuretés de la journée.

Démaquillant maison

Vous supportez mal les démaquillants industriels ? Optez pour celui 100 % naturel de Grand-mère ! Dans 1 petit flacon hermétique, mélangez du jus de citron fraîchement pressé et de l'eau de rose, en même quantité. Appliquez votre lotion matin et soir sur votre visage à l'aide d'un coton. Votre peau sera ainsi nettoyée sans être agressée ni irritée.

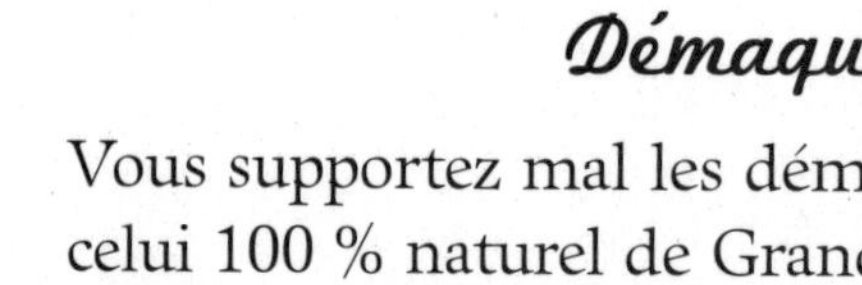

Crème régénératrice maison

Utilisez les vertus astringentes du citron. Diluez 10 gouttes de son jus avec la même quantité d'huile essentielle de patchouli et d'huile essentielle de rose. Mélangez délicatement et ajoutez 3 cuillères à soupe d'huile d'amande douce. À l'aide d'un coton, tapotez votre visage avec cette mixture jusqu'à pénétration totale. Quinze minutes plus tard, rincez à l'eau tiède. Touchez : votre peau est d'une extrême douceur.

Crème démaquillante 2 en 1

Pour fabriquer votre démaquillant, faites fondre sur feu doux, et au bain-marie, 15 g de cire d'abeille avec 10 cl d'huile d'amande douce. Pendant ce temps, préparez une infusion de menthe fraîche : jetez-en une grosse poignée dans une casserole bouillante et laissez refroidir. Ajoutez 1 cuillère à soupe de votre infusion à votre première préparation, 1 cuillère à café de borax et 1 goutte d'huile essentielle de citron. Retirez du feu et battez au fouet jusqu'à l'obtention d'une crème. Appliquez-la et laissez agir 20 minutes.

Apaiser la couperose

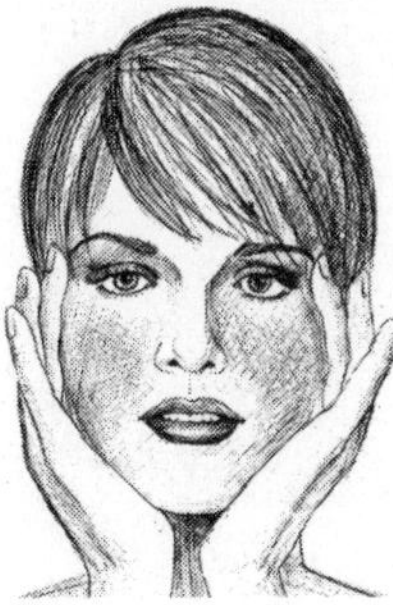

Mamie employait un traitement naturel et inoffensif qui atténuait les marques de couperose. Tous les matins, elle imprégnait un morceau de coton d'eau argileuse et se le passait sur le visage. Elle frottait ensuite sa peau avec un citron jaune. Petit à petit, les traces s'estompaient sans en irriter l'épiderme.

Une santé citronnée

Grand-mère le répétait sans cesse : consommer le citron sans parcimonie promet une bonne santé à vie sans pharmacie. Cet agrume petit d'apparence possède de nombreuses vertus médicinales : diurétique, anti-douleur, apaisant, drainant, anti-rougeur… et d'autres que vous ne soupçonnez même pas ! Il suffit de savoir comment l'utiliser, avec quoi l'associer et il guérira tous vos petits maux. Mamie vous donne ses remèdes citronnés pour que vous aussi vous tiriez parti de ce fruit qui n'a rien à envier aux médicaments industriels d'aujourd'hui.

Crise de goutte

Grand-mère connaissait un remède infaillible en cas de crise de goutte : une cure de jus de citron. Chaque fois qu'elle souffrait de ce mal, elle allait se procurer ce fruit magique. Faites de même : après chaque repas, buvez du jus de citron dilué dans un peu d'eau, chaude ou froide. L'acidité de l'agrume neutralisera l'acide urique responsable de votre douleur.

Faire tomber la fièvre

En cas de fièvre, Grand-mère soulageait son organisme en faisant une cure de citron. Elle en diluait le jus dans de l'eau, chaude ou froide, et en buvait plusieurs fois par jour. Même si ce remède ne remplacera jamais celui prescrit par un médecin, vous pouvez toujours le suivre en complément de traitement. Les vertus purifiantes du citron aideront à faire tomber votre température plus rapidement.

Extinction de voix

Vous avez trop crié, hier ? Aujourd'hui, vous vous réveillez avec la voix complètement cassée. Ne tardez pas à soigner vos cordes vocales : à jeun, buvez un grand verre d'eau tiède additionnée de 1 cuillère à soupe de miel et du jus de 1 citron. En quelques heures, votre voix redeviendra normale.

Mal des transports

Si vous avez mal au cœur lorsque vous prenez les transports en commun, ayez toujours sur vous la potion anti-nausée de Grand-mère. Versez dans une fiole 30 gouttes d'huile essentielle de citron avec 2 cuillères à café de sucre roux en poudre. Dès que vous vous sentez mal, avalez une goutte de ce mélange.

Contre les vers

Vous avez attrapé des vers ? Chassez-les rapidement avec le remède d'antan de Grand-mère. Pressez 1 citron et buvez son jus. Récupérez les restes : écorces, pulpes et pépins. Broyez l'ensemble à l'aide d'un mortier, puis faites macérer dans 1 bol, avec du miel, pendant 2 heures. Filtrez et avalez cette potion, le soir, 1 heure avant d'aller vous coucher.

Éviter les phlébites

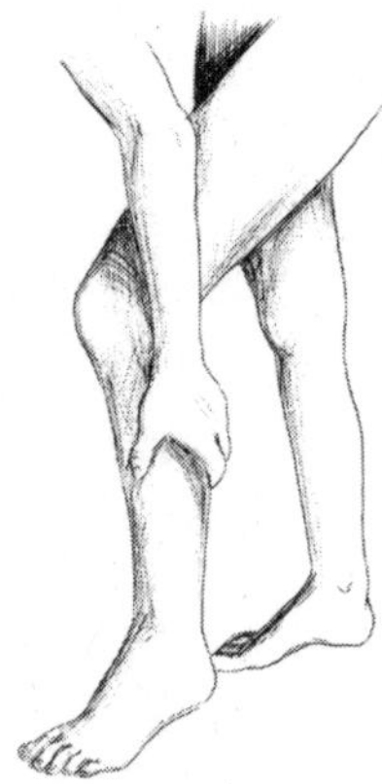

Si vous êtes sujet aux phlébites, comptez sur les vertus tonifiantes du citron pour les éviter. Tous les soirs, frictionnez-vous les jambes avec le jus d'un agrume mélangé à 5 gouttes d'huile essentielle de citron. Complétez le traitement en buvant régulièrement de l'eau citronnée.

Chasser les varices

Grand-mère évitait les marques causées par les varices avec de l'huile essentielle de citron. Elle en mélangeait 50 cl avec 10 gouttes d'huile végétale de calophylle, 30 gouttes d'huile essentielle de cyprès et 20 gouttes d'huile essentielle de géranium rosat. Tous les soirs, appliquez ce mélange sur les zones touchées.

Mauvaise circulation sanguine

Vous avez les mains et les pieds qui changent de couleur sans raison particulière ? Vous devez certainement souffrir d'une mauvaise circulation sanguine. Pour combattre ce désagrément, mélangez 5 gouttes d'huile essentielle de citron, d'hélichryse et de lentisque pistachier, avec 10 gouttes d'huile d'amande douce. Diluez-en 5 gouttes dans une bassine d'eau. Trempez-y vos pieds et vos mains durant 10 minutes.

Booster ses performances

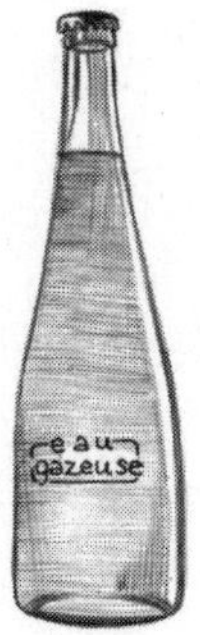

Ce remède n'améliorera pas vos performances, mais il vous aidera à mieux supporter la douleur durant l'effort. Pendant votre activité physique, buvez de l'eau gazeuse additionnée de 1 jus de citron et de 1 cuillère à café de miel liquide. Le citron palliera la déminéralisation due à la sudation.

Apaiser les rhumatismes

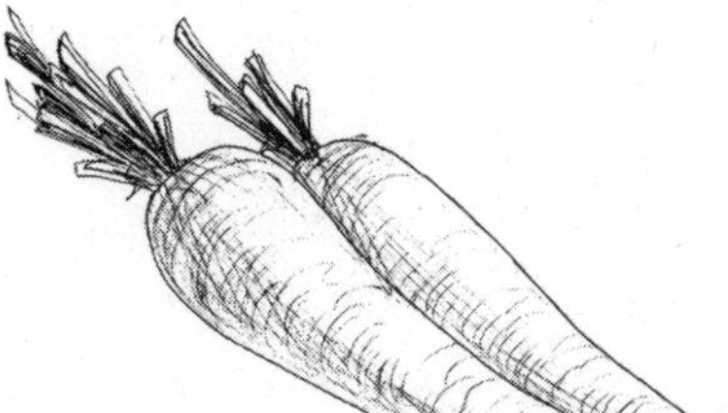

Rien de mieux qu'un bon citron pour soulager les rhumatismes. Passez-en 2 à la centrifugeuse avec 2 carottes. Récupérez le jus et avalez. Si vous n'avez pas de centrifugeuse chez vous, pressez simplement les citrons dans du jus de carotte bio. C'est tout aussi radical.

Combattre la rétention d'eau

Vous souffrez de rétention d'eau ? Évitez naturellement ce désagrément grâce au citron. Buvez-en chaque matin, à jeun, avec un peu d'eau. Les propriétés diurétiques de cet agrume faciliteront la circulation du sang et régleront rapidement vos problèmes de rétention.

Prévenir l'ostéoporose

Il est important de prévenir l'ostéoporose, surtout si vous avez tendance à avoir les os fragiles. Pour cela, tirez parti de la richesse en vitamine C et en calcium du citron. Toutes les semaines, buvez au moins 2 citronnades (1/3 de jus de citron pour 2/3 d'eau).

Remède anti-nausée pour femme enceinte

Mamie évitait les nausées à répétition grâce à son remède imparable. Dès qu'elle se sentait nauséeuse, elle prenait un petit sucre sur lequel elle avait posé 1 goutte d'huile essentielle de citron. En prime, elle soulageait en même temps les spasmes du premier trimestre. D'une pierre, deux coups.

Soigner les pieds d'athlètes

En cas de pied d'athlète, suivez ce remède d'antan : Mélangez du jus de citron et du jus de papaye, à même proportion. Appliquez ce mélange sur vos pieds et laissez agir durant toute une nuit. Recommencez tous les jours, jusqu'à ce que vos pieds soient totalement guéris.

Contre les mycoses des pieds

Le citron est un ingrédient qui éradiquera sans mal les mycoses de vos pieds. Sa composition riche en vitamine C maintient l'équilibre du pH de la peau. Pour le réguler, il vous suffit de tamponner les parties concernées avec des cotons imprégnés de jus de citron pur. Renouvelez le procédé jusqu'à complète disparition des symptômes.

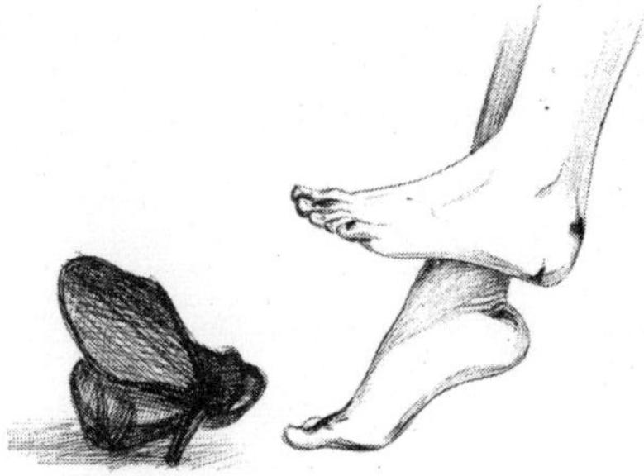

Remède anti-migraine

Le citron viendra à votre rescousse en cas de migraine intense. Aussi surprenant que cela puisse paraître, grand-mère soulageait ses maux de tête en plongeant ses pieds dans de l'eau citronnée très chaude. Testez son remède : vous serez surpris du résultat !

Contre le muguet

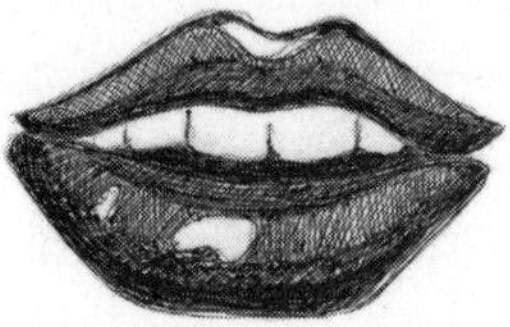

Le muguet buccal est une infection due à une levure. Ne cherchez plus en vain le remède pour l'éradiquer. Grand-mère en connaît un infaillible : faites un bain de bouche au jus de citron pur. Gardez-le assez longtemps en bouche pour qu'il nettoie en profondeur les zones touchées par le muguet.

Éviter le mal de mer

Faire du bateau, c'est plaisant, à condition de supporter les mouvements des vagues. Si vous ne savez pas comment vous allez réagir, prévoyez un remède contre le mal de mer. Dans un flacon, mélangez 5 gouttes d'huile essentielle de citron et 5 autres de menthe poivrée. Une fois à bord, si vous vous sentez nauséeux, absorbez 1 goutte de cette potion sur un petit sucre. Recommencez toutes les heures, si nécessaire.

SOS mauvaise haleine

Votre bouche a tendance à exhaler une odeur désagréable, même après que vous vous êtes brossé les dents ? Grand-mère a la solution : elle vous suggère de mélanger 1 goutte d'huile essentielle de basilic avec 1 goutte d'huile essentielle de menthe poivrée et 4 gouttes d'huile essentielle de citron. Absorbez 2 gouttes de ce mélange avant chaque repas, sur un petit morceau de pain.

Soigner un herpès

Vous avez un herpès ? Ne restez pas enfermé chez vous pour si peu. Chassez-le naturellement grâce au remède de Mamie. Imbibez un coton de jus de citron pur et tamponnez la zone touchée. Renouvelez l'opération autant de fois que nécessaire, jusqu'à la disparition complète de l'herpès.

Se rétablir de la grippe

Lorsque vous êtes grippé, vous avez des courbatures, de la fièvre, vous avez chaud puis froid… Autant de symptômes qui fatiguent l'organisme. Pour retrouver toute votre vitalité, mélangez la même quantité d'huile essentielle de citron, d'eucalyptus radié, de cannelle et de pin. Absorbez 2 gouttes de cette préparation 3 fois par jour.

Soigner une grippe

Mamie enrayait rapidement les maux grippaux grâce à son grog au citron. Voici son remède : mélangez le jus de 1 citron et 1 cuillère à soupe de miel liquide. Ajoutez de l'eau bouillante et avalez ce breuvage. Filez au lit et laissez agir les propriétés antivirales du citron. Le lendemain, renouvelez l'opération.

Enrayer une gastro-entérite

Le citron sera votre allié pour soulager une gastro-entérite. Sa forte concentration en acide citrique nettoiera le foie de l'intérieur tout en désinfectant le système digestif. En prime, ses propriétés antivirales luttent contre le virus lui-même. Portez à ébullition les écorces de 5 citrons durant 10 minutes. Filtrez et avalez cette infusion tout au long de la journée pendant 2 jours.

Huile apaisante

Vous pouvez soulager votre foie à l'aide d'une huile maison. Dans un flacon, mélangez 10 gouttes d'huile essentielle de citron avec 5 gouttes d'huile d'amande douce, 10 gouttes de romarin et 5 gouttes de menthe poivrée. Massez-vous le bas de l'abdomen avec cette préparation en insistant sur les zones douloureuses.

Décoction purifiante

Vous avez enchaîné les repas trop copieux ? Votre foie vous le fait sentir : il est surchargé de toxines. Détoxifiez-le en stimulant la sécrétion d'enzymes digestives, grâce à une cure purifiante. Dans 1 casserole d'eau, déposez 1 poignée de feuilles de citronnier hachée avec 4 citrons coupés en rondelles. Couvrez et portez à ébullition pendant 20 minutes. Laissez macérer toute une nuit, puis filtrez. Avalez cette préparation tout au long de la journée. Recommencez pendant 15 jours.

Halte aux crises de foie

En cas de crise de foie, faites confiance au citron pour vous soulager. Faite bouillir 1 poignée de feuilles de romarin avec 1 goutte d'huile essentielle de citron et 1 cuillère à café de miel d'acacia. Filtrez et buvez cette préparation dès que vous vous sentez barbouillé. Si vous avez un repas copieux dans la journée, vous pouvez en avaler en prévention le matin, à jeun.

Bain revitalisant

Voici un remède revigorant de Grand-mère qui vous aidera à rester en forme toute l'année : dans une fiole, mélangez 10 gouttes d'huile essentielle de citron et 8 gouttes de thym à thujanol. Ajoutez 1 cuillère à soupe de cette préparation à l'eau de votre bain et plongez-y durant 15 minutes.

Renforcer le système immunitaire

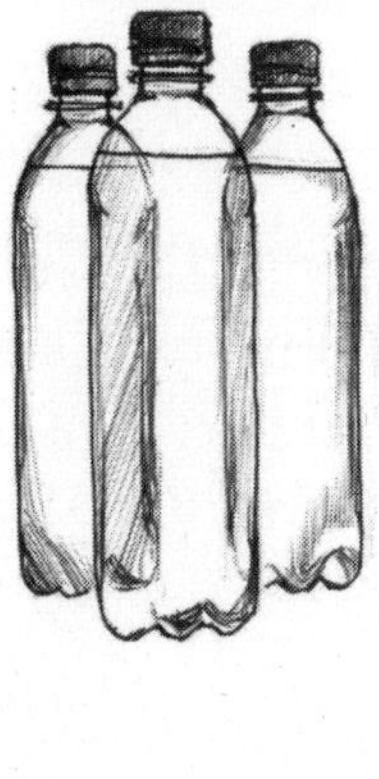

Votre système immunitaire a des faiblesses ? Vous avez beau faire attention, vous attrapez le moindre virus qui passe. Retrouvez votre forme naturellement avec une cure de jus de citron. Pendant 3 semaines, buvez-en tous les matins à jeun avec un peu d'eau chaude et 1 cuillère à café de sucre.

Stop aux épidémies hivernales

En hiver, c'est bien connu : tout le monde est malade. Pourquoi ? La plupart des microbes se propagent dans l'air. Afin d'éviter d'attraper tout ce qui passe, purifiez votre environnement. Pour cela, diffusez un mélange contenant la même quantité d'huile essentielle de citron, d'huile essentielle de ravintsara et d'huile essentielle d'eucalyptus.

Éviter les courbatures

Vous avez forcé lors de votre sortie sportive ? Ne regrettez pas vos efforts à cause de courbatures. Pendant la prochaine séance et après, buvez plutôt 1 litre d'eau gazeuse additionnée de jus de citron. Vous chasserez ainsi l'acidité lactique responsable des douleurs musculaires.

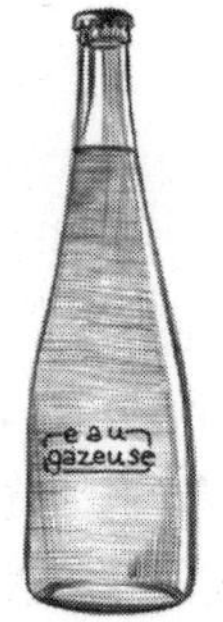

Réguler l'hyper acidité

Lorsque les flux gastriques sont déréglés, vous pouvez souffrir d'hyperacidité. Ce dérèglement résulte souvent de l'action des produits chimiques trop présents dans les aliments industriels. Pour en finir une fois pour toutes avec ce souci digestif, buvez le jus de 1 demi-citron avant chaque repas.

Apaiser un coup de soleil

Vous vous êtes endormi à la plage et vous en gardez un beau coup de soleil ? Soulagez votre peau en mélangeant 1 cuillère à soupe de jus de citron et 1 cuillère à soupe de miel liquide. Appliquez cette préparation sur les zones touchées. Vous soulagerez ainsi le feu de la brûlure et éviterez les cloques.

Activer la circulation du sang

Il est possible d'aider son organisme à favoriser la circulation du sang. Comment ? Simplement en préparant une infusion à base d'huile essentielle de citron. Mélangez-en 2 gouttes avec 2 feuilles de vignes rouges et 1 cuillère à café de miel dans 1 litre d'eau. Portez à ébullition puis filtrez. Buvez cette potion tout au long de la journée.

Dépuratif naturel

Vous cherchez à éliminer les toxines de votre corps ? Mamie a la recette qu'il vous faut : coupez en morceaux 4 carottes pelées. Passez-les au mixeur avec le jus de 2 citrons et 8 gouttes d'huile essentielle de géranium. Un liquide homogène un peu épais doit se former. Buvez cette mixture tous les matins à jeun. L'effet est radical.

Un bain drainant

En cas de mauvaise circulation sanguine, Mamie se préparait un bain drainant. Dans 10 cl de base neutre de bain, elle diluait 10 gouttes d'huile essentielle de citron avec 5 gouttes de cyprès. Elle ajoutait 1 cuillère à soupe de ce mélange à l'eau de son bain. Dix minutes plus tard, non seulement elle se sentait plus tonique, mais elle était parfaitement détendue.

Luttez efficacement contre le cholestérol

Le citron est un ingrédient prodigieux pour réguler le taux de cholestérol. La forte présence de vitamine C, de fibres solubles, de limonènes et de flavonoïdes qu'il contient en fait même un remède idéal. Avaler au moins 2 citronnades par jour durant 1 mois contribue à réguler naturellement son taux de cholestérol.

Éviter les bosses

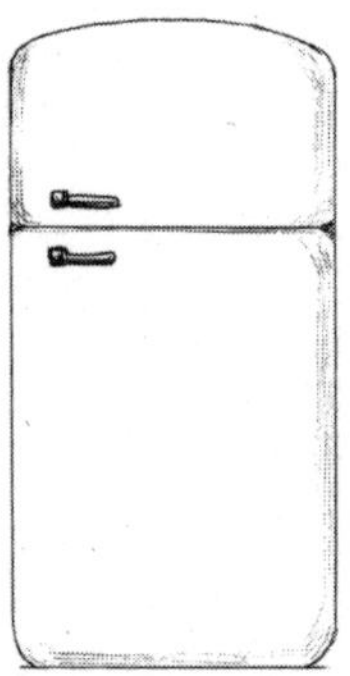

Personne n'est à l'abri d'un mauvais coup. Il suffit d'un moment d'inattention pour se cogner le pied, le coude, la main… Rien de grave certes mais vous vous retrouvez avec une belle bosse. Ne lui laissez pas le temps de se former : mettez des compresses imbibées de jus de citron 5 minutes au réfrigérateur, puis apposez-les sur la partie du corps meurtrie.

Soigner l'artériosclérose

En cas d'artériosclérose, pressez le jus de 3 citrons et mélangez-le avec ½ verre d'eau minéral. Ajoutez 1 cuillère à café de miel : votre lotion est prête. Buvez-en tous les matins à jeun, pendant 7 jours. Recommencez le traitement tous les 3 mois.

Combattre l'acidité gastrique

Contrairement aux idées reçues, l'acidité du citron n'est pas mauvaise pour l'estomac. Au contraire, elle facilite la digestion et combat efficacement les aigreurs gastriques. N'hésitez pas à en consommer dès que vous le pouvez. En vinaigrette ou en infusion : vous avez le choix.

Traiter une anémie

Souffrir d'anémie signifie que vous manquez de fer dans le sang. La quantité de fer peut être augmentée de 30 % par l'absorption de vitamine C. Cela tombe bien, le citron en est gorgé. Ajoutez-en à chacun de vos repas et buvez de l'eau citronnée aussi souvent que vous le pourrez. Vous boosterez ainsi votre organisme qui retrouvera rapidement tout son tonus.

Stop à l'aérophagie

En cas de crise d'aérophagie, mélangez 5 gouttes d'huile essentielle de citron, 5 gouttes de menthe poivrée et 5 autres d'estragon dans un flacon. Après chaque repas, versez une goutte de votre préparation sur de la mie de pain et avalez. Renouvelez l'opération jusqu'à disparition totale des flatulences.

Chasser les verrues

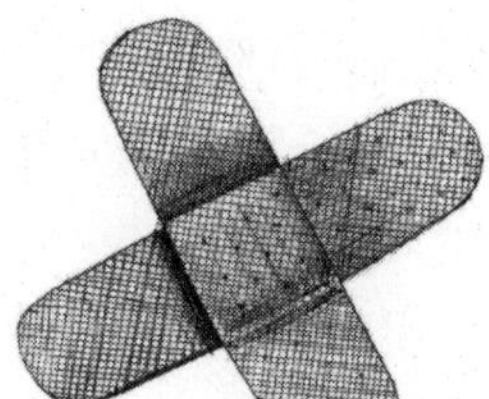

Une vilaine verrue vous gâche l'existence ? Ne désespérez pas, Mamie est là et vous explique comment la faire disparaître. Faites macérer les écorces de 4 citrons avec du vinaigre durant 1 semaine. Appliquez-en sur votre peau puis couvrez à l'aide d'un pansement. Renouvelez l'opération 2 fois par jour jusqu'à ce que la verrue tombe.

Éliminer les cors aux pieds

Mamie procédait toujours de la même manière lorsqu'elle voulait soigner les cors aux pieds. Elle mélangeait la même quantité de jus de citron et d'eau, et 5 comprimés d'aspirine effervescents. Elle formait ainsi une pâte qu'elle appliquait sur les zones à traiter, avant de filmer et de recouvrir le tout d'une serviette chaude. Quinze minutes plus tard, elle retirait l'ensemble et terminait en frottant avec une pierre ponce.

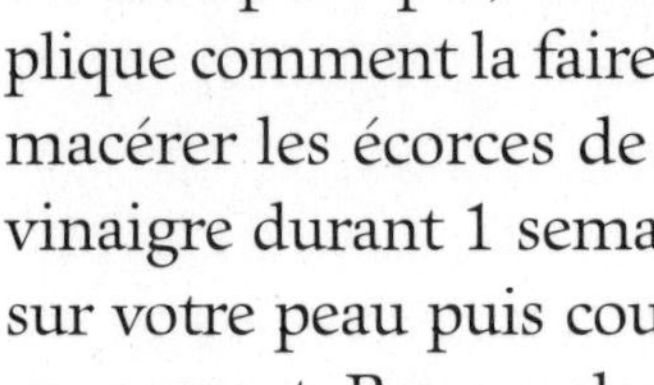

Apaiser l'urticaire

Grand-mère soulageait ses crises d'urticaire avec une lotion apaisante. Portez à ébullition 6 feuilles d'ortie hachées avec 2 rondelles de citron. Laissez frémir durant 20 minutes. Filtrez et ajoutez 4 grains de pollen et 1 cuillère à café de flocons d'avoine. Imbibez-en une compresse et passez-la sur les zones touchées. Le soulagement sera immédiat.

Vermifuge naturel

Si vous possédez des animaux, vous devez savoir qu'il faut les vermifuger au moins 2 fois par an. Il en est de même pour les humains. Grand-mère se purgeait naturellement avec du citron. Elle en jetait 3 dans une casserole. Elle les couvrait d'eau et fermait d'un couvercle. Une fois que l'eau avait frémi durant 3 minutes, elle retirait du feu et laissait refroidir avant de filtrer. Elle avalait cette préparation tout au long de la journée.

Soigner une sinusite

Utilisez le jus de citron de manière astucieuse. Ajoutez-en dans une casserole d'eau bouillante avec 1 cuillère à café de gros sel et ½ cuillère à café de poivre concassé. Une fois que l'eau a frémi, retirez du feu puis penchez-vous au-dessus de votre préparation en recouvrant votre tête d'une serviette. Inhalez les vapeurs qui s'en dégagent durant 10 minutes.

Enrayer la turista

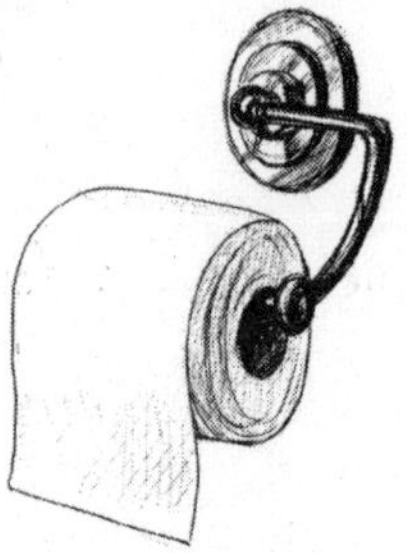

La turista, également connue sous le nom de diarrhée du voyageur, arrive sans crier gare et peut gâcher les plus belles vacances. Si vous l'attrapez durant votre séjour, voici comment la soulager : commencez par ne plus rien avaler de solide. Buvez uniquement de l'eau chaude citronnée tout au long de la journée. Dès que votre estomac va mieux, introduisez petit à petit des aliments neutres comme du riz ou des yaourts.

Rhume des foins

Le rhume des foins est une allergie au pollen. Il survient essentiellement au printemps et en été. En cas de crise, déposez directement dans vos narines du jus de citron. Sa contenance en flavonoïdes antiallergiques va stopper nette la gêne respiratoire. Vous pourrez ainsi profiter des beaux jours sans vous moucher une seule fois !

Rhume de cerveau

En cas de rhume de cerveau, Mamie faisait encore une fois confiance aux vertus nettoyantes du citron. Elle posait 2 gouttes de son jus sous chacune de ses narines et directement dans la muqueuse puis laissait agir toute la journée. En une semaine, elle respirait de nouveau ! Faites le test : vous serez surpris par l'efficacité de ce remède.

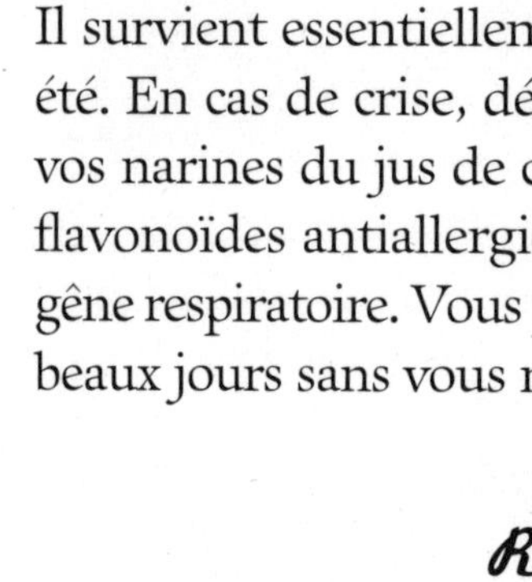

Halte aux bleus

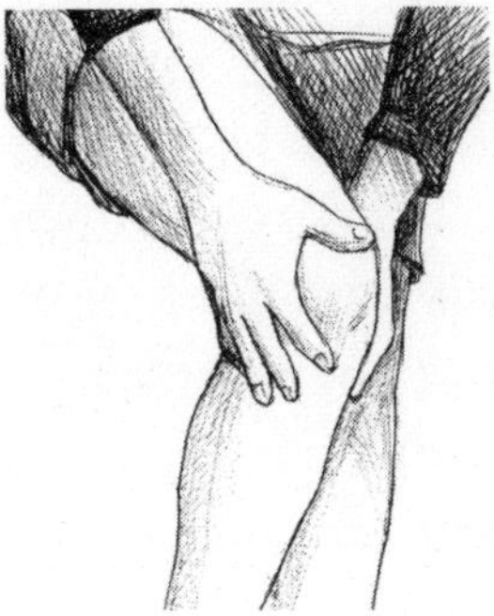

Vous avez fait un faux pas et vous avez glissé sur du verglas ? Ouf ! Vous n'avez rien de cassé mais vous allez avoir un beau bleu sur le genou. Évitez donc son apparition en suivant simplement cette astuce de Grand-mère. Imprégnez une compresse de jus de citron glacé et posez-la sur la zone douloureuse. Tenez-la ainsi au moins 15 minutes.

Soigner une otite

Vos oreilles sont bouchonnées et douloureuses ? Vous devez faire une otite. La clé pour enrayer rapidement le mal est d'agir aussitôt que la gêne apparaît. Pour cela, lavez-vous les oreilles avec une compresse imprégnée de jus de citron. Renouvelez le soin plusieurs fois par jour.

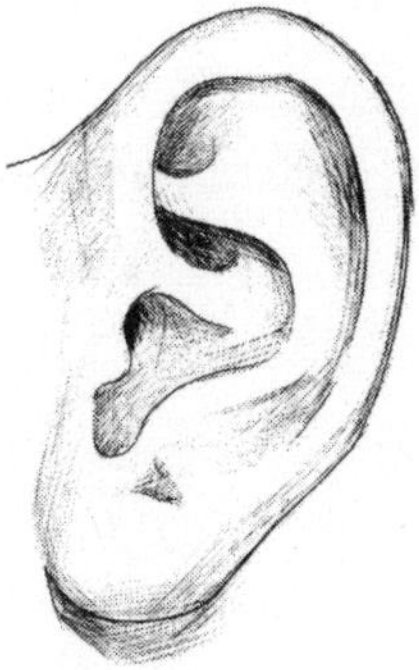

Soulager les maux de gorge

Grand-mère a une solution miraculeuse pour chasser les maux de gorge : un cataplasme apaisant. Voici comment procéder : trempez des compresses avec le jus des citrons. Essorez-les et posez-les sur votre gorge. Patientez au moins 15 minutes avant de les retirer. Pour un effet optimum, il est conseillé de faire chauffer au préalable le jus de vos agrumes.

Lourdeurs d'estomac

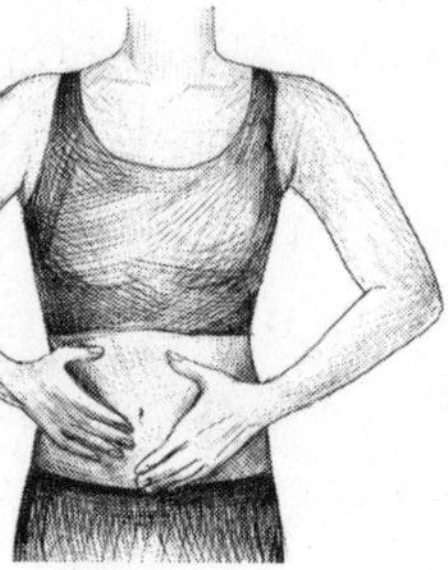

Il vous arrive de souffrir de lourdeurs d'estomac, sans en connaître la raison. Heureusement le citron vient à la rescousse et va vous aider à digérer. Pressez le jus d'un agrume et diluez-le dans un peu d'eau chaude. Buvez cette préparation tout au long de la journée. Vous verrez, le soulagement sera rapide.

Apaiser les hémorroïdes

Ces petits maux sont certainement des plus désagréables : les hémorroïdes. Lorsqu'une crise apparaît, vous n'avez pas grand-chose à faire sinon prendre votre mal en patience. À moins que vous ne suiviez le remède de Mamie : imbibez un coton de jus de citron fraîchement pressé, puis tamponnez-en les zones douloureuses.

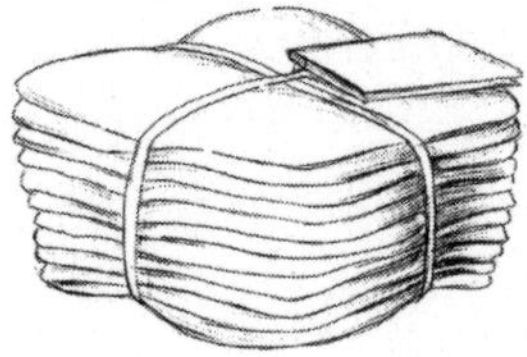

Ramollir un furoncle

Mamie ne souffrait guère longtemps à cause d'un furoncle. Son secret : le citron. Elle utilisait ses propriétés astringentes pour le ramollir et soulager sa douleur. Elle passait sur les zones touchées la pulpe de cet agrume jaune durant 10 minutes. Elle renouvelait le procédé autant de fois que possible dans la journée, jusqu'à la disparition complète du furoncle.

Stopper le hoquet

Le hoquet est un réflexe produit par la contraction respiratoire spasmodique du diaphragme. Gênant, il peut être difficile à faire partir. Enfin, pas pour Grand-mère, qui le stoppait immédiatement en déposant 1 goutte de jus de citron sur sa langue. Un petit geste qui produit un effet surprenant !

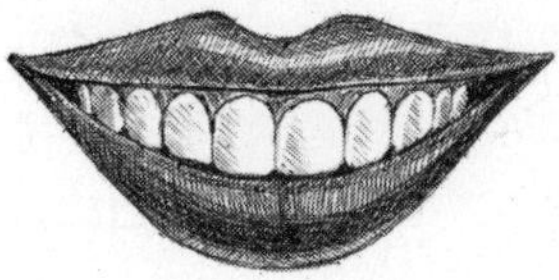

Grande fatigue

En hiver, il est fréquent de se sentir moins tonique et davantage fatigué. Et cela, même après une bonne nuit de sommeil. Mamie retrouvait tout son tonus en buvant son cocktail maison. Voici sa recette : récupérez les zestes de 2 citrons et de 2 oranges. Faites-les macérer dans de l'alcool à 50°. Une semaine plus tard, mixez le tout et filtrez. Incorporez ensuite 1 kg de sucre de canne et transvasez le liquide obtenu dans un bocal hermétique. Buvez-en 1 verre avant chaque repas.

Apaiser une engelure

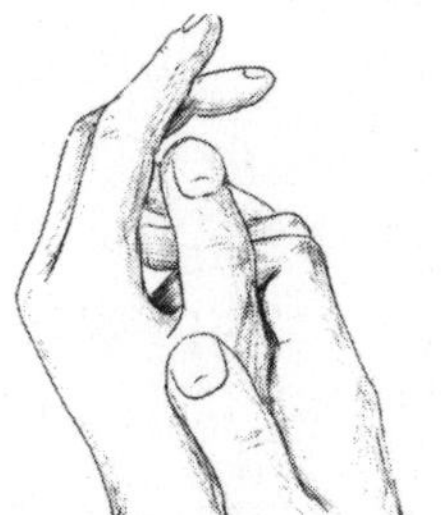

Vous êtes sorti dans le froid sans vos gants ? Résultat : vous êtes rentré chez vous couvert d'engelures. Soulagez-les rapidement avec ce remède : récupérez la pulpe de 2 citrons. Frictionnez les zones touchées avec durant 15 minutes. Renouvelez le soin autant de fois que nécessaire.

Sus aux engelures

En hiver, vous êtes fortement sujet aux engelures ? Évitez-les simplement avec le remède ancestral de Mamie : chaque matin, pressez le jus de 2 citrons jaunes. Ajoutez 1 cuillère à café de sucre roux et avalez. Selon votre goût, vous pouvez ajouter de l'eau afin d'adoucir l'acidité des agrumes. Votre organisme sera ainsi fortifié de l'intérieur et sera plus résistant aux agressions extérieures.

Halte à la déminéralisation

La déminéralisation est l'élimination trop importante par l'organisme de ses substances minérales : calcium, phosphore, potassium ou encore sodium. Pour y remédier, voici un remède infaillible : placez un œuf entier – avec sa coquille –, dans un verre. Couvrez-le de jus de citron. Laissez macérer pendant 24 heures, puis buvez. Renouvelez l'opération tous les jours, pendant 1 mois.

Apaiser une conjonctivite

Vous souffrez d'une belle conjonctivite ? Nos aïeules avaient l'habitude de les soigner avec du citron. Elles respiraient un bon coup et se glissaient dans l'œil 2 gouttes de son jus. Testez leur remède. À raison de 3 fois par jour, vos yeux retrouveront vite leur état normal.

Contre les engourdissements

Les engourdissements ou les fourmillements résultent souvent d'une mauvaise circulation sanguine. Évitez ce désagrément en la stimulant naturellement. Dans un bol, mettez 3 cuillères à soupe de moutarde en grains, 4 gouttes d'huile essentielle de lavande, 2 cuillères à café de piment de Cayenne et le jus d'un citron. Mélangez énergiquement jusqu'à l'obtention d'une pâte un peu épaisse. Appliquez cette mixture sur une gaze que vous apposerez sur les zones engourdies.

Favoriser la circulation sanguine

Rien n'est plus efficace que le citron pour améliorer la circulation sanguine. Mamie le savait bien et profitait de ses vertus drainantes. Elle buvait chaque matin, au réveil, un jus de citron mélangé avec 1 cuillère à café d'argile en poudre. En un mois, elle se sentait plus tonique. Faites le test : vous sentirez rapidement la différence.

Enrayer une cystite

Lorsque Grand-mère souffrait d'une cystite, elle commençait toujours par prendre rapidement rendez-vous chez son médecin. En attendant la consultation, elle buvait tout au long de la journée de l'eau citronnée. Le citron ne faisait pas disparaître le mal mais il aidait considérablement à le soigner. Elle poursuivait sa cure jusqu'à sa guérison en complément de ses médicaments.

Soigner une brûlure

Dans la précipitation, vous avez sorti le plat du four sans gants de protection. Résultat, vous vous êtes brûlé le bout des doigts. Pour vous apaiser rapidement, passez vos mains sous l'eau froide puis trempez les zones touchées dans un bol d'eau froide citronnée. Le citron atténuera naturellement le feu de la brûlure et désinfectera en prime vos plaies.

Coupe-faim naturel

Vous souhaitez perdre du poids mais avez du mal à freiner votre gourmandise ? Suivez l'astuce de Grand-mère : elle coupait son appétit grâce au citron. Avant chaque repas, elle buvait un verre d'eau froide additionné de 1 jus de citron. La pectine que contient cet agrume rassasie plus vite et par conséquent aide à limiter les apports caloriques.

Retrouver du tonus

Après un repas un peu trop copieux, il est fréquent de se sentir lourd, ballonné et fatigué. Pour remédier à ce coup de pompe naturellement, nos aïeules allaient cueillir un bon citron dans leur jardin et en récupéraient son jus. Elles le diluaient avec un peu d'eau avant de le boire d'une traite. Faites de même. En une gorgée, vous retrouverez du tonus pour toute la journée.

En finir avec une bronchite

Vos bronches sont prises et vous gênent au quotidien ? Grand-mère soulageait les siennes en avalant un sirop apaisant maison. Voici sa recette : mélangez le jus de 3 citrons avec 4 cuillères à soupe de miel. À chaque quinte de toux, prenez 1 cuillère à soupe de ce breuvage. Si le mal persiste, n'hésitez pas à consulter votre médecin.

Halte aux boutons de fièvre

Si un vilain bouton de fièvre a pointé le bout de son nez, réagissez au plus vite. Imbibez un coton de jus de citron et passez-le sur la zone touchée. Renouvelez le procédé autant de fois que nécessaire. Vous verrez, le remède de Grand-mère est miraculeux : en deux jours, votre bouche sera redevenue parfaitement normale.

Coup de froid

Atchoum ! Vous avez pris froid et n'arrivez pas à vous réchauffer ? Faites confiance au citron : il saura purifier votre organisme et le réchauffer en même temps. Buvez un grand verre de son jus préalablement chauffé au micro-ondes. Ça pique un peu le nez mais le résultat vaut le détour : en une journée, le mal est enrayé.

Astuces

Devenez une cuisinière experte

Vous avez beau y mettre tout votre cœur et suivre la recette à la lettre, rien n'y fait : vous n'êtes jamais satisfait de vos plats. Ils manquent à chaque fois de ce petit quelque chose que vous retrouvez dans les mets des plus grands chefs. Ne désespérez pas, Mamie est là et vous confie son secret : le citron. Il est l'ingrédient à avoir dans votre cuisine. L'air de rien, un petit zeste par ci, un peu de jus par là et vous obtenez une saveur totalement différente en bouche. Faites le test : l'essayer, c'est l'adopter.

Profiter des bienfaits du citron

Une fois votre citron pressé, hâtez-vous de boire son jus ! La vitamine C se volatilise au contact de l'air. Préférez un contenant en bois, en verre ou de matière naturelle plutôt qu'un récipient en plastique, en aluminium ou en métal. Ces derniers peuvent altérer les propriétés et les ressources nutritionnelles du fruit.

Plus de jus !

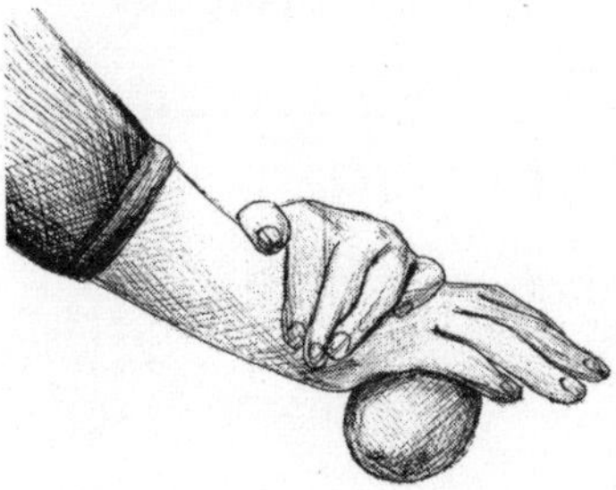

Mamie savait comment tirer le maximum de jus de son citron. Pour le presser, elle pensait à le sortir du réfrigérateur à l'avance. Ou elle lui faisait prendre un bain d'eau froide une nuit durant. Le lendemain, elle le faisait rouler dans ses mains pour le ramollir et écraser la pulpe. Le passer 15 secondes au micro-ondes aura le même effet.

Prélever des zestes

Comment prélever au mieux des zestes de citron ? Pour éviter de vous blesser, mettez de côté le couteau et optez pour un zesteur, un épluche-légumes ou une râpe. Facilitez-vous la tâche et pensez à mettre vos citrons au réfrigérateur. Froids, les zestes se râpent beaucoup plus aisément.

Attendrir la viande blanche

La viande blanche, comme les blancs de poulet ou les escalopes de dinde, peut se montrer parfois un peu sèche. Faites-la mariner 30 minutes dans un bain de jus de citron. Au bout de ce laps de temps, déposez-la sur du papier absorbant puis mettez-la à cuire. Goûtez : votre viande est tendre à souhait.

Une vinaigrette citronnée

Le vinaigre, ce n'est pas votre tasse de thé. Seulement, une salade sans vinaigrette, c'est un peu fade. Réalisez une vinaigrette sans vinaigre… à base de citron ! Mélangez 10 cl d'huile d'olive, 6 cuillères à soupe de jus de citron, 1 cuillère à soupe de moutarde. Salez et poivrez à votre convenance.

Un rôti bien doré

Grand-mère avait le don pour dorer son rôti de veau ! Son secret ? L'arroser de jus de citron avant de le faire cuire. Mieux encore, le badigeonner de jus à l'aide un pinceau lui donnera une jolie couleur dorée à la cuisson. Cela vaut également pour un poulet. Sa peau sera croustillante à souhait !

Cocktails givrés

Vous voulez étonner vos invités avec des cocktails fantaisie ? Préparez des verres givrés. Versez, dans une petite assiette, un peu de sucre en poudre. Passez un morceau de citron sur le bord de chacun des verres. Puis passez le bord dans le sucre, qui y restera collé. Laissez sécher. Pensez à mettre un peu de colorant dans le sucre pour varier les couleurs !

Du sel citronné

Grand-mère collectionnait les astuces pour agrémenter ses plats de manière originale ! Aromatisez votre sel avec du citron. Il suffit d'ajouter des zestes de citron séchés coupés en petits morceaux dans votre pot de sel. Laissez agir deux bonnes semaines. Une nouvelle façon d'assaisonner vos plats !

Un taboulé acidulé

Grand-mère savait cuisiner un succulent taboulé ! Mais comment s'y prenait-elle ? Voici son secret : la dernière étape de sa préparation consistait à y verser dessus quelques gouttes de jus de citron. En plus de le réhydrater, elle lui donnait ainsi une note acidulée. D'une pierre deux coups !

Des fruits de la mer

Quel fruit accompagnera le mieux vos coquillages, vos crustacés ou vos poissons ? Le citron pardi ! Vous relèverez leur saveur en les assaisonnant uniquement avec du jus de citron pur. Il les désinfectera par la même occasion, vous évitant tout risque d'intoxication alimentaire.

Une pâte brisée moelleuse

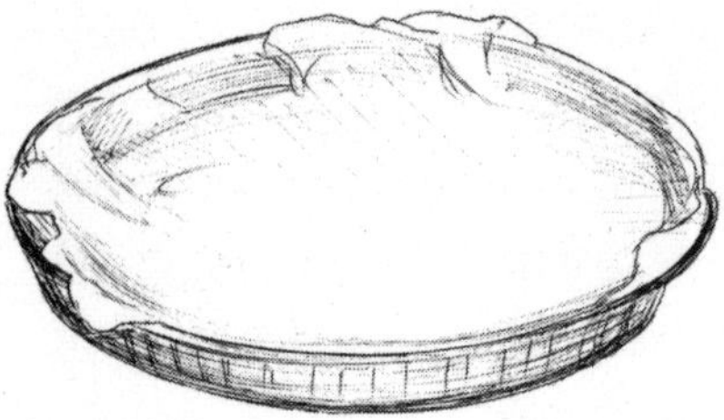

Nos grands-mères fabriquaient elles-mêmes leur pâte brisée. Leur petit truc en plus ? Ajouter à la préparation quelques gouttes de jus de citron. Son acidité dissout le gluten, protéine constituante de la farine. Ainsi la pâte formée était moins élastique, plus tendre et facile à utiliser.

Nappage au citron

Voici comment Mamie réalisait un succulent nappage au citron. Elle mélangeait le sucre glace avec le jus de citron, au fouet, énergiquement, jusqu'à obtenir une consistance pas trop liquide, mais ayant du tenant. Elle le versait ensuite sur son gâteau uniformément en s'aidant d'une spatule. Résultat parfait !

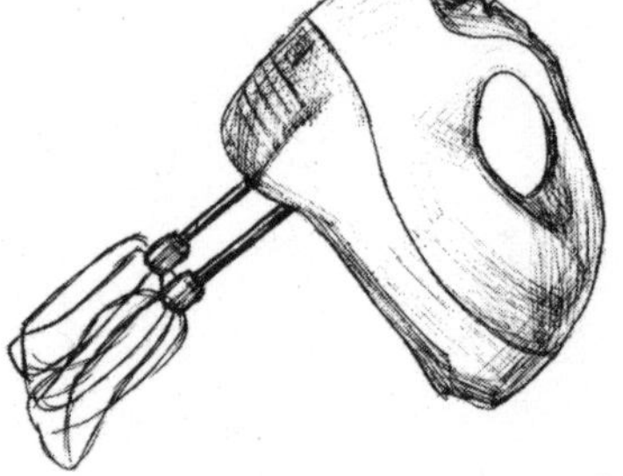

Fromage blanc maison

Grand-mère confectionnait elle-même son fromage blanc. Elle faisait chauffer ½ litre de lait, 2 minutes dans une casserole – ou 20 secondes au micro-ondes. Elle y versait ensuite quelques gouttes de jus de citron. Puis elle plaçait le lait au réfrigérateur, recouvert d'un film plastique, toute une nuit. Le lendemain matin, le fromage blanc était prêt !

Adieu, les grumeaux

Vous en avez assez de touiller, encore et encore, pour ne pas laisser de grumeaux dans vos sauces ? Mamie connaissait la solution pour éviter ce désagrément. Elle ajoutait à ses préparations quelques gouttes de jus de citron. Pas un grumeau ne lui résistait ! Ses sauces étaient bien fluides et dotées d'une légère note acidulée.

Désinfectant alimentaire

Il est bon d'assaisonner les crustacés, les coquillages, ainsi que les crudités, les viandes et les poissons de jus de citron. Ce dernier a des vertus antiseptiques et « désinfectera » vos aliments s'ils contiennent des germes infectieux. Pratique également, si vous vous trouvez dans un pays étranger, pour les eaux « douteuses » : n'hésitez pas à les aromatiser !

La crème sûre de Mamie

La crème sûre, autrement nommée « crème aigre », se caractérise par son acidité. Mamie vous livre sa recette : dans une casserole, elle mettait à chauffer (sans la faire bouillir) de la crème fraîche, à laquelle elle ajoutait le jus d'un demi-citron. Au bout de 10 minutes, elle la retirait du feu. Puis la conservait au frais.

Un déglaçage facilité

Pour allonger le jus de cuisson d'une viande, Grand-mère déglaçait sa poêle avec du jus de citron. Les sucs attachés au fond, grâce à l'acidité du citron, se détachaient plus facilement ! En prime, il apportait une touche acidulée à sa sauce. D'une pierre, deux coups !

Carpaccio de bœuf

Un carpaccio de bœuf sans citron, pas question ! Mamie coupait d'abord sa viande en très fines tranches. Elle préparait ensuite la marinade : le jus de 1 citron, 4 cuillères à soupe d'huile d'olive, 1 feuille de basilic hachée, du sel et du poivre. Badigeonnez la viande de ce mélange, au pinceau, et laissez reposer au réfrigérateur pendant plusieurs heures.

Carpaccio de saumon

L'ingrédient sans lequel ne peut être préparé un carpaccio de saumon ? Le citron ! Le poisson doit être découpé en tranches très fines. Optez pour du citron vert. Mélangez son jus avec un peu d'huile d'olive, de l'aneth, salez et poivrez. Laissez mariner les tranches dans ce mélange plusieurs heures ; le citron va « cuire » le poisson.

Du poisson en ceviche

Nos grands-mères péruviennes ont l'habitude de préparer leur poisson en ceviche. Elles font mariner le poisson cru dans un bain de jus de citron. L'acidité du citron va en quelque sorte cuire le poisson. Il est ensuite sorti de son bouillon et servi froid, la plupart du temps accompagné de patates douces et de maïs. Testez leur recette !

Carottes citronnées

Vos enfants raffolent des carottes, mais seulement lorsqu'elles sont râpées ! Pensez à les arroser de jus de citron une fois qu'elles sont coupées, pour qu'elles conservent leur couleur orange et que leur goût ne s'affadisse pas. Ne tardez pas à les manger, celles-ci perdent de leurs vitamines à l'air libre. À vos fourchettes !

Un bouillon allégé

Mamie avait le don pour préparer un bon bouillon. Son petit plus ? Elle y ajoutait, en cours de cuisson, un morceau d'écorce de citron. Et elle n'oubliait pas de le retirer avant de servir le bouillon à ses invités ! Résultat : une petite touche acidulée, et surtout un mets plus digeste.

Blanquette de veau améliorée

Grand-mère préparait une délicieuse blanquette de veau. Vous vous êtes toujours demandé quel était son secret ? Le voici : une fois la viande préparée, elle ajoutait 1 cuillère à café de jus de citron à l'eau de cuisson. Les morceaux de viande en ressortaient tendres à souhait.

Barbecue citronné

Les barbecues en terrasse, l'été, il n'y a rien de mieux ! Grand-père savait s'occuper à merveille de la viande. Pour qu'elle soit bien tendre et pas trop sèche, il la faisait mariner 1 heure dans un mélange de jus de citron et d'huile d'olive. D'une pierre, deux coups : cela donnait aussi à la viande une note acidulée.

Chou-fleur citronné

Le citron va de pair avec le chou-fleur. Tout d'abord, avant la cuisson, pensez à arroser votre chou-fleur de jus de citron afin qu'il reste bien blanc une fois cuit. Pensez ensuite, pendant la cuisson, à mettre un morceau de citron dans la cocotte (ou dans la marmite). Ainsi, vous ne subirez pas l'odeur nauséabonde que le chou-fleur dégage.

Conserver un citron pelé

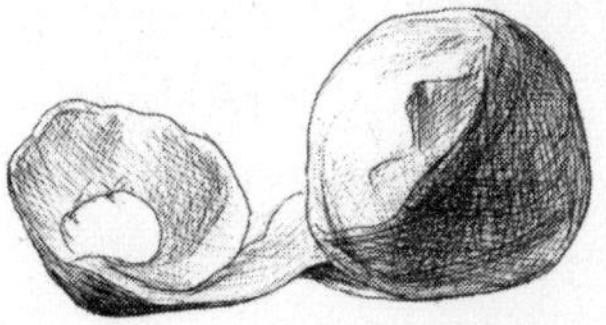

Vous avez besoin des zestes d'un citron pour confectionner votre recette, mais vous ne savez que faire de votre citron mis à nu. Ne le jetez pas : plongez-le dans un petit récipient empli d'eau, et placez-le au réfrigérateur. Il peut se conserver de cette manière durant 2 semaines, à condition que vous changiez l'eau tous les jours.

Une bière originale

Avis aux amateurs de bière : avez-vous déjà essayé d'y ajouter un trait de jus de citron ? C'est comme cela que les Mexicains boivent leur chope ! En outre, si vous n'avez pas eu le temps de mettre vos bières au réfrigérateur et qu'elles ne sont pas assez fraîches à votre goût, le citron leur donnera une saveur plus rafraîchissante.

Assaisonnement citronné

Vous avez l'estomac sensible ? Ou peut-être suivez-vous un régime sans sel ? Difficile d'assaisonner vos plats ! Si vous souhaitez ne consommer ni vinaigre ni sel, optez pour le citron. Bien qu'il ait la réputation d'être acide, il n'est pas agressif pour l'estomac et facilite la digestion.

Astuces

Une moutarde préservée

Bien que placée au réfrigérateur, dans son pot, le couvercle bien refermé, il se peut que la moutarde sèche en surface. Mais on peut compter sur Mamie, qui savait comment remédier à ce petit désagrément. Elle plaçait à l'intérieur du pot, directement sur la moutarde, une rondelle de citron. Et le condiment restait intact.

Une crème dessert améliorée

Vous commencez à vous lasser de votre recette pourtant fétiche de crème dessert à la vanille ? Vous en avez trop mangé ! Pourquoi ne pas l'agrémenter d'une touche acidulée afin de lui donner un peu d'originalité ? Ajoutez-y, lors de la préparation, 3 gouttes d'huile essentielle de citron. Satisfait ?

Du riz au lait parfumé

Lorsqu'elle préparait du riz au lait, Grand-mère y apportait sa touche. Quel était son secret ? Le citron pardi ! En confectionnant son mets sucré, elle y ajoutait 4 gouttes d'extrait de vanille et 3 gouttes d'huile essentielle de citron. Et ses petits-enfants n'étaient pas les seuls à en raffoler !

Atténuer l'amertume des zestes

La succulente recette que vous êtes en train de concocter nécessite des zestes de citron. Vous n'aimez pas l'amertume qu'ils dégagent ?

Mamie sait comment l'atténuer. Ôtez la peau blanche se trouvant sous l'écorce. Puis plongez les zestes dans de l'eau bouillante, pendant 3 minutes. Résultat garanti !

Du saucisson trop sec !

Vous entamez un saucisson et le replacez tel quel au réfrigérateur. Lorsque vous souhaitez en manger, la fois suivante, son extrémité est toute sèche ! Pour éviter que la partie entamée ne durcisse, couvrez-la d'une rondelle de citron, en la faisant tenir avec du film plastique.

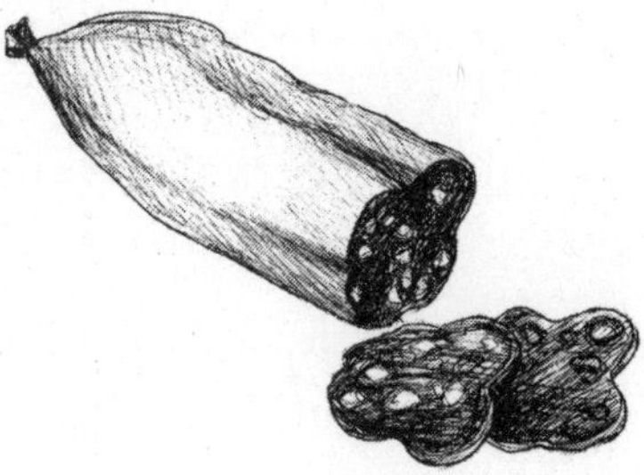

Empêcher qu'un avocat noircisse

Une fois pelé et découpé, l'avocat s'oxyde et des taches noirâtres commencent à apparaître sur sa chair. Cela ne veut pas dire qu'il ne peut plus être mangé, mais ce n'est pas très appétissant ! Pour empêcher ce phénomène, arrosez-le d'un peu de jus de citron. Faites attention à ne pas avoir la main lourde, pour ne pas rendre votre plat trop acide.

Astuces

Des madeleines moelleuses

Les madeleines se dessèchent inévitablement, même si vous les conservez dans une boîte hermétique. Pour leur redonner un peu de moelleux, rien de tel que le citron. Faites chauffer un peu de miel mélangé à de l'eau et à du jus de citron. Imbibez les madeleines avec cette préparation à l'aide d'un pinceau. Dégustez !

De l'eau du robinet fade

Il arrive que l'eau du robinet ait un drôle de goût. Celui-ci varie selon la région que l'on habite. Au lieu d'acheter de l'eau en bouteille, améliorez la saveur de l'eau sortant de votre robinet. Il suffit de déposer, dans la carafe utilisée, des feuilles de menthe fraîches et quelques gouttes de jus de citron. L'eau sera ainsi légèrement aromatisée.

Yaourt au citron

Comment transformer vos yaourts nature fades, si vous ne souhaitez pas y ajouter du sucre ? C'est très simple ! Procurez-vous de l'huile essentielle de citron et versez-en 1 goutte dans votre yaourt. Ajoutez-y également une petite cuillère à café de miel. Mélangez : votre yaourt est prêt à être dégusté !

Des glaçons rigolos

Découpez un citron en rondelles. Divisez ensuite celles-ci en petits morceaux. Ils doivent être assez fins pour entrer dans votre bac à glaçons. Disposez-les dans chaque case et arrosez d'eau. Une fois congelés, vos glaçons seront non seulement aromatisés mais également décoratifs !

Une mayonnaise réussie

Si vous voulez réussir votre mayonnaise sans qu'elle tombe en cours de préparation, suivez la recette de Grand-mère. Elle déposait la moutarde et le jaune d'œuf dans un bol, salait et y versait une goutte de jus de citron. Puis elle battait le tout avec l'huile. Le citron garantit la tenue de votre mayonnaise et il évite que des grumeaux ne se forment.

Des légumes boostés

Nos grands-mères raffolaient des légumes verts, cueillis dans leur potager. Lorsqu'elles les préparaient, elles pensaient toujours à les assaisonner du jus d'un demi-citron. Celui-ci aide à l'assimilation par votre organisme du fer contenu dans les légumes. Et le citron vous apporte un peu de vitamine C !

Régime de légumes

Les fêtes de Noël vous apportent leur lot de cadeaux mais aussi de kilos en trop ! Rien de tel qu'un petit régime aux légumes verts pour les faire fondre. Seulement, fini la noix de beurre ou le filet d'huile d'olive qui les accompagnait. Pour que vos plats ne restent pas fades pour autant, pensez au citron ! Il leur donnera une note acidulée.

Un glaçage original

Assez du traditionnel glaçage sur vos gâteaux, à base de sucre glace et d'eau ? Nos aïeules en concoctaient un autre, voici leur recette : elles badigeonnaient leur gâteau de jus de citron, à l'aide d'un pinceau. Faites de même dans un second temps, avec un peu de miel. Et régalez-vous !

Huile d'olive citronnée

Vous souhaitez parfumer votre huile d'olive ? Utilisez de l'huile essentielle de citron plutôt que du jus pur. Dans une bouteille d'huile d'olive d'1 litre, 2 gouttes d'huile essentielle de citron suffiront à en rehausser le goût. Vous pourrez ainsi aromatiser vos plats d'une touche citronnée.

Huile pour accompagner le poisson

Grand-mère vous régalait toujours avec la recette de son poisson, dont elle avait le secret. Elle vous le confie enfin : pour en rehausser la saveur, elle l'assaisonnait avec une huile aux agrumes. Mélangez 6 cl d'huile de colza avec 2 gouttes d'huile essentielle de citron, 2 d'orange douce et 1 de pamplemousse.

Des fruits intacts

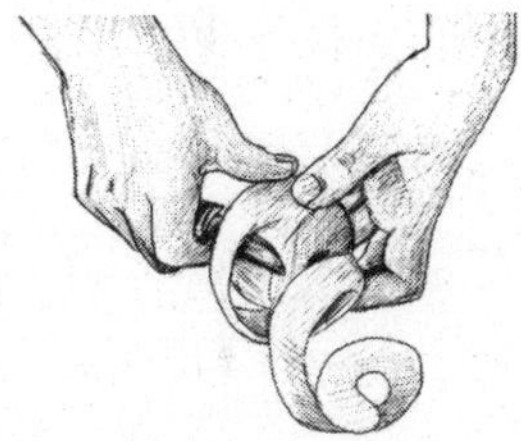

Lorsque vous épluchez des fruits, pour en faire une salade ou une tarte, ils noircissent inévitablement quelques instants après. Grand-mère avait toujours un citron sous la main pour éviter ce désagrément. Elle arrosait ses fruits coupés de jus de citron. Ainsi, ils conservaient toutes leurs vitamines et leur belle couleur.

Une salade de fraises

Les fraises font partie des fruits qui s'abîment vite et qui ne se gardent pas bien longtemps. Mamie les mangeait de préférence dans la journée même. La cueillette a été bonne ? Tellement que vous ne finirez pas tout aujourd'hui ? Préparez donc une salade avec ce qu'il en reste. Arrosez-les de jus de citron, saupoudrez-les d'un peu de sucre, couvrez et placez au réfrigérateur.

Nettoyer les fraises

Que vous les ayez achetées au marché ou que vous les ayez cueillies vous-même dans votre jardin, vous devez nettoyer vos fraises pour enlever tout reste de pesticide. Surtout, ne les passez pas sous l'eau ! Cela altérerait leur saveur. Optez plutôt pour le citron : aspergez vos fraises de son jus. Il en préservera le goût.

Des plats égayés

Pensez à utiliser le citron de manière décorative dans vos plats. Vous pouvez les agrémenter de rondelles de citron, coupées elles-mêmes en deux ou en quatre. Le zeste fera son aussi son petit effet : prélevez-le en tournant autour du citron pour réaliser de fines bouclettes. Elles donneront une touche de fantaisie et de couleur à vos mets.

Éviter l'oxydation des crudités

Vous avez préparé un délicieux repas pour ce soir. En entrée, assiette de crudités. Mais quand vous vous apprêtez à les servir, elles font grise mine. Pour empêcher que les crudités ne s'oxydent, vous penserez, la prochaine fois, à les arroser d'un filet de jus de citron. Elles en seront également plus digestes.

La confiture de Mamie

Mamie savait comment procéder pour réussir parfaitement sa confiture. Afin qu'elles prennent le mieux possible, elle ajoutait quelques pépins de citron à la préparation lors de la cuisson. Ils contiennent de la pectine, un gélifiant naturel qui réagit au contact de la chaleur et du sucre.

Des fruits qui durent

Vous consommez régulièrement des fruits. Seulement, il vous arrive souvent d'en jeter car ils mûrissent trop vite. Avec Mamie, fini le gâchis : si vous placez vos fruits frais dans une corbeille, pensez à y mettre en son milieu un citron. Il ralentira le vieillissement des fruits qui se conserveront ainsi plus longtemps.

Concombres minceur

Vous adorez les concombres à la crème, mais ils pèsent un peu trop lourd sur la balance. Suivez la recette de Grand-mère pour préparer une crème plus digeste : mélangez 1 cuillère à soupe de fromage blanc avec un peu de jus de citron. Assaisonnez de sel et de poivre selon votre goût. Vous pouvez vous régaler sans vous abstenir !

Des glaçons originaux

Ce soir, c'est cocktail au citron pour tout le monde ! Vodka, rhum, tequila… ces alcools s'accompagnent à merveille d'une rondelle de citron. Évitez de les couper au dernier moment et, afin qu'elles tiennent bien sur le verre, pensez à les congeler en avance, dans du film plastique. Elles serviront à la fois de décoration et de glaçon !

Pas d'aluminium

Le citron et l'aluminium ne font pas bon ménage. L'acidité du citron rendrait le papier aluminium neurotoxique. Il est donc préférable d'opter pour du papier sulfurisé, si vous devez emballer un citron coupé par exemple, ou lors de préparations de papillotes au four.

Artichauts bien verts

Cuisinez de délicieux artichauts ! Faites-les tremper 2 heures dans de l'eau pour les purifier des restes de produits chimiques. Mettez-les dans une cocotte avec 4 cm d'eau dans laquelle vous ajouterez un filet d'huile d'olive et 2 cuillères à soupe de jus de citron, pour éviter que les fonds noircissent. Quand la soupape siffle, laissez cuire encore 15 minutes.

Laitage citronné

Le lait et le citron sont vos deux péchés mignons. Seulement, il est déconseillé d'allier les deux. L'acidité du citron peut faire tourner le lait. Si vous ne voulez pas être malade toute la journée, préférez l'huile essentielle de citron pour aromatiser votre bol de lait : 2 gouttes suffiront.

Atténuer l'acidité d'un citron

Les citrons sont des fruits très acides, ce n'est pas chose aisée de croquer dedans à pleines dents ! Mais son acidité est bénéfique pour la digestion, celle-ci stimulant les papilles digestives. Si vous souhaitez toutefois l'atténuer, il suffit de laisser tremper les citrons, découpés en rondelles, dans un récipient empli d'eau, pendant 24 heures.

Choisir son citron

Il y en a des tas au supermarché, mais lequel choisir ? Optez pour un citron jaune vif. Il doit être bien ferme et assez lourd. Un citron dont la couleur tire sur le vert sera plus acide. Un citron ayant la peau lisse, lustrée, fine et bien jaune, contiendra davantage de jus.

Animaux, jardinage, bricolage

Du citron, il en faut à toutes les occasions ! C'est ce que vous allez vite découvrir… Ce petit agrume va faire bien des miracles pour votre jardin tout comme votre potager. Les épluchures de citron constituent un excellent engrais : ne les jetez plus ! Quant à vos animaux, ils vont en raffoler. Prenez soin de vos compagnons à poils avec cet ingrédient magique. Adieu moustiques, puces, tiques et autres envahisseurs. Le citron leur fera passer un sale quart d'heure !

Du compost maison

Pensez à garder les épluchures des citrons que vous pressez, si vous possédez un potager. Enfouissez-les dans la terre, elles se révéleront être un excellent engrais. Coupez-les en tout petits morceaux, afin qu'elles se décomposent assez rapidement. Vos plantes et légumes adoreront eux aussi le citron !

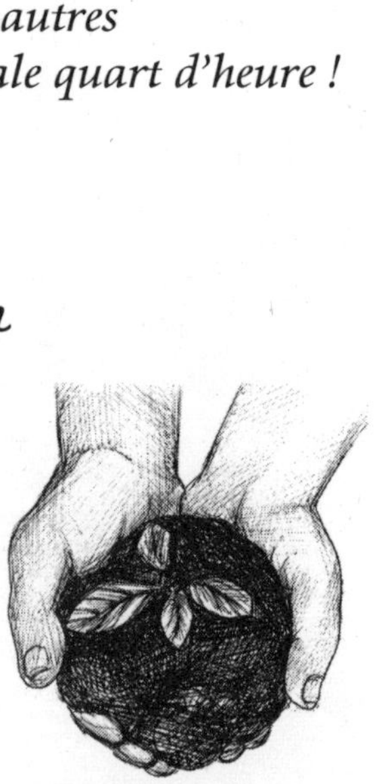

Une terrasse bien propre

Les taches de gras sur le sol de votre terrasse peuvent se révéler coriaces. Comment en venir à bout ? Saupoudrez les marques de bicarbonate de soude et laissez agir plusieurs heures. Puis préparez ce mélange : dans 50 cl d'eau, versez 1 cuillère à café de lessive liquide et 3 cuillères à café de jus de citron. Frottez les taches, puis lavez-les avec votre préparation.

Éradiquer les pucerons

Vos plantes et fleurs sont envahies de pucerons. Comment vous en débarrasser ? Prenez un vaporisateur et remplissez-le de 50 cl d'eau. Versez-y le jus d'1 citron ainsi qu'une cuillère à soupe de gros sel de mer. Laissez reposer une dizaine de minutes, le temps que le sel se dissolve. Mélangez bien avant de pulvériser cette solution sur vos plantes.

Fourmilière annihilée

Des fourmis ont élu domicile dans votre jardin ? Attaquez-vous directement à leur fourmilière. Prélevez le zeste d'un citron et mixez-le. Mélangez la bouille obtenue avec 50 cl d'eau chaude. Versez le tout sur la fourmilière et si possible à l'intérieur. Les fourmis quitteront leur nid aussitôt. Cruel mais efficace !

Lotion anti-moustiques

Vous allez passer la soirée dehors, non loin d'un plan d'eau… et les moustiques seront évidemment de la partie ! Si vous ne voulez pas finir rouge de piqûres, pensez à vous préparer avant de sortir. Frottez vos bras, votre cou et votre visage (ainsi que vos jambes si elles sont dégagées) avec du jus de citron. Cela repoussera les insectes !

Contre les moustiques

Dîner un soir d'été sur sa terrasse, quoi de plus agréable ? Seulement, les moustiques viennent vous gâcher la soirée ! Ne les laissez pas vous ennuyer. Posez sur votre table une petite coupelle emplie d'une demi-cuillère à café d'huile essentielle de citron et une demi-cuillère à café d'huile essentielle de citronnelle. Ils ne vous approcheront plus !

Apaiser une piqûre de moustique

Vous possédez un petit coin d'eau dans votre jardin ? C'est agréable, mais l'inconvénient est l'attrait que les moustiques ont pour l'endroit ! S'ils vous ont dévoré, déposez une goutte d'huile essentielle de citron sur les piqûres. Frottez pour la faire pénétrer. Cela apaisera aussitôt l'insoutenable démangeaison.

Faire barrage aux fourmis

Les fourmis ne mettront pas une patte chez vous si vous placez aux endroits stratégiques (rebords des fenêtres, seuil…) un demi-citron. Cela n'a rien de très ragoûtant, mais le citron est paraît-il encore plus efficace quand il commence à pourrir. Le souci, c'est qu'à ce régime-là, vos invités risquent de fuir aussi sûrement que les fourmis !

Tapis de douche

Avant de nettoyer votre tapis de douche, attendez qu'il soit bien sec. Ne le secouez pas, vous feriez voler toute la poussière. Passez l'aspirateur pour enlever le plus gros, puis saupoudrez-le de bicarbonate de soude. Brossez pour bien le faire pénétrer et laissez agir plusieurs heures. Il va absorber l'humidité et prévenir les moisissures.

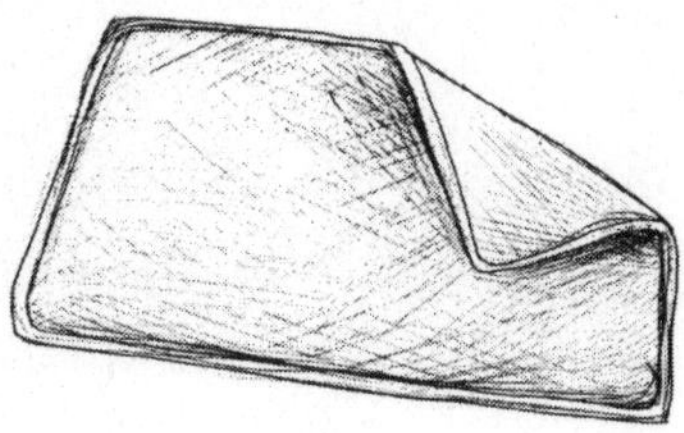

Une bouilloire propre

Nettoyer une bouilloire pleine de tartre et de saletés, facile avec Mamie. Mettez à bouillir un mélange d'eau et de vinaigre blanc à parts égales, dans lequel vous ajouterez 2 cuillères à café de bicarbonate de soude. Jetez ensuite ce liquide et rincez à l'eau claire, puis essuyez.

Une lessive maison efficace et parfumée

Ce petit agrume jaune va vous faciliter la vie côté lessive. Puissant détachant, il viendra à bout de certaines taches plus que coriaces : cambouis, betterave, sang, œuf, goudron, vin… Aucune ne lui résistera. En prime, il parfumera votre linge d'une agréable odeur acidulée. Si de mauvais effluves subsistent, il les annihilera sans peine. Saviez-vous que le citron était un blanchissant hors pair ? Récupérez vos vieilles baskets ainsi que vos éternels T-shirts en coton, vos préférés !

Contre l'odeur des produits antimites

La plupart des produits antimites sont fabriqués à base de naphtaline. Leur odeur est fortement désagréable. Si vos vêtements en sont imprégnés, passez-les à la machine. Mais n'oubliez pas d'ajouter 25 cl de jus de citron à l'eau de rinçage pour faire disparaître ces effluves nauséabonds.

Désodoriser une lessive oubliée

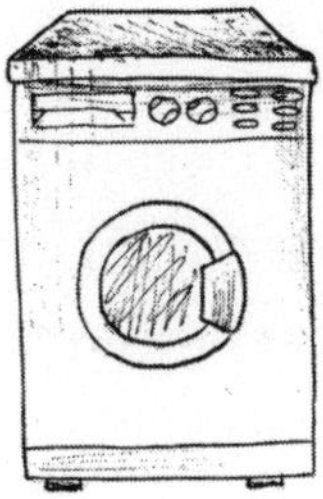

Vous avez lancé votre machine à laver mais vous avez complètement oublié d'étendre le linge. Il se dégage maintenant une odeur fortement nauséabonde du linge humide. Au lieu de recommencer un lavage, placez dans un petit sachet en tissu quelques rondelles de citron frais, puis mettez-le dans le tambour. Lancez simplement le cycle de rinçage.

Désodoriser le linge

Vous vous servez de vinaigre blanc comme adoucissant naturel pour vos vêtements. Seulement, l'odeur n'est pas des plus agréables. Utilisez les vertus du citron pour la faire disparaître. Lors du cycle de lavage, ajoutez à l'eau 3 gouttes d'huile essentielle de citron. Votre linge sentira bon l'agrume !

Adoucissant naturel

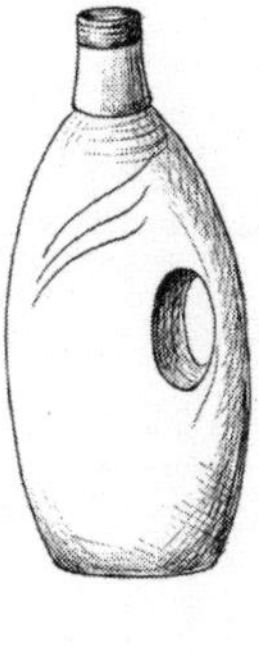

Réaliser soi-même un adoucissant avec des produits naturels ? Facile : mélangez dans une boîte le jus de 4 citrons et 1 cuillère à café de bicarbonate de soude, le tout dans 50 cl d'eau. Fermez la boîte et secouez énergiquement. Il ne vous reste plus qu'à ajouter un peu de cette préparation au cycle de rinçage, et votre linge en ressortira tout doux !

Tache de lait infantile

Le lait infantile a la particularité de laisser de vilaines traces sur le linge. Préparez cette solution : mélangez 5 cl de jus de citron à 5 cl d'eau. Versez-la dans un petit vaporisateur que vous garderez au réfrigérateur. En cas d'accident sur un tissu de couleur claire, pulvérisez-en aussitôt sur la trace. Laissez sécher au soleil et procédez à un lavage en machine.

Blanchir des baskets

Les baskets blanches ne le restent en général pas bien longtemps : le temps, l'usure, la saleté n'y aident pas. Grand-mère connaissait une technique pour les blanchir à nouveau. Elle les vaporisait avec du jus de citron, puis les laissait sécher au soleil. Au bout de quelques heures, elles avaient retrouvé leur blancheur d'antan.

Enlever du chewing-gum

Vous vous êtes assis sur un chewing-gum ? Pour le détacher, c'est très simple : passez dessus un demi-citron en appuyant doucement. Au fur et à mesure que s'extrait le jus, le chewing-gum va se décoller. Rincez abondamment, en particulier si le vêtement en question est teinté, le citron possédant un effet blanchissant.

Tache de betterave

La betterave laisse des traces particulièrement prononcées sur le linge. Vous en viendrez à bout en versant dessus du jus de citron. Laissez agir puis rincez. Si elles sont déjà bien incrustées, essayez de laisser tremper le vêtement dans une bassine d'eau additionnée de jus de citron, toute une nuit. Lavez ensuite en machine.

Tache de sang

Une tache de sang doit toujours être traitée à temps ! Agissez aussitôt. Premier réflexe : passez la tache sous l'eau froide. Versez-y du jus de citron et laissez agir un instant, la tache disparaîtra très vite. Si la tache est ancienne, tentez cette méthode : frottez-la avec un mélange d'eau, de cristaux de soude et de jus de citron, puis lavez à l'eau savonneuse.

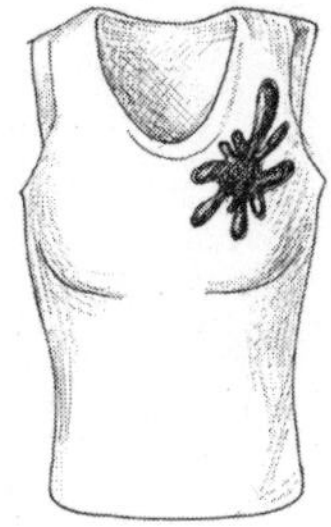

Tache d'œuf

Il est plus facile de traiter une tache d'œuf tant qu'elle n'est pas encore sèche. Passez-la sous l'eau froide et nettoyez-la avec du jus de citron. Laissez agir puis rincez. Une tache ancienne ne partira que si vous la frottez avec un mélange d'eau, de sel et de jus de citron. Ensuite, lavez à l'eau savonneuse.

Tache de jus de fruit

Le matin, vous n'êtes jamais tout à fait réveillé… et il arrive que le verre de jus d'orange vacille ! Sur du linge blanc, cela ne pardonne pas. Lavez la tache à l'eau tiède dans laquelle vous aurez dilué un peu de jus de citron. Saupoudrez ensuite la marque de gros sel et laissez agir une bonne demi-heure. Rincez et laissez sécher au soleil.

Tache d'humidité

Vous possédez sûrement des vêtements que vous n'osez pas jeter, et qui traînent au fin fond de votre placard. Et lorsque vous pensez enfin à les sortir, vous les retrouvez maculés de taches d'humidité. Fabriquez cette pâte miracle : le jus de 1 citron, 30 g de savon blanc râpé, 30 g d'amidon et 15 g de sel fin. Il ne vous reste plus qu'à les frotter avec !

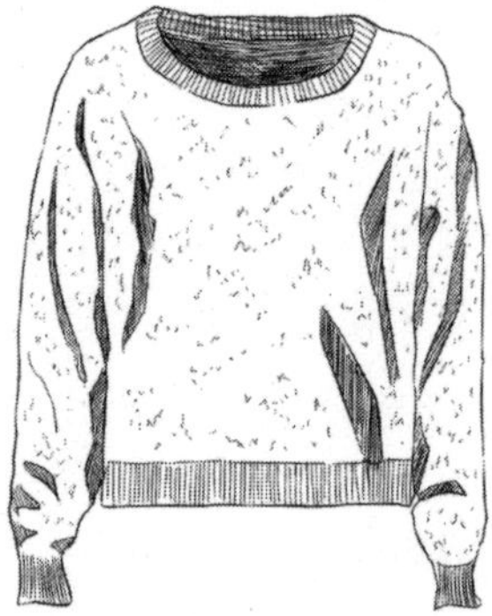

Tache d'herbe

Les taches d'herbe ont la réputation d'être coriaces. Si la tache est encore récente, frottez-la avec un demi-citron, versez son jus dessus, puis laissez sécher. Lavez ensuite normalement. Une tache ancienne disparaîtra si vous la laissez tremper dans de l'eau très chaude additionnée de jus de citron. Laissez agir jusqu'à disparition totale de la trace.

Tache de goudron

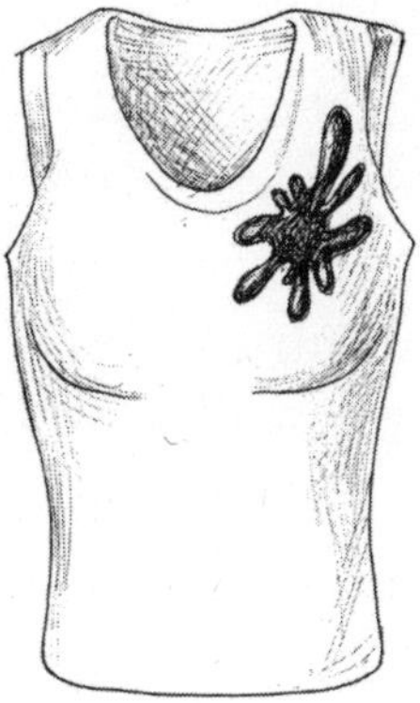

Le goudron s'avère difficile à éliminer. Il faut d'abord retirer le surplus avec une spatule et ramollir la tache avec un corps gras. Imbibez ensuite la trace avec du jus de citron puis saupoudrez-la de terre de Sommières. Brossez. Sur des tissus synthétiques, additionnez le jus de citron à de l'huile de tournesol. Rincez puis séchez.

Tache de fruits rouges

Les fruits rouges laissent de belles marques difficiles à faire disparaître. Celles encore fraîches seront éliminées avec un trait de jus de citron : laissez agir quelques instants et rincez à l'eau claire. Pour traiter les traces plus incrustées, laissez le linge taché à tremper toute une nuit dans du petit-lait additionné du jus d'un demi-citron. Rincez et procédez à un lavage en machine.

Tache de cirage

Vous avez ciré vos chaussures à la va-vite et c'est votre pantalon qui en a fait les frais. Le voilà avec une belle tache. Comment l'enlever ? À l'aide d'une spatule, retirez le surplus. Puis tamponnez la trace avec un tissu imbibé de jus de citron et de sel. Procédez ensuite à un lavage en machine.

Tache de transpiration

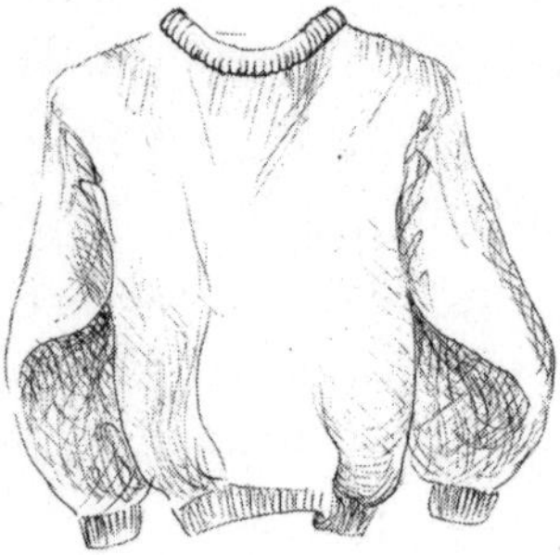

Les marques de transpiration sont inévitables, à l'occasion de fortes chaleurs. Elles peuvent laisser de vilaines auréoles sur certains vêtements. Pour les éliminer, rien de tel que le citron. Imbibez les traces de jus de citron. Vous pouvez également opter pour un bain d'eau et de jus de citron à parts égales. Laissez agir 12 heures. Rincez.

Tache de vin

Un dîner arrosé, et patatras ! Un verre de vin rouge qui vacille et une nappe à mettre à laver ! Avant de vous y atteler, pensez à verser sur la trace du sel, du savon de Marseille et du jus de citron. Frottez puis rincez avec un jet d'eau chaude assez fort. Vous pouvez laver la nappe : elle devrait en ressortir indemne.

Désinfecter du linge propre

Vous souhaitez assainir votre linge fraîchement lavé ? Versez 2 gouttes d'huile essentielle de citron et 1 goutte d'huile essentielle de pin sylvestre dans un petit vaporisateur empli de 30 cl d'eau. Utilisez-le lorsque vous repasserez votre linge. Microbes et mycoses n'oseront pas pointer le bout de leur nez.

Désinfecter du linge sale

Préparez ce désinfectant : 2 ml d'huile essentielle de citron et 1 ml d'huile essentielle de pin sylvestre. Avant le lavage, faites tremper le linge dans de l'eau tiède additionnée de 10 gouttes de cette solution. Vous pourrez également ajouter 4 gouttes de ce mélange à la dernière eau de rinçage, lorsque vous laverez votre linge.

Entretien de la dentelle

La dentelle a tendance à devenir jaunâtre avec le temps. Pour éviter ce désagrément, voici comment procédaient nos aïeules : après l'avoir lavée soigneusement à la main, elles ajoutaient le jus d'un citron à la dernière eau de rinçage. Puis elles laissaient tremper plusieurs minutes avant de rincer à l'eau claire.

Chaussettes tachées

Les chaussettes blanches ne le restent pas bien longtemps ! La marque du dessous du pied reste souvent ancrée à jamais… Si vous souhaitez leur voir retrouver leur blancheur d'antan, mettez-les dans une bassine et faites-leur prendre de manière régulière un bon bain d'eau chaude dans lequel vous aurez versé le jus d'un citron.

Tissu brûlé

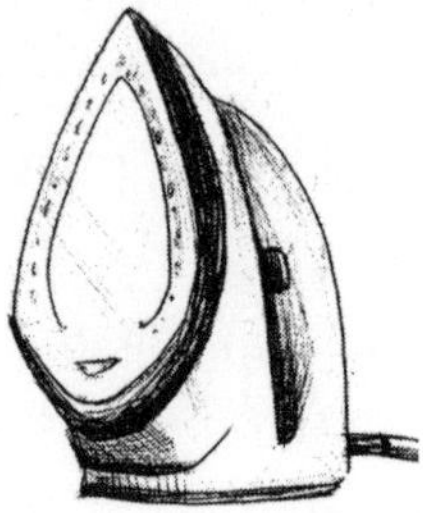

Un moment d'inattention durant votre séance hebdomadaire de repassage, et c'est le drame ! Votre chemise se retrouve bel et bien brûlée. Comment récupérer la marque de brûlure ? Versez dessus du jus de citron, laissez agir 10 minutes. Rincez à l'eau chaude puis laissez sécher au soleil. La trace devrait s'éclaircir.

Tache de moisissures

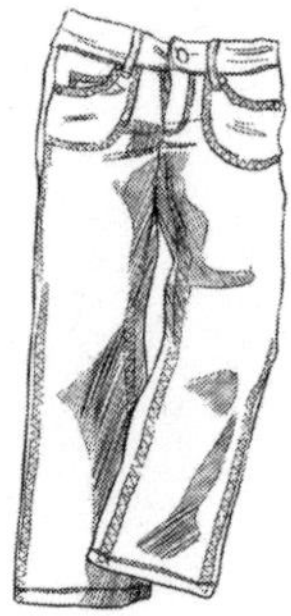

Posséder une cave pour y stocker ses vêtements, c'est pratique pour gagner de la place, mais moins pour les risques d'humidité. Vos vêtements peuvent se retrouver avec de vilaines traces de moisissures. Vous en viendrez à bout avec ce mélange : le jus d'un citron, 1 cuillère à café de gros sel, 1 cuillère à soupe d'amidon en poudre et une de savon râpé. Laissez agir une nuit et rincez.

Tache de feutre

Un faux geste, et voilà une tache de feutre sur votre chemise blanche.

Premier réflexe : absorber le plus possible d'encre. Utilisez du papier essuie-tout. Versez ensuite du jus de citron sur la marque, puis ajoutez un peu de sel fin. Laissez agir un instant et frottez avec une moitié de citron. Finissez avec un lavage normal.

Tache d'encre

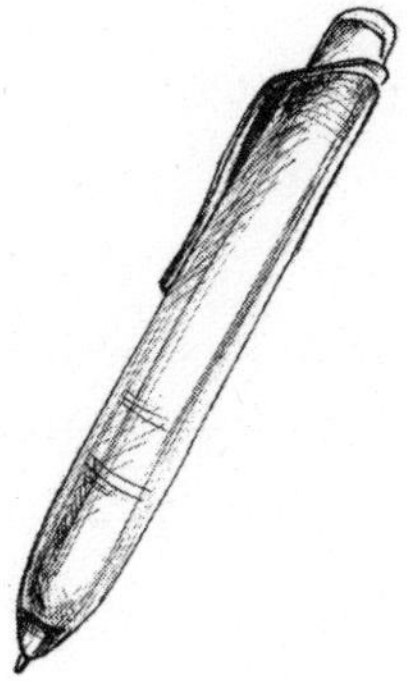

Sachez que l'encre part très facilement avec le citron ! Une tache encore fraîche se verra éliminée si vous y saupoudrez directement du gros sel puis l'arrosez de jus de citron. En revanche, une trace déjà sèche ne sera plus qu'un mauvais souvenir si vous la faites tremper dans un bain d'eau citronnée.

Raviver la blancheur du coton

Les tee-shirts blancs en coton perdent bien souvent de leur éclat avec l'usure. Essayez cette petite astuce et tentez de raviver leur teinte : placez les vêtements en coton dans une grosse casserole emplie d'eau chaude, un peu de savon de Marseille liquide et une rondelle de citron. Faites bouillir 10 minutes puis procédez à un lavage normal.

Tache de cambouis

Faire du vélo par un bel après-midi ensoleillé… quel bonheur ! Mais, catastrophe, la chaîne a laissé de belles marques de cambouis sur votre pantalon blanc. Grand-mère connaissait une technique pour en venir à bout : placez un demi-citron sous la marque, puis passez-y votre fer à repasser. Pressez bien le citron à chaque passage. Efficace !

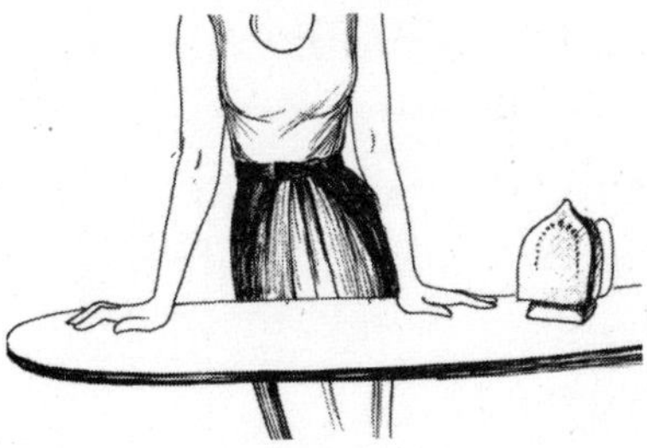

Tache de boue

Votre pantalon est plein de boue ? Laissez-la d'abord sécher avant de vous mettre à la tâche ! Quand la boue est bien sèche, frottez à l'aide d'une brosse : le plus gros devrait partir. Pour les auréoles restant, de l'eau additionnée de savon de Marseille et de jus de citron fera l'affaire. Mélangez le tout à parts égales et nettoyez les traces avec cette solution.

Blanchir le linge

Il se peut que le linge blanc, avec le temps et les nombreux lavages en machine, devienne jaunâtre ou grisâtre. Pour remédier à ce désagrément, 2 solutions : si vous optez pour un lavage à la main, laissez tremper les vêtements dans 1 litre d'eau bouillante avec le jus de 2 citrons. En machine, placez dans le tambour un petit sachet empli de rondelles de citron.

Tache de gras

La manche dans le flacon d'huile renversé sur la table, ou le couteau encore empreint de beurre qui dérape sur votre pantalon ? Vous voilà avec une belle tache de gras ! Faites prendre au vêtement un bain de 50 cl d'eau chaude avec 10 cl de jus de citron. S'il s'agit de coton ou de soie, versez directement du jus de citron chauffé sur la marque. Frottez, lavez puis rincez.

Tache sur les chemises

Les chemises, c'est votre dada. Les cols et les poignets qui noircissent, également. Et, bien sûr, un simple lavage machine n'y fait rien ! Pour réparer ce petit inconvénient, c'est très simple : mélangez à parts égales du jus de citron, de l'ammoniaque, du liquide vaisselle et de l'eau. Versez sur les zones concernées et frottez avec une vieille brosse à dents.

Taches de vin

Qu'elle soit récente ou ancienne et résistante, le bicarbonate de soude viendra à bout d'une tache de vin sur votre beau chemisier ou votre nappe blanche. Il suffit de le mélanger avec un peu de jus de citron pour en faire 1 pâte que vous laisserez appliquée sur la tache 1 heure. Rincez, le tour est joué !

Taches de feutre

Et voici de belles taches de toutes les couleurs ! Les enfants ont l'esprit créatif, toutefois leurs habits font les frais des coups de feutre lorsqu'ils se mettent à dessiner. Mais ce n'est pas grave, puisque Mamie vous a montré de quelle manière les éliminer : un peu de jus de citron et de bicarbonate de soude apposés sur la tache. Laissez sécher puis rincez bien.

Devenez un pro du vinaigre !

Non, le vinaigre ne sert pas seulement à prendre la poussière dans l'un de vos placards. Souvent oublié, il est usage de le sortir uniquement pour faire la vinaigrette habituelle de votre salade du dimanche soir. Pourtant ce produit possède bien des vertus dont vous ne soupçonnez pas l'existence. Vous en doutez ? Parcourez les pages de ce livret et voyez par vous-même… Saviez-vous qu'il existe une foule de différents vinaigres ? Ils se démarquent chacun par leur goût, leur odeur, leur robe… et surtout leur usage. Avec ce magazine, vous découvrirez les diverses sortes de vinaigre, leur procédé de fabrication, leurs usages, leur utilité en cuisine, pour la maison, côté santé ou encore en cosmétique. Plus de 300 astuces vous sont livrées dans cet ouvrage, classées par thème. Vous saurez ainsi utiliser chaque vinaigre à bon escient : briquer et désinfecter votre maison, récupérer vos vêtements tachés, bricoler et jardiner en toute simplicité, profiter de ses atouts beauté et de ses bienfaits pour la santé, à vous ainsi qu'à vos animaux de compagnie. Mieux connaître ce produit vous permettra de l'employer de manière plus intelligente et, en prime, vous aidera à réaliser des économies. Vous l'avez compris, le vinaigre est un produit bon marché, écologique, naturel et utile dans de multiples situations. Vous verrez : le tester, c'est l'adopter. Alors, n'attendez plus : optez pour le vinaigre, et il deviendra votre meilleur ami.

À quoi ça sert, le vinaigre ?

Comme la plupart des personnes, vous pensez que le vinaigre est un simple ingrédient servant à agrémenter vos vinaigrettes. Mamie, elle, savait qu'il était loin de servir uniquement à cela !
Et pour cause ! Il est certes un produit intéressant en cuisine, mais il est aussi l'un des plus vieux remèdes thérapeutiques connus.

Un peu d'histoire

Si son origine reste un peu floue, il semble que le vinaigre soit le fruit d'un hasard. La version simplifiée que tout le monde connaît est de dire que le vinaigre est un vin qui à malencontreusement tourné avec le temps, qui est devenu aigre. En fait cette idée n'est pas totalement exacte. Les vinaigres résultent de deux réactions chimiques successives au contact de l'oxygène. La première change le sucre en alcool et la seconde l'alcool en acide acétique. Sans ces deux étapes, le liquide obtenu est tout simplement de l'alcool. Le vinaigre est composé en moyenne de 90 % d'acide acétique et de 3 à 10 % d'alcool. On distingue trois types de vinaigres : les vinaigres de base (vinaigre blanc, de cidre, de vin), les vinaigres élaborés (qui sont préparés à partir de fruits, de légumes et de céréales autres que le raisin et la pomme) et les vinaigres aromatisés (résultant d'un mélange à partir de vinaigre auquel on ajoute une saveur particulière).

Les variétés

De nos jours, les différents vinaigres se trouvent assez facilement. S'il s'agit de vinaigres classiques (vinaigres blanc, de cidre), allez simplement dans votre supermarché. Pour les vinaigres plus spécifiques (vinaigres balsamique, de Xérès) optez plutôt pour des magasins spécialisés bio. Quant à leur prix, il varie selon le vinaigre choisi. Les plus courants seront d'environ 0,50 centime le litre et les autres oscilleront entre 4 et 5 euros le litre.

Certains vinaigres bien particuliers peuvent monter à des prix assez élevés, tels que le vinaigre de gingembre ou le vinaigre de Banyuls.

La conservation du vinaigre

Le vinaigre se conserve très bien sans soins particuliers. Il possède une durée de vie quasi illimitée. Ne vous fiez pas aux étiquettes des bouteilles achetées dans le commerce. Leurs dates de péremption sont juste une norme obligatoire et un moyen de vous pousser à la consommation. Elles indiquent davantage le temps maximum de conservation de la bouteille en elle-même. Si vous constatez que la date limite est passée, changez-la simplement. Le vinaigre gardera ainsi toute sa qualité. Veillez également à éviter de le laisser à côté d'une bouteille de vin. Vous risqueriez de faire tourner et d'altérer le goût de votre vinaigre. Une fois ouvert, il n'est pas nécessaire de le mettre au réfrigérateur. Étant un conservateur naturel, le vinaigre se garde dans une bouteille à l'abri de l'humidité et de la lumière dans un placard fermé. Mamie conseille d'ailleurs d'éviter de consommer un vinaigre avec des conservateurs ajoutés. Leur présence est davantage un signe de vinaigre de mauvaise qualité. Si vous constatez la formation d'un dépôt ou un changement de couleur de votre précieux liquide, ne vous affolez pas. Cela n'est pas inquiétant : au contraire, votre vinaigre vieillit et se bonifie simplement avec le temps. N'oubliez pas que les grands vinaigres très fort en bouche patientent en moyenne dix ans avant d'être mis en vente. Vous avez donc largement le temps de consommer votre vinaigre avant de vous résigner à le jeter !

Les méthodes de fabrication du vinaigre

Le vinaigre se fabrique de 3 façons différentes. Chacune doit suivre un processus précis. La méthode orléanaise : technique traditionnelle de production du vinaigre de vin, cette méthode reste la plus ancienne et la plus reconnue. Pour obtenir le meilleur des vinaigres, il faut utiliser le meilleur des vins. On

laisse le vin fermenter de manière naturelle. Il est conservé à l'abri de la lumière, à une température de 30 °C.

S'ensuit une période de vieillissement d'un an, en cave, dans des fûts à une température de 15 °C. Le vin ainsi transformé en vinaigre est ensuite filtré et mis en bouteille. Cette méthode tire son nom de la ville d'Orléans, capitale du vinaigre.

La méthode allemande : c'est aussi un procédé de fabrication naturel. Méthode surtout utilisée pour le vinaigre blanc. Le vin ruisselle de façon permanente sur un amas de copeaux de hêtre. Bois poreux, il

permet aux bactéries de mieux s'infiltrer et ainsi mieux se développer. Le vin est brassé, et est davantage oxygéné. Le vinaigre est réalisé en 3 jours. La fabrication industrielle : c'est la méthode la plus moderne, et également la plus utilisée et répandue de nos jours. Mais aussi la plus rapide ! Le vinaigre de vin est réalisé en moins de 2 jours. On injecte de l'oxygène dans les cuves contenant le vin, ce qui accélère l'acétification. Le vinaigre est ensuite filtré afin d'éliminer les bactéries mortes. Le vinaigre est mis à vieillir dans des fûts de chêne puis est filtré une seconde fois avant sa mise en bouteille.

Les multiples utilisations et vertus du vinaigre

Il existe de multiples utilisations du vinaigre, tout dépend lequel vous avez entre les mains ! Vous apprendrez que le vinaigre ne s'utilise pas qu'en cuisine. Du fait de son acidité, le vinaigre est, de manière générale, est un excellent antibactérien et antiseptique, et de ce fait un agent de conservation naturel.

Économique, écologique et biodégradable, il remplacera à merveille vos nombreux produits du quotidien. Le vinaigre blanc désodorise, détache et est un nettoyant multi surfaces. Adieu traces de calcaire, vêtements souillés et meubles tachés. Vous lui trouverez également une efficacité dans votre jardin, pour récurer vos outils et faire fuir les indésirables de vos plantes et votre potager.

Vos animaux y auront droit également ! Certains vinaigres aromatisés, comme celui au romarin, au pissenlit, à la menthe, ou encore celui à la lavande, ainsi que le vinaigre de cidre s'utilisent pour traiter divers maux de santé. Confectionnez masques et lotions pour votre peau et vos cheveux à base de vinaigre de lavande et de cidre. Venez à bout des taches les plus coriaces avec le vinaigre de vin.

Quant à vos plats, vous les agrémenterez de mille et une façons, en découvrant toutes les variantes de vinaigre qui s'offrent à vous : aux agrumes, au gingembre, à la framboise, à l'ail, au fenouil, à l'échalote, de riz, de miel, de figue, de mangue, de palme, de sirop d'érable, de bière, de céréales... Quoi que vous cherchiez, vous trouverez forcément votre bonheur avec le vinaigre !

Les vinaigres élaborés

Il existe une multitude de vinaigres, le raisin et la pomme n'ont qu'à bien se tenir ! Les vinaigres élaborés désignent ces vinaigres réalisés à partir de fruits, de légumes et de céréales autres que les plus courants. Vinaigre de Banyuls, de bière, de malt, de myrtilles, de céréales, de datte, de figue, de framboise, de gingembre, de groseille, de sirop d'érable, de pamplemousse, de tamarin, de mangue, de miel, de riz, de palme, de sucre de canne… en voici quelques-uns expliqués en détail.

Le vinaigre de Banyuls

Le vinaigre de Banyuls provient du vin doux naturel de la région de Banyuls-sur-Mer, dans les Pyrénées-Orientales. Le Banyuls est un vin d'appellation d'origine contrôlée, de couleur ambrée, rouge orangé. Il est tiré des vieilles vignes, cultivées en terrasses, sur les collines donnant sur la Méditerranée. Ce vin est transformé en vinaigre via un processus traditionnel inspiré de la méthode orléanaise. On laisse le vin vieillir naturellement, dans des barriques de 240 litres, à l'abri de la lumière. Le vinaigre de Banyuls possède un goût prononcé, bien aromatisé et assez corsé. On y trouve des notes de noix, d'amande, de pain d'épices, de tabac et de chocolat. Il peut également être aromatisé : framboise, cassis, menthol, anis, café ou agrumes. Les prix s'envolent avec l'originalité... Ce vinaigre de caractère est le vinaigre parfait si vous souhaitez relever vos salades. Mettez un peu de soleil dans vos assiettes ! Il accompagne également très bien les poissons, servis tièdes ou froids. Il est idéal dans les marinades et les fonds de sauce, tout comme pour les déglaçages. Et, le meilleur pour la fin : utilisez-le en sauce pour vos desserts au chocolat.

Le vinaigre de bière

Il fait parti des vinaigres les plus anciens. Le vinaigre de bière possède un goût doux : son acidité varie entre 4 et 8 %. Souvent incolore, on le trouve également ambré, coloré avec du caramel. Il peut être élaboré à partir de bière blonde, ou à partir du moût de malt (produit de la germination de céréales). La céréale en question est l'orge : la bière est confectionnée à partir du jus d'orge germée. L'amidon contenu dans les grains d'orge donne du sucre. La bière brassée avec le sucre se transforme, après fermentation acétique, en vinaigre. On le fait ensuite vieillir pendant 3 à 4 mois. C'est un vinaigre très consommé en Grande-Bretagne : les Britanniques en aspergent leurs frites.

On l'utilise pour les déglaçages de viandes blanches et poissons, comme conservateur naturel, en vinaigrette… Il se marie très bien avec les sauces à base de crème fraîche accompagnant petits légumes, oignons ou concombre. Essayez-le également sur vos poissons et huîtres.

Le vinaigre de riz

Le vinaigre de riz que vous trouverez le plus fréquemment est de couleur translucide, mais il en existe également des rouge et noir. Sa fabrication diffère selon qu'il vient de Chine ou du Japon. En Chine, il provient de la fermentation de riz gluant. Ce riz est mis à fermenter un an en plein soleil. Il est de couleur noire. Au Japon, on fabrique d'abord du saké, l'alcool de riz. On laisse le riz fermenter dans de l'eau pendant plusieurs mois. Puis on le laisse au frais jusqu'à ce qu'apparaissent les koji, des champignons. On ajoute ensuite du moromi, une pâte réalisée à partir d'eau et de la première fermentation du riz. Le koji et le moromi servent à transformer l'amidon en sucre puis le sucre en alcool. Après fermentation acétique, le saké se transforme en vinaigre, qui ressort transparent. Il existe aussi un vinaigre de couleur rouge : il est fabriqué à partir du marc de saké et affiné durant 3 ans. Le vinaigre de riz chinois est plus piquant que le vinaigre de riz japonais, plus doux et plus parfumé. Ils sont peu acides. C'est dans les épiceries asiatiques que vous pourrez vous en procurer le plus facilement. Le vinaigre de riz est très bon pour la santé : il purifie le sang, il prévient les douleurs articulaires et lutte contre la fatigue. En cuisine, il est utilisé pour la préparation de sushis, les plats au wok, la vinaigrette à la sauce soja.

Le vinaigre de miel

Le vinaigre de miel n'est pas difficile à fabriquer : il se compose simplement d'eau et de miel. Il est produit soit à partir d'hydromel – produit de la fermentation du miel dans l'eau – soit en mélangeant du miel à de l'eau auquel on ajoute une mère à vinaigre. Le vinaigre de miel est un vinaigre doux, dont l'acidité ne dépasse pas 5 %, de couleur jaune translucide. En cuisine, il se marie très bien avec les légumes et les crudités. Vous aurez plus de facilité à en trouver sur les marchés qu'en supermarché.

Le vinaigre de céréales

Le vinaigre de céréales, comme son nom l'indique, est produit à partir de l'amidon de céréales, autres que l'orge (servant à produire le vinaigre de bière). L'amidon se transforme en sucre avant que l'alcool donne de l'acide acétique. Il s'obtient également à partir d'alcools distillés avec des céréales : aux États-Unis le bourbon, en Allemagne l'eau-de-vie. On l'utilise principalement comme agent de conservation.

Le vinaigre de sucre de canne

Également appelé vinaigre de canne, il nous vient principalement de la Réunion et des Antilles. Les cannes à sucre sont coupées à la main, puis broyées dans des moulins. C'est là qu'est extrait le jus de canne, appelé vesou. Après fermentation alcoolique, il se transforme en vin. Ce dernier devient ensuite du vinaigre de canne par fermentation acétique. Le vinaigre de sucre de canne est, vous l'aurez compris, un vinaigre bien sucré ! De faible acidité (6 %), il possède une jolie couleur ambrée. Vous pouvez trouver du vinaigre de canne aromatisé à la noix de coco, au gingembre, à la vanille, au piment ou à lacive : sa couleur variera en fonction. C'est un vinaigre parfait pour donner une

touche exotique et sucrée à vos plats. Il accompagne à merveilles poissons et crustacés.

Le vinaigre de framboise

Ne confondez pas vinaigre à la framboise (vinaigre blanc aromatisé à la framboise) et vinaigre de framboise : ce dernier est un vinaigre élaboré à partir de framboises, dont la saveur est fortement mise en valeur. Ces deux vinaigres n'ont ni les mêmes propriétés ni le même goût. Il est facile de fabriquer son propre vinaigre de framboise. Il vous faut tout d'abord faire macérer 400 g de framboises une bonne douzaine d'heures dans un saladier empli de 2 litres d'eau.

L'opération finie, jetez les framboises et conservez le liquide obtenu. Réitérez 4 fois cette opération, en faisant macérer les nouvelles framboises dans ce liquide. Ajoutez enfin 450 g de sucre. Versez la préparation

obtenue dans des bouteilles opaques que vous laisserez reposer 2 mois à 25 °C. Après ce laps de temps, filtrez : votre vinaigre est prêt. Vous pouvez l'employer pour apporter une note sucrée à vos mets, transformer vos déglaçages en sauces fruitées, agrémenter les sauces aigres-douces, accompagner les viandes blanches, les salades et crudités.

Le vinaigre de palme

Le vinaigre de palme est élaboré à partir de la sève sucrée du palmier à sucre asiatique. Cet arbre doit atteindre l'âge de 10 à 15 ans avant que l'on puisse récolter sa sève. Celle-ci fermente dans des jarres d'argile recouvertes de feuilles de cocotiers pendant 12 semaines pour se transformer en vinaigre. Proche du vinaigre de cidre, de couleur jaune pâle, c'est un vinaigre toutefois très peu acide et au goût sucré prononcé, doux et délicat. Il peut s'utiliser en boisson, simplement mélangé à de l'eau et du miel. Il accompagne à merveille les marinades de poisons et crustacés. On le retrouve dans l'abodo, plat très répandu aux Philippines. Vous l'aurez compris, le vinaigre de palme ne se trouve pas à toutes les portes ! Tentez votre chance du côté des épiceries asiatiques.

Le vinaigre de gingembre

Élaboré à partir des racines de gingembre, ce vinaigre est un mélange d'eau, de vinaigre, de sucre et de gingembre confit. De couleur jaune foncé, il possède un goût subtil et prononcé. Vous trouverez ce produit en épiceries asiatiques, toutefois il vaut son pesant d'or. Utilisé en cuisine indienne et asiatique, il apportera une note d'exotisme à vos vinaigrettes, poissons et crustacés. On l'emploie également dans les desserts, notamment ceux au chocolat, ou en accompagnement de glace à la vanille ou de sorbets aux fruits.

Les vinaigres aromatisés

Ils ont presque les mêmes vertus que les vinaigres classiques mais, en plus, ils sentent bons et ont une saveur parfumée : les vinaigres aromatisés. Fabriquées à partir de fruits ou de plantes macérés dans un vinaigre neutre et inodore, leurs variantes gustatives sont simples à réaliser et multiples. Basilic, citron, châtaigne, noix… Il est conseillé d'utiliser le vinaigre blanc comme liquide de base à votre préparation. Il a les mêmes propriétés « chimiques » que le vinaigre d'alcool avec un parfum moins prononcé. En prime, il a le chic d'extraire et de sublimer le goût des arômes naturels. Le seul hic est qu'il faudra vous armer de patience avant de déguster votre propre vinaigre aromatisé. Ces produits s'obtiennent en laissant tremper pendant des mois (voire des années) des plantes ou des fruits dans du vinaigre. Pour gagner du temps, vous pouvez opter pour des extraits aromatiques déjà préparés. Une fois votre mélange fait, votre vinaigre aromatisé est prêt immédiatement. Il ne vous reste plus qu'à faire votre choix !

Le conseil de Mamie

Attention tout de même à bien veiller à ce que les vinaigres de base recouvrent totalement les ingrédients aromatiques. Surtout s'il s'agit de denrées périssables, avec le temps, les parties laissées à l'air libre peuvent moisir. Des champignons peuvent alors se former. Si vous rencontrez ce problème, il suffira de retirer les parties endommagées. Ce processus n'est pas dangereux pour la santé, cependant le goût de votre vinaigre aromatisé sera dénaturé. À vous de trancher : soit vous le gardez, soit vous recommencez votre préparation.

Le vinaigre aux agrumes

Pamplemousse, citron, clémentines... Les possibilités dépendent uniquement de vos envies. Il est le vinaigre aromatisé le plus facile à réaliser. Parfait si vous débutez ! Choisissez des beaux fruits au marché, pelez-les et coupez-les soigneusement. Mettez-les dans un bocal hermétique non fermé puis recouvrez-les entièrement de vinaigre blanc. Laissez macérer au moins 1 m o i s avant de filtrer. Remettez en bouteille : votre vinaigre aromatisé est prêt ! Notez que le vinaigre au citron reste le plus doux et le plus goûteux des vinaigres aux agrumes.

Le vinaigre à l'ail

En associant ces deux saveurs, le vinaigre et l'ail, vous êtes certain d'obtenir un vinaigre de caractère ! Le vinaigre à l'ail est capable de redonner de la saveur à des plats totalement insipides. Vous en doutez ? Faites le test et vous verrez, vos papilles seront surprises. Le vinaigre d'ail réveillera sans mal les salades fades et boostera les mets les plus savoureux. Sachez que ce vinaigre aromatisé est davantage

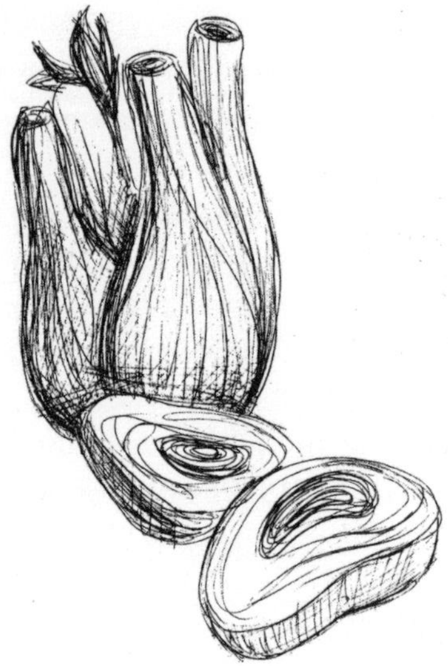

un vinaigre d'hiver qui relèvera vos salades ternes. Il vous suffit de rajouter 2 cuillères à café à votre vinaigrette habituelle et le tour est joué !

Le vinaigre à l'échalote

Le vinaigre à l'échalote est une variante intéressante si vous êtes un amateur d'huîtres. Utilisez cette fois du vinaigre de vin rouge comme base et rajoutez une grosse poignée d'échalotes soigneusement coupées. Les impatients seront contents : ce vinaigre aromatisé nécessite que 4 heures de macération. Si vous n'avez pas de quoi le préparer, le vinaigre d'échalote se trouve facilement dans le commerce mais il sera beaucoup plus onéreux.

Le vinaigre de fenouil

Les férus de poissons redécouvriront leurs plats favoris avec le vinaigre de fenouil. Il rehausse les mets les plus fades et donne un arrière-goût d'anis particulièrement sur les poissons grillés. Vous pouvez l'associer à du thym pour le rendre plus savoureux. Ce vinaigre aromatisé n'est pas conseillé sur des mets crus et reste à proscrire sur tout type de viande.

efficace sur les mets crus et reste tout de même fort en bouche sur les plats chauds. Vous pouvez vous amuser à renforcer son parfum en ajoutant du romarin, du basilic ou des herbes de Provence.

Le vinaigre de basilic

Le vinaigre de basilic est un classique facile à confectionner. Pour relever son parfum il est conseillé de l'associer avec de la sauge. Après un mois de macération, filtrez-le et mettez-le en bouteilles avec une branche de basilic. Vous décorerez et enrichirez ainsi le goût de votre vinaigre. Ce produit est davantage

Le vinaigre de cassis

Ce vinaigre est très polyvalent. Il fera des merveilles aussi bien sur les crustacés, les fruits de mer, les sauces que les viandes rouges ou les gibiers. Son goût est acidulé et permet d'agrémenter des mets sucrés et salés. Son temps de macération est assez court : un mois seulement est nécessaire. Autre qualité : il est un déglaçant naturel. Il vous dépannera si vous avez oublié de sortir vos fruits ou légumes du congélateur.

Le vinaigre de lavande

La lavande fait des miracles aussi bien en cuisine qu'en tant que produit cosmétique. Il en est de même lorsqu'elle est associée à du vinaigre. Le vinaigre de lavande est un précieux mélange Multifonctions. Il sublimera vos préparations maison, nettoiera en profondeur votre peau et sera un chasseur de mauvaises odeurs. Il est aussi très efficace pour apaiser les maux de tête et calmer le stress.

Le vinaigre de menthe

Ce vinaigre est un vinaigre aromatisé plus élaboré que les autres. Il doit être confectionné en deux temps. Vous devez mélanger des feuilles de menthe fraîches avec de la ciboulette, des clous de girofle ou de l'échalote. Laissez macérer 1 mois puis filtrez et mettez en bouteille avec une branche de menthe fraîche. Le vinaigre de menthe donne un goût de fraîcheur à vos plats notamment pour le taboulé oriental. S'il donne un peu de piquant à votre cuisine, il apaise aussi efficacement les problèmes d'estomac : indigestion, aigreurs, flatulences...

Le vinaigre de noix

Souvent oublié, le vinaigre de noix est pourtant un vinaigre aromatisé riche en oméga-3. Il sauvera vos viandes blanches et vos salades un peu fades. Facile à préparer : seules quelques heures de macération suffisent. Le goût de la noix est assez prononcé et donne une saveur un peu âpre au palet. Attention : le vinaigre de noix contient beaucoup de lipides. Il est donc déconseillé si vous faites attention à votre ligne.

Le vinaigre au piment

Vous aimez le piquant ? Ce vinaigre est fait pour vous. Autant vous prévenir, le vinaigre au piment d'Espelette (ou autre) va réveiller vos papilles. Pâtes, salades, viandes... vinaigrez vos plats au gré de vos envies. Usez-en tout de même avec parcimonie. Il n'est pas très bon de manger trop épicé. De plus certaines personnes ne supportent pas la cuisine trop

relevée, elles risqueraient de ne pas pouvoir manger votre plat.

Le vinaigre au pissenlit

Ce vinaigre sera un allié de taille pour votre ligne et votre foie. Il apaise l'organisme et agit comme un diurétique naturel. Pour le préparer, préférez le vinaigre de vin que vous mélangerez avec du pissenlit ou des boutons de pissenlits. Attendez au moins 2 mois avant de le filtrer et de le mettre en bouteille.

Vinaigre au romarin

Encore un vinaigre aromatisé à base de plantes sauf que ce dernier ne s'utilise pas en vinaigrette, contrairement à la majorité. La préparation du vinaigre de romarin est assez longue. Vous devez laisser tremper semaines des branches et des feuilles de romarins dans du vinaigre blanc. N'hésitez pas à corser son goût en le mélangeant avec du poivre, de l'anis ou encore des clous de girofle. Une fois le temps de macération écoulé (minimum 2 mois), filtrez et conservez-le en bouteille. Si le vinaigre au romarin fait des merveilles en cuisine, il est tout aussi efficace pour stimuler la mémoire et chasser les maux de tête.

Le vinaigre au gingembre

Il en existe deux types : un dit élaboré, l'autre (celui qui nous intéresse ici) dit aromatisé. Il est un vinaigre qui décoiffe. Et c'est peu dire ! L'association du vinaigre et du gingembre pur donne un produit à part entière. Il laisse un arrière-goût de piquant dans la bouche. Il relèvera de manière très prononcée toutes vos préparations. Sachant sa saveur très forte, usez-en avec parcimonie. De plus il paraît qu'il est un puissant aphrodisiaque. On vous laisse en juger par vous-même !

Le vinaigre noir

Le vinaigre noir nous vient tout droit du Japon. Plus particulièrement de l'île de Kyushu, au sud du pays, dans la préfecture de Kagoshima. Spécialité de la ville de Fukuyamacho, on le nomme *kurozu*, littéralement « vinaigre noir », ou *tsubozu*, « vinaigre de jarre » : ce nom trouve son origine dans sa fabrication. Le vinaigre japonais provient du riz et non du raisin. Le riz est cuit à la vapeur ; une fois bouilli, il est placé dans une jarre. On lui amalgame de l'eau de source et du *koji*, champignons issus de la maturation du riz dans de l'eau. Aucun additif ou colorant ne lui est ajouté. La jarre est placée dehors, afin que le tout mûrisse sous le soleil, durant 1 an minimum. Cela peut aller jusqu'à 3 années. Avec le temps, le goût du vinaigre s'adoucit davantage et sa teinte fonce de plus en plus. La fermentation se fait donc de manière naturelle. Une fois l'acétification terminée, on surveille les jarres chaque jour, pour veiller au bon développement du vinaigre. Cette méthode est mise en place deux fois dans l'année, à l'automne et au printemps. La région de Kagoshima possède un climat doux, favorable à ce processus unique en son genre. Fréquemment utilisé dans la cuisine japonaise, le vinaigre noir a un goût qui rehausse les plats de manière délicate. Les Japonais l'utilisent également dans des cocktails : ils l'additionnent à du lait de soja ou du jus de fruits (en particulier d'orange sanguine et de myrtille). Ce breuvage a de nombreux effets bénéfiques sur la santé. Il permet de se débarrasser des toxines, aide à préserver une peau nette, est source de potassium et d'acides aminés… On lui prête même des propriétés anticancéreuses suite à de récentes études. Le plus célèbre des vinaigres noirs est le Sakamoto Kurozu, produit par la brasserie Sakamoto depuis environ 200 ans ; il existait déjà sous la période d'Edo, au XIXe siècle. Il est reconnu comme étant le vinaigre noir confectionné de manière traditionnelle et authentique.

La vinaigrette de Mamie

Que serait votre salade sans une bonne vinaigrette ? Cet assaisonnement, généralement à base d'huile et de vinaigre, est un incontournable pour éviter les plats fades. Aucun risque avec Grand-mère, elle savait en confectionner de toutes sortes. Elle respectait toutefois une règle de base : afin d'obtenir une vinaigrette bien dosée, elle comptait 1 cuillère à soupe de vinaigre pour 3 cuillères à soupe d'huile. Mais attention, il faut toujours ajouter l'huile en dernier ! Pour une vinaigrette « classique », versez d'abord dans un bol le vinaigre, puis un peu de moutarde, quelques herbes ; assaisonnez à votre convenance en sel et en poivre. Ensuite délayez avec l'huile, petit à petit. L'important, c'est la manière de mélanger les ingrédients. Mettez le tout dans un bocal hermétique et agitez-le tel un shaker ; secouez énergiquement ! Votre vinaigrette est prête. Vous avez eu la main trop lourde en huile ou en vinaigre ? Rectifiez le tir en compensant avec l'élément manquant. Si vous souhaitez rallonger la sauce, vous pouvez aussi y diluer un peu d'eau. Cela évite par la même occasion qu'elle se fige, une fois au réfrigérateur.

Maintenant, c'est à vous de nuancer les plaisirs en testant diverses recettes. Mettez de côté la traditionnelle huile d'arachide, essayez plutôt l'huile d'olive, de tournesol, de noix, de noisette… Il en est de même avec les vinaigres : adoptez les vinaigres élaborés et aromatisés, tel le vinaigre de cidre, de framboise, balsamique, au miel, à l'estragon. Additionnez herbes, épices, légumes émincés, zestes et jus de fruits. Vous n'avez que l'embarras du choix ! Et si vous souhaitez limiter les plats trop gras et préserver votre ligne, voici une recette de vinaigrette allégée, sans huile : dans un récipient, amalgamez un yaourt à 0 % de matière grasse à 2 cuillères à soupe de vinaigre ; complétez cette préparation avec 1 cuillère à café de moutarde, des herbes, 1 gousse d'ail hachée très finement, du sel et du poivre. Régalez-vous !

Le vinaigre blanc

Le vinaigre blanc se trouve également sous l'appellation vinaigre d'alcool ou vinaigre de cristal. Cristal vous avez dit ? Eh bien oui, car le vinaigre blanc n'est pas blanc… mais incolore ! Bien que nommé vinaigre, il n'a rien à voir avec le vin. Il est issu de la fermentation d'alcool de betterave à sucre ou de maïs. On le fabrique également en diluant de l'acide acétique pur dans de l'eau. Son taux d'acidité varie entre 6 et 10 %. Quant à son odeur, elle peut déranger, mais est toutefois moins désagréable que celle du vinaigre de vin. C'est un produit que vous n'aurez aucun mal à trouver : tout simplement dans votre supermarché habituel, et assez bon marché (son prix ne dépassant généralement pas la moitié d'un euro). Impossible de ne pas avoir dans votre demeure un tel allié. Nettoyant hors pair, produit naturel et écologique, il remplacera dans bien des cas vos détachants habituels. Il s'associe d'ailleurs très bien avec de nombreux autres produits miracles comme le bicarbonate de soude, le sel, le savon de Marseille… ensemble, ils feront des malheurs ! Lustrer, désinfecter, détacher, désodoriser… bien qu'incontournable pour votre intérieur, votre linge ou vos appareils ménagers, il saura aussi se montrer utile dans votre jardin. Il fera fuir fourmis, cochenilles et autres envahisseurs. Et même les poux sur votre cuir chevelu ! Alors, n'hésitez plus : n'ayez pas honte de vous montrer radin, faites de la place dans vos placards et remplacez vos produits spécifiques et chimiques par le vinaigre blanc ! Vous l'avez compris, le vinaigre blanc est le véritable complice à avoir pour nettoyer sa maison de fond en comble. La plupart du temps incolore, il se peut que vous trouviez en rayon du vinaigre d'alcool coloré. C'est le caramel qui lui donne sa couleur dorée. Mais ne vous laissez pas tenter par sa jolie teinte, auquel cas son utilité serait moindre : il risquerait de tacher votre linge par exemple…

Le vinaigre de vin

Le vinaigre de vin est sans aucun doute le plus connu des vinaigres. Ce vin « aigre » est le résultat de deux fermentations. Une fermentation alcoolique, où les sucres sont transformés en alcool. Et une fermentation acétique, où l'alcool est à son tour transformé en acide acétique. Il en existe plusieurs sortes : le vinaigre de vin rouge, le vinaigre de vin rosé et le vinaigre de vin blanc. On le trouve très facilement en supermarché. Si vous voyez inscrite, sur la bouteille, la mention « vinaigre d'Orléans » ou « vinaigre à l'ancienne », cela signifie qu'il a été fabriqué de manière artisanale. En revanche si elle comporte simplement la mention « vinaigre de vin », ce dernier a donc été réalisé de manière industrielle. En cuisine, avis aux amateurs de salades : le vinaigre de vin est surtout connu car il sert à la confection de la vinaigrette. On préférera le vinaigre de vin rouge pour accompagner les viandes rouges, dans les marinades et pour la préparation de sauces brunes. Le vinaigre blanc sera choisi pour le poisson, les viandes blanches et volailles. C'est aussi un excellent conservateur alimentaire. Mais là n'est pas la seule utilisation du vinaigre de vin : on l'emploie également pour désinfecter la maison et l'entretien de certains vêtements. Le vinaigre de vin est aussi un atout santé. Riche en oligo-éléments et acides aminés, il a un pouvoir antibactérien et astringent. Dilué avec de l'eau, il désinfecte plaies et légères brûlures. Vous ferez par la même occasion fuir les moustiques en vous aspergeant de cette solution ! Le vinaigre de vin est élaboré de différentes manières. La méthode orléanaise et celle à l'ancienne sont les deux techniques traditionnelles et artisanales : la fermentation se fait naturellement. La méthode allemande est plus rapide, la fermentation est accélérée par l'ajout de copeaux de hêtre. La méthode la plus moderne ne nécessite que 2 jours de fermentation : des microbulles d'air sont injectées dans les cuves, à chaude température (environ 30 °C).

Le vinaigre de Xérès

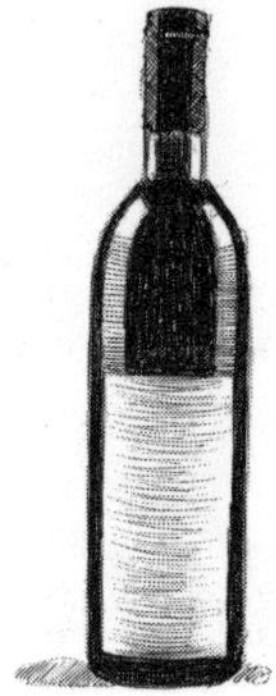

Le vinaigre de Xérès nous vient d'Espagne, plus particulièrement du sud de l'Andalousie. Il est issu de la fermentation des vins doux de la région de Jerez, à partir de ces trois cépages : palomino (qui représente 95 % de la production), moscatel et pedroximenez. Sa fabrication relève d'un procédé particulier. Le vin est mélangé plusieurs fois : on ajoute au fût contenant du vieux vin du vin plus jeune, et ce sur plusieurs rangées.

Le vinaigre commercialisé provient des fûts contenant le vin le plus vieux. D'où son arôme complexe mêlant l'acidité d'un vin jeune et l'essence d'un vieux vin. Le vinaigre de Xérès contient de l'alcool, au maximum 3 %. En Angleterre, on le trouve sous l'appellation Sherry. Vous désirez agrémenter votre plat de manière originale ? C'est là qu'intervient le vinaigre de Xérès. D'une teinte sombre, couleur acajou foncé, il dégage des arômes boisés, d'amande et de miel. Il déglace et accompagne à merveille les viandes rôties et grillées. Assaisonnez-les au préalable avant de les faire rôtir ou de les passer au barbecue. Ou préférez-le en marinade.

Assez de votre vinaigrette habituelle ? Optez pour le vinaigre de Xérès. Il rehaussera salades et soupes, froides ou chaudes. Il est connu pour être l'ingrédient incontournable dans la recette du gaspacho. Les chefs pâtissiers l'utilisent également pour donner une pointe d'acidité à leurs desserts. Il se marie très bien avec les fraises. Le vin vieillit dans de gros fûts alignés d'une contenance de 600 litres.

Pour favoriser l'oxydation, ils ne sont remplis qu'à 500 litres. Les fûts ne sont jamais vidés en entier : on soutire une partie du vin le plus vieux, destiné à être mis en bouteille. Puis on la remplace par la même quantité de vin provenant de fûts plus jeunes, et ainsi de suite sur plusieurs rangées, la dernière recevant le vin nouveau.

Le vinaigre balsamique

On ne le présente plus, tant il est connu dans le monde entier : le vinaigre balsamique. Il provient des provinces de Modène et de Reggio Emilia en Italie. Son véritable nom italien est aceto balsamico tradizonale (vinaigre de balsamique traditionnel). Il en existe trois sortes : celui de Modène, le traditionnel de Modène et le traditionnel de Reggio Emilia. Ils se différencient selon leurs cépages et l'appellation « traditionnelle » dépend du nombre d'années de vieillissement en fût : 12 ans au moins. Plus le produit prendra de l'âge, plus il sera de qualité et aromatisé. Le vinaigre balsamique possède un arôme avec une acidité marquée et une saveur aigre-douce. C'est le vinaigre idéal pour relever certains plats insipides. L'utilisation du vinaigre balsamique dépend surtout du type de vinaigre que vous possédez chez vous. S'il s'agit d'un vinaigre balsamique haut de gamme âgé de 3 à 5 ans, vous pouvez parfumer divers mets : salades, viandes blanches et poissons cuits. Le vinaigre balsamique traditionnel est le produit le plus onéreux sur le marché, notamment pour sa qualité très haut de gamme. C'est un produit très concentré avec un arôme fort en bouche. Il faudra l'utiliser avec parcimonie : quelques gouttes suffisent pour relever vos plats. Quant aux vinaigres balsamiques que vous trouvez en grande surface, ils sont de qualité médiocre. Étant issus de vinaigre de vin peu aromatisé et caramélisé, ils ne pourront être utilisés que pour agrémenter une vinaigrette. Malgré son nom, le vinaigre balsamique n'est pas un véritable vinaigre ! Il n'est pas obtenu par acétification mais par la cuisson du moût (jus de raisin non fermenté). La liqueur obtenue est ensuite mise à mûrir dans des barriques de chêne. Un an plus tard, pour intensifier le moût, la moitié des barriques est déplacée dans des fûts plus petits en bois de cerisier. Les barriques à moitié vides sont quant à elles remplies de nouveau avec un moût plus récent. Le tout est ensuite transvasé en fûts de frêne pendant en moyenne 12 ans.

Le vinaigre de cidre

Le vinaigre de cidre est un incontournable à avoir chez soi. Multifonctions, son goût est doux et léger en bouche. Composé de 5 % d'acide acétique, il contient une grande quantité d'oligoéléments (calcium, fer, fluor, phosphore, soufre, potassium…), de vitamines (B et D), de minéraux, d'enzymes, de fibres alimentaires, de pectines et d'antioxydants. Cette richesse lui vient de ses amis la pomme et le raisin dont il est issu. Eh oui, le vinaigre de cidre n'est pas un mélange uniquement de vinaigre et de cidre, comme on pourrait le croire. Pour se le procurer, rien de plus simple : vous trouverez votre bonheur au supermarché ou dans les magasins bio. Peu onéreux, c'est un produit accessible à toutes les bourses. Son prix est d'environ 4 euros le litre. La composition du vinaigre de cidre fait de lui un précieux remède naturel. Il guérit presque tous les petits maux du quotidien : de ventre, de tête, de fatigue… Consommé régulièrement en vinaigrette, le vinaigre de cidre permet de fixer certains minéraux essentiels au bon fonctionnement de l'organisme. Il permet ainsi de se maintenir en bonne santé tout au long de l'année. Il est aussi un prodigieux allié beauté. Il purifie l'organisme et aide à l'élimination des toxines et favorise naturellement la perte de poids. Quant à son pH acide, il lui donne des vertus astringentes à ne pas négliger. Utilisé pur sur l'épiderme, il chasse toutes les impuretés des peaux acnéiques. Son action antioxydante permet également de lutter contre le vieillissement cutané. La réputation du vinaigre de cidre n'est plus à faire puisqu'il est consommé dans le monde entier. Les Américains en sont d'ailleurs très friands : 10 % de sa production aux États-Unis servent à élaborer le ketchup ! En France, environ 35 000 hectolitres de vinaigre de cidre sont produits chaque année.

Le vinaigre de toilette

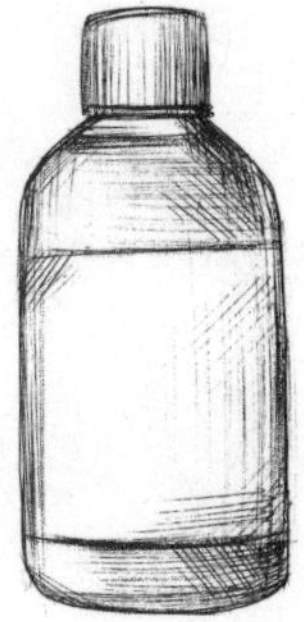

Le vinaigre de toilette : quésaquo ? Un vinaigre, oui, mais pas celui qui sert à nettoyer les commodités ! Ni à briquer votre intérieur… alors ? Il s'agit d'un mélange de vinaigre alcoolisé ou non avec des plantes et des fleurs fraîches ou séchées. Cette lotion était très en vogue jusqu'au milieu du xxᵉ siècle où les femmes de l'époque l'utilisaient quotidiennement pour prendre soin de leur peau et faire leurs toilettes avec. C'est de là qu'il tire son nom : vinaigre de toilette. Les associations de plantes ou de fleurs sont multiples et se décuplent à l'infini. Sa particularité : ce n'est pas un macérât vinaigré mais une décoction obtenue par ébullition permettant ainsi de garder toutes les vertus des ingrédients naturels que contient la préparation. Le vinaigre de toilette est LE produit indispensable pour prendre soin de sa peau. Il nettoie, purifie et resserre les pores du visage, le tout simultanément ! Il aide aussi à se débarrasser des résidus de savon, de chlore et de calcaire. En prime il aide à réguler le pH de la peau. Il est particulièrement adapté pour les traitements des peaux grasses et à problèmes. Qu'il soit utilisé pur ou dilué dans de l'eau, il agit en profondeur sans irriter. Dans l'eau du bain, il suffit d'ajouter une tasse de vinaigre de toilette et votre peau sera revigorée. Quant au visage, nettoyez-le matin et soir avec un coton qui en est imbibé. Et si un jour vous manquez de savon, le vinaigre de toilette pourra vous dépanner : diluez-en 5 cuillères à café dans un verre d'eau et lavez-vous avec. Il est recommandé d'utiliser le vinaigre de cidre comme base de préparation afin d'augmenter les propriétés cosmétiques de votre vinaigre de toilette. Si vous n'en avez pas, remplacez-le par du vinaigre d'alcool que vous pouvez parfumer à l'aide d'huiles essentielles ou de plantes. Le vinaigre de toilette est obtenu après une longue macération de plantes ou de fleurs dans le vinaigre de votre choix. Puis plusieurs filtrages sont nécessaires pour obtenir un mélange le plus pur possible.

Une maison clinquante

Briquer et nettoyer son petit chez soi, Grand-mère savait le faire parfaitement. En un passage, elle faisait briller son argenterie, elle chassait la poussière et les mauvaises odeurs et désinfectait les surfaces de toutes les pièces de sa maison. Le tout bien sûr sans trop se fatiguer à la tâche. Comment, me direz-vous ? Facile : un peu de vinaigre additionné de bicarbonate de soude ou encore du savon de Marseille et le tour est joué. À vous maintenant de tester ses astuces ! Vous verrez : votre intérieur sentira bon et sera propre presque sans effort.

Rideau de douche impeccable

Évitez les marques et les traces de moisissures sur votre rideau de douche avec du vinaigre blanc. Diluez-en avec un peu d'eau et passez régulièrement un coup d'éponge imbibée de cette préparation.

Effacer les égratignures de chat

Votre félin adore faire ses griffes sur votre belle table en bois ? Rattrapez ses bêtises en appliquant une lotion maison. Diluez la même quantité de vinaigre blanc et d'iode. Appliquez ensuite à l'aide d'un pinceau sur les zones abîmées.

Nettoyer les vitres d'un insert

Il n'est pas toujours évident de conserver une vitre d'un insert propre. Ne briquez plus en vain : utilisez plutôt le mélange miraculeux de Mamie. Mélangez du bicarbonate de soude avec du vinaigre blanc jusqu'à obtenir une pâte homogène. Nettoyez la vitre de votre insert avec ce mélange.

Chasser l'odeur des bocaux

Vous utilisez constamment vos bocaux en verre pour stocker vos diverses préparations culinaires : confitures, fruits confits, soupes… Avec le temps, ils conservent l'odeur des aliments qu'ils ont stockés. Remédiez-y simplement en les lavant avec du vinaigre blanc et de l'eau chaude. Puis laissez-les une nuit au réfrigérateur.

Éponge encrassée

Vous l'utilisez sans cesse pour briquer vos surfaces ou votre vaisselle : l'éponge. À force, elle s'use et s'encrasse. Avant de vous résigner à la jeter, redonnez-lui un coup de neuf en la trempant dans de l'eau vinaigrée : 1 litre d'eau tiède pour 1 tasse de vinaigre. Laissez agir 30 minutes, puis essorez-la : votre éponge sera comme neuve.

Fabriquer son encaustique

Rien de plus simple que d'entretenir son beau sol en parquet. Mélangez à parts égales de l'huile d'olive et du vinaigre. Appliquez cette préparation sur votre sol à l'aide d'un chiffon plié en quatre et fixé sur votre balai. En un passage, votre parquet brillera de mille feux. En prime, vous réaliserez des économies : 1 pot de yaourt de cette encaustique suffit pour nettoyer 15 m^2.

Désinfecter une planche de travail

Les aliments déposent naturellement des bactéries lors de leur manipulation. Si vous ne nettoyez pas correctement votre planche de travail, elle se retrouve infectée de salmonelles. Le vinaigre blanc fera des miracles pour les éliminer ! Versez-en sur l'ensemble de la surface, puis vaporisez immédiatement du peroxyde d'oxygène ou de l'eau oxygénée à 3 %. Rincez soigneusement à l'eau avec une éponge.

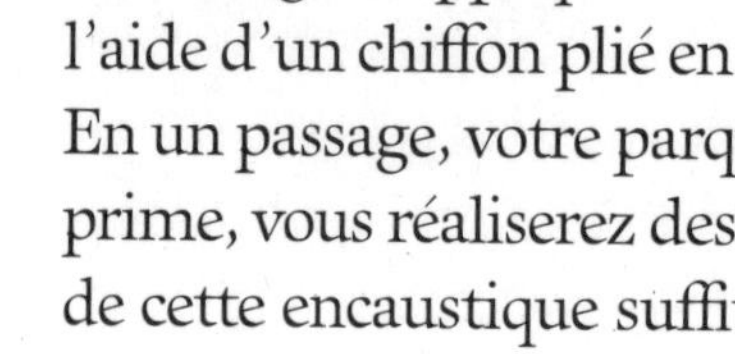

Poubelle parfumée

Votre poubelle dégage une odeur nauséabonde ? Chassez-la avec le nettoyant maison de Mamie : mélangez de l'eau chaude avec du vinaigre d'alcool et quelques gouttes d'huile essentielle d'eucalyptus ou de lavande. Un coup d'éponge avec ce mélange et le tour est joué.

Rasoir toujours impeccable

Avec le temps, vos rasoirs électriques s'encrassent : les poils s'y accumulent petit à petit. Faites d'une pierre deux coups en les rinçant une fois par semaine avec du vinaigre blanc. Non seulement ils seront propres comme au premier jour mais ils sentiront bon !

Fini les taches d'urine

Votre enfant a eu un accident de couche et a taché votre beau tapis blanc ? Vaporisez immédiatement du vinaigre blanc sur la surface touchée et laissez agir 15 minutes. Si vous n'avez pas de vaporisateur sous la main, utilisez un chiffon qui en est imbibé et tapotez doucement la marque avec.

Des vitres impeccables

Vos vitres sont très encrassées ? Suivez les conseils de Grand-mère : cueillez une poignée d'orties et laissez-les sécher 2 jours. Imprégnez-les avec du vinaigre blanc. Les feuilles des orties deviennent ainsi une éponge naturelle parfaite pour nettoyer vos carreaux. N'oubliez pas vos gants : vous éviterez les piqûres !

Garder les toilettes propres

Mamie était maligne : elle nettoyait régulièrement ses WC en y versant 1 verre de vinaigre blanc. Un coup de brosse et elle n'avait plus qu'à laisser agir durant une nuit entière. Le lendemain, le produit avait fait son effet : le tartre n'était plus et la brillance était là. Et pour le parfum, elle ajoutait 5 gouttes d'huile essentielle de lavande.

Chasser les mauvaises odeurs d'une glacière

Vous avez oublié des aliments dans votre glacière fermée ? Ils ont pourri et ont laissé une odeur nauséabonde à l'intérieur… Avant de vous résigner à la jeter, essayez de la récupérer en y laissant un bol d'eau très chaude avec du vinaigre blanc. Fermez votre glacière et changez l'eau toutes les heures. Si l'odeur persiste, recommencez le lendemain.

Bijoux et pierres précieuses

Si le vinaigre fait briller vos bijoux en tout genre, il est fortement déconseillé sur vos pierres précieuses incrustées. Il en est de même pour vos perles. L'acide qu'il contient les ferait fondre. Une seule goutte suffit à causer des dommages irréparables. N'hésitez pas à faire un test sur une surface non visible.

Nettoyant multisurface

En vraie fée du logis, grand-mère avait toujours sous la main son nettoyant magique. Faites-en de même : dans une bouteille d'eau chaude, versez 2 cuillères à soupe de bicarbonate de soude avec 1 verre de vinaigre blanc et 10 gouttes d'huile essentielle de lavande. Pensez à secouer avant utilisation.

Des mains toujours propres

Lorsque vous cuisinez, vos mains sentent souvent mauvais après. Elles se sont imprégnées des aliments que vous avez manipulés. Surtout lorsque vous venez de préparer du poisson ou des crustacés ! Chassez ces mauvaises odeurs simplement en frictionnant vos mains avec du vinaigre blanc et du savon de Marseille.

Des lunettes impeccables

Vos lunettes sont toujours sales ? Même après un coup de chiffon, des traces de gras ou de doigts peinent à partir ? Pour y remédier, dans un vaporisateur, mélangez la même quantité de vinaigre blanc et d'eau et nettoyez-les avec. Regardez : tout est net !

Désinfectant naturel

Si vous cherchez une lotion qui désinfecte naturellement, optez pour celle de Mamie ! Voici sa recette magique : dans un flacon, diluez 30 gouttes d'huile essentielle d'arbre à thé dans 1 litre de vinaigre blanc. Secouez énergiquement. Votre désinfectant est prêt à l'emploi.

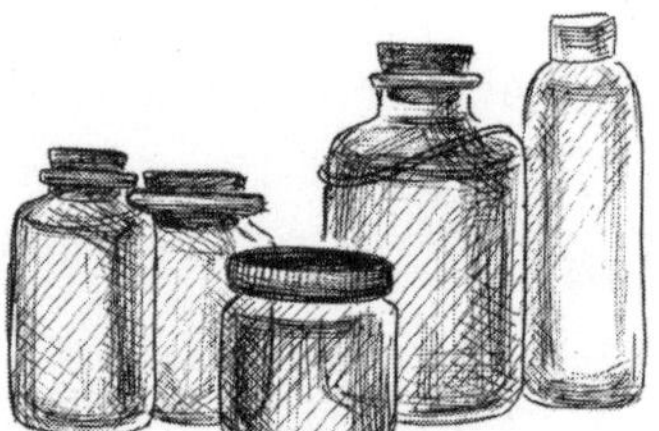

Fabriquer ses lingettes nettoyantes

Récupérez des vieux morceaux de tissu doux et propres et découpez-les en carrés de 15 à 20 cm de côté. En parallèle, préparez votre nettoyant maison : dans un seau, versez 3 cuillères à soupe de vinaigre blanc, 1 cuillère à soupe de savon liquide et 2 tasses d'eau. Trempez-y vos bouts de tissu et conservez le tout dans une boîte fermée et hermétique. Vous aurez ainsi toujours une lingette nettoyante à portée de main.

Un four toujours propre

Décrasser son four est loin d'être une partie de plaisir ! Le gras accumulé refuse souvent de partir du premier coup. Facilitez-vous la

tâche avec la préparation miracle de Mamie. Dans 1 litre d'eau, diluez 2 cuillères à soupe de bicarbonate de soude et 2 de vinaigre blanc. Le mélange doit mousser légèrement. Passez un coup d'éponge avec votre nettoyant maison sur un four tiède.

Nettoyer une lèchefrite

Vous adorez cuisiner mais faites très attention aux matières grasses ? La lèchefrite n'a donc plus de secret pour vous ! Si vous peinez à la dégraisser, versez 1 tasse de vinaigre et 2 cuillères à soupe de sucre dessus lorsqu'elle est encore tiède. Laissez agir 5 minutes, puis décollez le gras à l'aide d'une éponge abrasive.

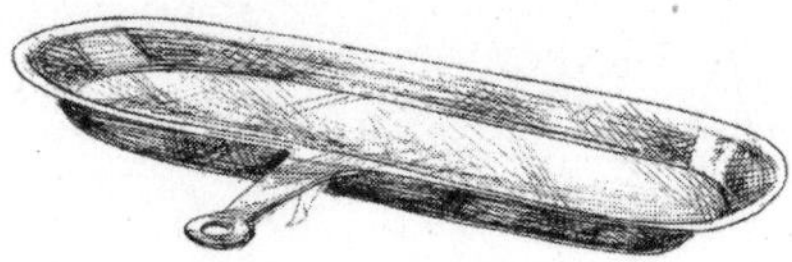

Un liquide vaisselle opérationnel

Lorsque vos casseroles sont trop graisseuses, il est difficile d'enlever le gras accumulé durant leur utilisation. La raison : votre liquide vaisselle n'est pas un nettoyant assez efficace ! Boostez-le donc avec du vinaigre blanc ! Ajoutez-en 5 cl à votre flacon. Vos ustensiles seront propres presque sans effort !

Une carafe étincelante

Votre carafe a terni avec le temps ? Redonnez-lui de la brillance : versez une poignée de riz cru avec du vinaigre blanc à l'intérieur. Fermez-la, puis secouez énergiquement. Finissez votre coup d'éclat en passant un chiffon doux imbibé de vinaigre blanc. Votre carafe étincelle !

Des jouets de bébé propres

Tout le monde le sait : les bébés adorent porter tout ce qui passe entre leurs mains à leur bouche. Afin de limiter les infections, il est essentiel de veiller à la bonne hygiène de leurs jouets. Désinfectez-les avec du vinaigre blanc : un coup de chiffon doux imprégné de ce produit et le tour est joué !

Mélange à proscrire

Si le vinaigre blanc est un puissant nettoyant naturel, il ne faut absolument pas le diluer avec de l'eau de Javel. Les deux produits associés dégagent une vapeur toxique dangereuse pour votre santé. Maniez-les donc avec précaution lorsque vous les utilisez dans votre maison.

Chasser les insectes naturellement

Vous avez beau tout faire : vos placards sont constamment envahis par les insectes. Pour les éradiquer une bonne fois pour toutes, diluez 75 cl de vinaigre de cidre avec 1 bouchon de liquide vaisselle dans un petit bol. Laissez-le reposer dans votre placard 1 semaine. Les petits nuisibles seront attirés par l'odeur et s'y noieront.

Une maison trop vinaigrée

Vous l'avez compris et l'utilisez partout dans votre maison : le vinaigre a tout bon, côté nettoyant. Du sol au plafond, vous briquez votre maison avec. Tout brille, certes, mais l'odeur du vinaigre s'est imprégnée dans votre intérieur. La solution : diluez 10 gouttes d'huile essentielle de votre choix dans un bol rempli d'eau et laissez-le dans les pièces de votre maison.

Halte aux bouilloires vinaigrées

Le vinaigre fait des miracles pour enlever le tartre de votre bouilloire. En un lavage, le résultat est là… et l'odeur aussi. Grand-mère a la solution : le citron ! Passez-en une rondelle sur les parois de votre bouilloire, puis faites-la bouillir avec des zestes à l'intérieur. Sentez : un doux parfum citronné s'en dégage à présent.

Prenez soin de vous grâce au vinaigre

Une peau de velours, un teint de pêche, des lèvres douces, un corps ferme et sans cellulite, des cheveux brillants… Grand-mère connaît une foule de recettes pour arriver à ces résultats avec les produits que vous avez chez vous. Vous en doutez ? Allez faire un tour dans votre cuisine. Vous avez bien une bouteille de vinaigre qui traîne dans votre placard. Vous n'imaginez pas tout ce que l'on peut confectionner à partir de ce simple produit : lotion astringente, masque capillaire, crème hydratante… Toujours pas convaincu ? Testez par vous-même : vous n'aurez plus qu'à remercier Mamie !

Raviver la couleur des cheveux

Avec le temps, vos cheveux deviennent ternes. Pour leur redonner un coup d'éclat et de beaux reflets, utilisez le vinaigre comme dernière eau de rinçage lorsque vous les lavez. Si vous avez les cheveux blonds, optez pour le vinaigre blanc ou le vinaigre de cidre. Les têtes rousses appliqueront uniquement du vinaigre de framboise. Quant aux crinières brunes : le vinaigre rouge ou balsamique fera des miracles.

Masque désincrustant

Pour confectionner vous-même votre masque purifiant, mélangez 2 cuillères à soupe de flocon d'avoine avec 1 cuillère à café de miel et 1 cuillère à café de poudre d'amandes. Rajoutez ensuite 2 cuillères à soupe de vinaigre de cidre. Appliquez votre préparation à l'aide d'un gant de toilette chaud sur un visage préalablement mouillé. Une fois sec, retirez votre masque avec de l'eau chaude.

Resserrer les pores

Voici une recette simple et économique pour chasser vos vilains points noirs : portez à ébullition une cuillère à soupe de pétales de rose séchés avec 1 tasse de vinaigre de cidre et 4 tasses d'eau. Laissez infuser 30 minutes puis, une fois le mélange refroidi, transvasez le tout dans un bocal hermétique. Deux semaines plus tard, filtrez et mettez en bouteille. Au réveil et au coucher, nettoyez votre visage avec.

Lotion pour les peaux grasses

Si votre peau a tendance à avoir un aspect huileux, suivez les conseils de Mamie. Matin et soir, nettoyez-vous le visage avec une lotion contenant 1 verre de vinaigre de lavande et 8 verres d'eau. Votre peau retrouvera tout son éclat !

Éliminer l'odeur d'un parfum

Vous avez testé un parfum sur votre beau chemisier que vous détestez ? Chassez son odeur en vaporisant du vinaigre blanc dessus. Laissez sécher, puis sentez à nouveau : l'odeur est partie, comme par magie.

Lotion après rasage

Ah les poils, on a beau les raser ou les épiler, ils reviennent toujours. Pourtant, il suffit de vous masser avec du vinaigre blanc après votre séance d'épilation pour limiter leur repousse. Pensez-y, vous verrez : vos maudits poils mettront davantage de temps à venir vous embêter.

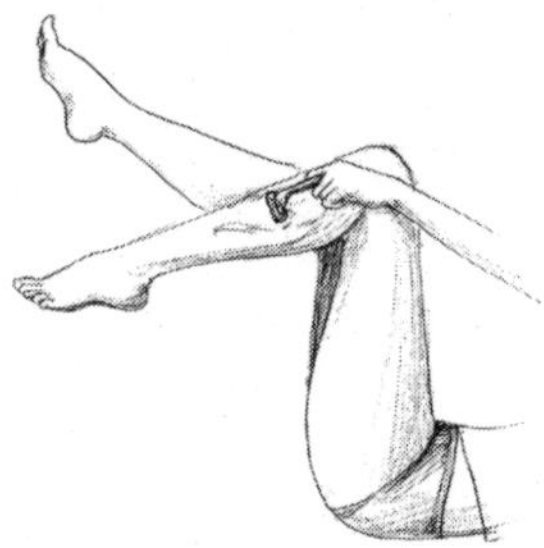

Gommage maison

Pour obtenir une peau lisse et douce, rien de mieux que les gommages. Enduisez-vous d'huile de colza, puis massez-vous énergiquement. Laissez agir 30 minutes, puis faites fondre 3 cuillères à soupe de sel dans 3 autres de vinaigre de cidre et frottez-vous avec. Rincez-vous abondamment à l'eau.

Anticellulite

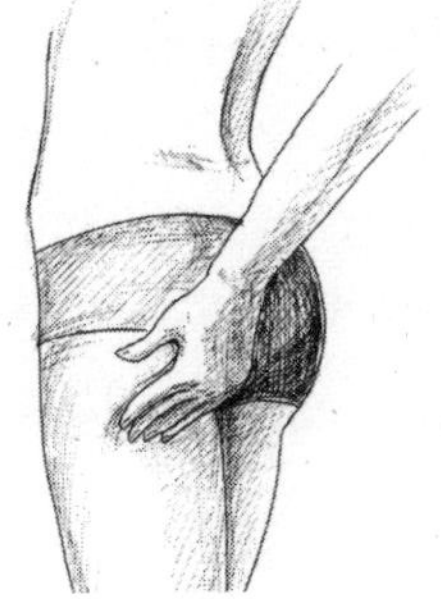

Même si la cellulite installée depuis longtemps ne peut s'en aller complètement, elle peut cependant se réduire facilement. Voici une lotion qui a fait ses preuves : mélangez 3 cuillères à soupe de vinaigre de cidre avec 2 cuillères à soupe d'huile d'olive et massez les zones envahies matin et soir. Votre peau sera plus ferme et plus lisse en prime !

Brûleur de graisses

Les régimes ne sont pas votre tasse de thé. Faire attention : une dure épreuve que vous avez du mal à réussir tous les jours. Limitez les dégâts lors de vos craquages : mixez 500 g de tomates fraîches avec 5 grosses cuillères à soupe de vinaigre, 1 cuillère à café de piment et 1 branche de céleri. Votre préparation brûleuse de graisses est prête, il ne vous reste plus qu'à l'avaler.

Ongles cassants

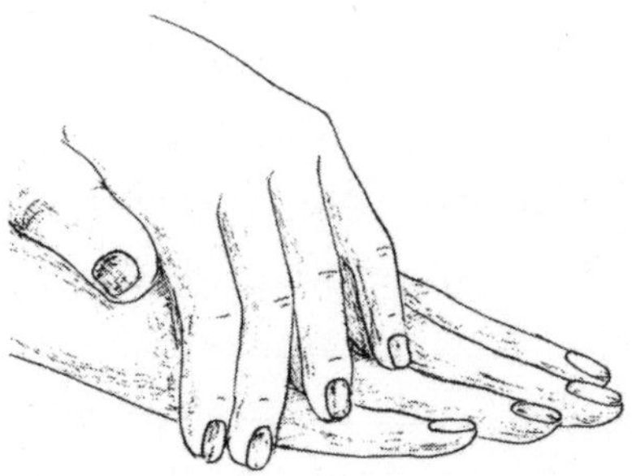

Si vos ongles se cassent sans cesse, fortifiez-les avec un bain vinaigré maison. Faites bouillir de l'eau chaude avec 3 cuillères à soupe de vinaigre de cidre. Trempez-y vos mains durant 15 minutes. Renouvelez l'opération 1 fois par semaine. Vos ongles seront plus forts et propres en prime !

Des cheveux brillants

Tonifiez vos cheveux naturellement. Portez à ébullition 1 litre d'eau avec 2 grosses poignées de thym. Laissez infuser 15 minutes avant de filtrer. Rajoutez 3 cuillères à soupe de vinaigre blanc, puis appliquez la préparation sur votre cuir chevelu.

Lotion antipelliculaire

Chassez vos pellicules simplement avec le vinaigre de cidre. Mélangez-en 30 ml avec 10 gouttes d'huile essentielle de cèdre de l'Atlas, 10 d'huile essentielle de romarin et 5 autres d'huile essentielle de tea-tree. Appliquez ce mélange avec une éponge et massez délicatement. Une heure plus tard, rincez à l'eau.

Masque pour cheveux gras

Le vinaigre fera des miracles pour réguler votre sébum capillaire. Diluez de l'argile verte avec du vinaigre de cidre jusqu'à obtenir une pâte homogène. Appliquez des racines jusqu'aux pointes. Recouvrez-vous la tête à l'aide de papier aluminium et laissez poser 15 minutes. Puis lavez-vous les cheveux avec votre shampooing habituel.

Chasser les frisures

Si vous avez les cheveux frisés, vous devez sûrement maudire les frisures qui vont avec ! Finissez-en une bonne fois pour toutes avec la lotion miracle de Mamie. Dans un récipient, jetez un verre d'eau chaude et une grosse poignée de flocons d'avoine. Laissez infuser durant 30 minutes. Filtrez et rajoutez 1 tasse de vinaigre de cidre. Après chaque lavage, rincez l'ensemble avec cette préparation.

Crème hydratante maison

Grand-mère connaît une crème hydratante parfaite pour les peaux sèches. Dans un récipient, mélangez 3 cuillères à soupe d'huile végétale de germe de blé, 3 d'huile d'olive et 3 autres d'huile de tournesol avec 4 jaunes d'œufs jusqu'à obtenir un mélange homogène. Rajoutez 3 cuillères à soupe de vinaigre de cidre. Votre crème est prête !

Limiter la chute des cheveux

Souvent, en période de stress ou de fatigue intense, les cheveux sont fragilisés. Sans énergie, vous en perdez par poignées. Boostez-les avec la mixture magique de Mamie. Mélangez 4 cuillères à soupe de vinaigre de cidre et 2 cuillères à soupe de miel dans 1 litre d'eau tiède. Utilisez comme eau de rinçage après chaque shampooing.

Contre l'acné

Grand-mère remédiait à ses problèmes acnéiques naturellement avec le vinaigre de cidre. Piquez-lui son remède ! Dans un petit flacon, diluez-en 8 cuillères à soupe avec de l'eau. Chaque soir, appliquez cette lotion sur une peau nettoyée en évitant le contour des yeux. Laissez sécher 15 minutes, puis rincez avec un brumisateur.

Chasser les cors et durillons

Vos pieds souffrent de cors ou durillons ? Remédiez-y avec le remède de Mamie. Trempez une tranche de pain de mie dans 15 cl de vinaigre de cidre. Découpez un morceau, puis posez-le sur le cor à l'aide d'une gaze. Faites tenir le tout avec du sparadrap et laissez agir toute une nuit. Le lendemain, les callosités seront ramollies. Il ne vous reste plus qu'à frotter.

Des pieds impeccables

Prenez soin de vos pieds avec le vinaigre de cidre. Dans une bassine remplie d'eau chaude, versez-en 1 verre avec une poignée de gros sel. Trempez-y vos pieds durant 20 minutes. Terminez en les frottant avec une pierre ponce.

Apaiser les varices

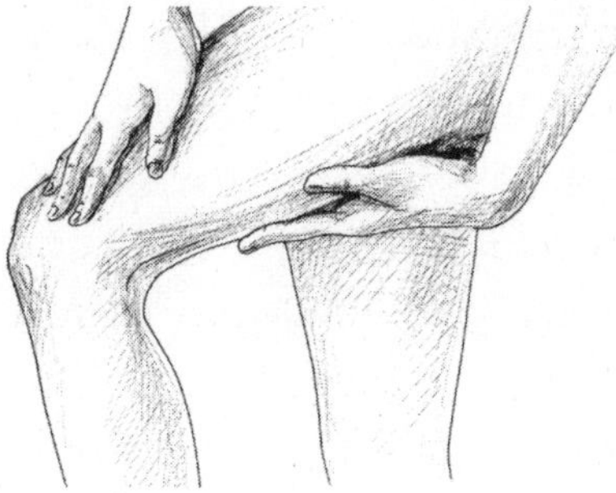

Le vinaigre de cidre fait des miracles sur les varices. Appliquez-en pur et massez-vous avec tous les jours. Vous favoriserez ainsi votre circulation sanguine. Complétez votre soin en imbibant des bandages de vinaigre que vous laisserez poser une bonne heure.

Une cire 100 % naturelle

Vous souhaitez mettre votre jolie robe mais, au dernier moment, vous constatez que vous n'avez plus de cire à épiler ? Confectionnez-en une rapidement. Dans un récipient en verre, mélangez 220 g de sucre avec 1 cuillère à soupe de vinaigre et 1 de miel. Passez le tout au micro-ondes 2 minutes : la séance d'épilation peut commencer.

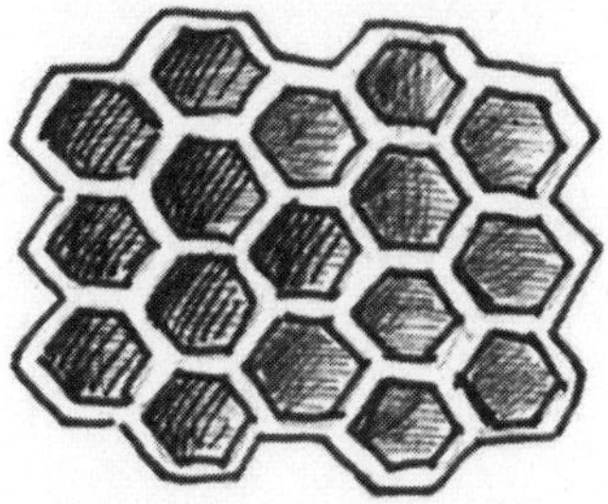

Soulager les jambes lourdes

Le vinaigre de cidre est un drainant naturel qui favorise la circulation sanguine. En consommer régulièrement apaisera vos sensations de jambes lourdes. Dans un grand verre d'eau, mélangez 1 cuillère à soupe de vinaigre de cidre avec 1 de miel. Buvez cette préparation 2 à 3 fois par jour.

Un coupe-faim naturel

Si vous souhaitez faire attention à votre ligne, vous devez réduire vos portions de nourriture. Pour vous y aider, buvez un grand verre d'eau avec 2 cuillères à café de vinaigre de cidre avant chaque repas. Et si malgré ça, vous ne résistez pas à l'appel de la gourmandise : avalez-en également pendant les repas.

Conserver plus longtemps un vernis

Vous avez enfin trouvé le vernis que vous cherchiez depuis longtemps. Avec le temps, il risque de perdre en texture et en qualité. Suivez le conseil de grand-mère : laissez le vernis au réfrigérateur. Il restera plus liquide plus longtemps. Pensez à le sortir quelques minutes avant utilisation.

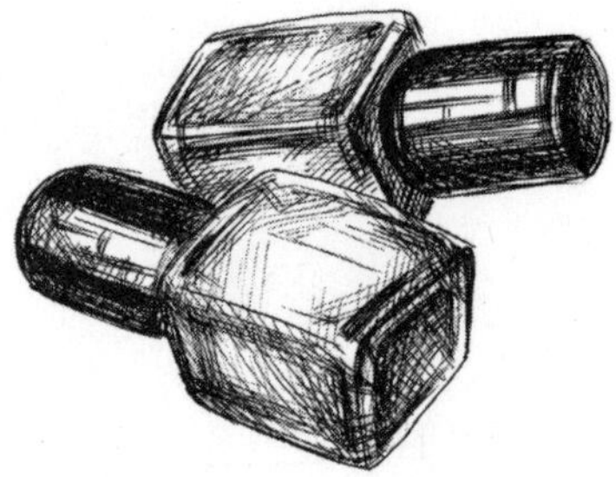

Faire durer le vernis

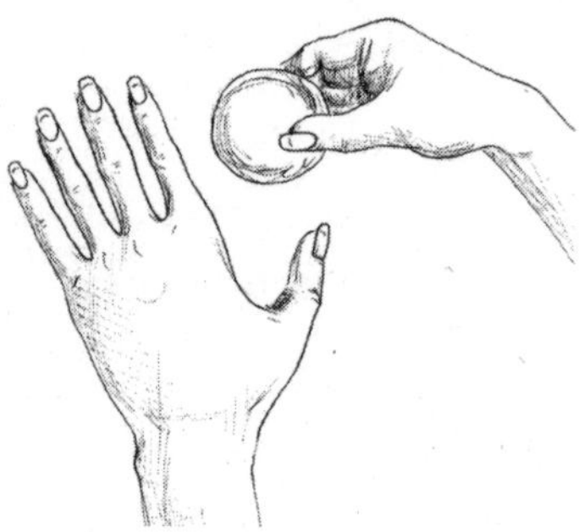

C'est toujours la même histoire : tous les 2 jours, votre vernis s'écaille et vous devez refaire vos ongles. Pour le faire durer plus longtemps, avant de l'appliquer, humidifiez vos ongles avec un coton imprégné de vinaigre blanc. Laissez sécher : il ne vous reste plus qu'à choisir votre teinte.

Des ongles impeccables

Si vous voulez avoir de belles mains avec de beaux ongles, vous devez prendre soin de vos cuticules. Comment ? Simplement avec du vinaigre blanc. Trempez vos doigts dans un bol d'eau tiède vinaigrée pendant 5 minutes. Vos cuticules se ramolliront et vous les pousserez plus facilement.

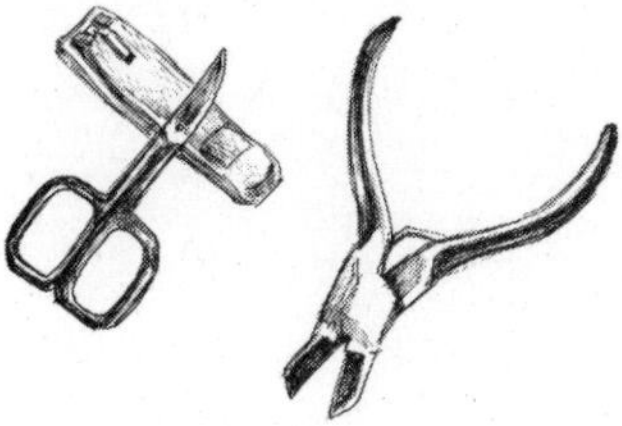

Booster une crème hydratante pour les mains

Lorsque l'hiver est rude, il est fréquent d'avoir les mains asséchées par le froid. Petit à petit, elles deviennent rugueuses, même si vous utilisez une crème pour les mains. La solution : rajoutez du vinaigre de cidre à votre soin et massez-vous soigneusement avec. Renouvelez l'opération plusieurs fois par jour.

Un déodorant maison

Vous n'avez plus de déodorant ? Pas de panique, vous avez sûrement tout ce qu'il faut pour en confectionner un en vitesse. Diluez 1 verre d'eau avec 1 verre de vinaigre de lavande ou de rosat. À l'aide d'un coton imbibé de votre mélange, tamponnez délicatement vos aisselles avec.

Resserrer les pores de la peau

Avec la fatigue, le stress et la pollution, les pores de votre peau se dilatent. Résultat : des boutons se forment et des points noirs apparaissent. La solution pour les chasser d'un coup ? Le vinaigre de rosat. Dans 1 litre de ce produit miracle, diluez 8 cuillères à soupe d'eau. Nettoyez votre peau avec cette préparation le matin au réveil et le soir avant de vous coucher.

Un tonique naturel

Vous avez peu dormi la nuit dernière ? Chassez les marques de fatigue présentes sur votre visage avec un tonique au vinaigre de lavande. Diluez-en 1 cuillère à soupe dans un verre d'eau et nettoyez votre peau avec. Un passage suffit pour vous redonner bonne mine.

Masque désincrustant

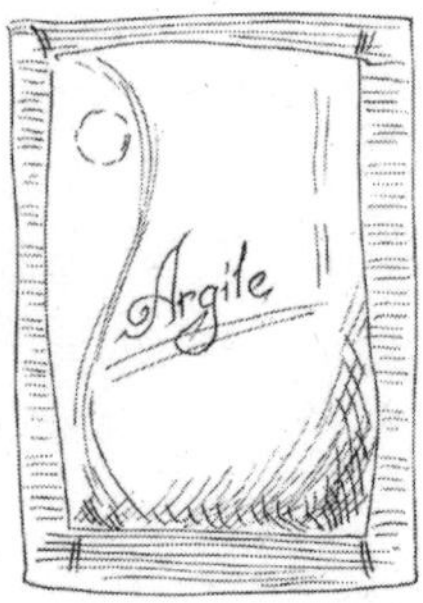

Retrouvez une peau saine sans imperfections avec le masque maison de Grand-mère. Dans un bol, diluez 2 cuillères à soupe d'argile avec 2 de vinaigre de cidre jusqu'à obtenir une pâte onctueuse. À l'aide d'un pinceau, appliquez sur votre visage en couche épaisse. Dix minutes plus tard, rincez soigneusement : 1 fois à l'eau chaude et 1 fois à l'eau froide.

Calmer les peaux sensibles

Votre peau s'irrite facilement ? Soulagez-la naturellement avec un masque apaisant. Dans un bol, mélangez 1 cuillère à soupe de vinaigre, 3 d'eau et 4 autres de farine d'avoine. Le mélange doit être épais et homogène. Appliquez votre mixture sur le visage, puis attendez qu'elle sèche avant de la retirer à l'eau vinaigrée.

Une peau nette

Si vous avez des points noirs et des boutons sur votre visage, ce masque est fait pour vous : écrasez 3 grosses fraises dans un bol. Rajoutez 1 tasse de vinaigre de cidre et laissez reposer 2 heures. Retirez le surplus de vinaigre, puis appliquez sur votre visage le soir au coucher. Le lendemain, retirez le tout à l'eau.

Masque astringent maison

Resserrez naturellement les pores de votre peau avec le masque magique de Mamie. Dans un bol, laissez macérer 2 heures 1 cuillère à soupe de menthe hachée menu avec 2 cuillères à soupe de miel épais et 1 de vinaigre de cidre. Mélangez et appliquez sur votre visage à l'aide d'un pinceau. Laissez agir 10 minutes, puis rincez avec de l'eau vinaigrée.

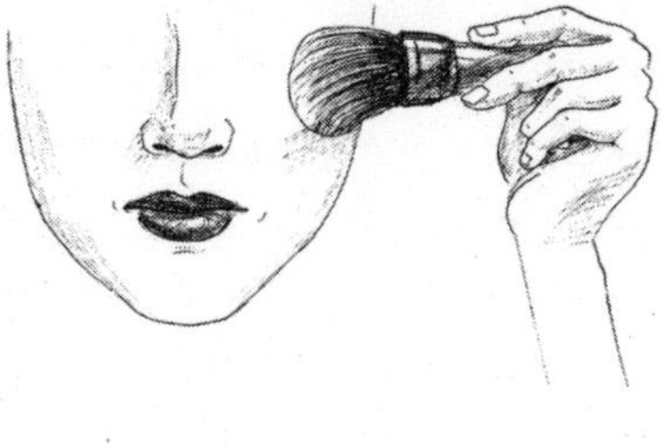

Crème de nuit hydratante

Avoir une peau soyeuse demande un minimum d'attention. Le soir, avant de vous coucher, n'oubliez pas de l'hydrater. Voici une recette de Mamie efficace : dans un pot, versez 4 cuillères à soupe de vinaigre de cidre, 4 d'eau distillée et 8 autres d'huile d'olive. Rajoutez un peu de farine et mélangez énergiquement jusqu'à obtenir une pâte homogène onctueuse. Votre soin est prêt, il ne vous reste plus qu'à l'appliquer.

Désinfecter une brosse à dents

Vous l'utilisez 3 fois par jour pour avoir un beau sourire : la brosse à dents. Prendre soin de son hygiène bucco-dentaire est important autant que celle de votre instrument ! Désinfectez votre brosse au moins 1 fois par mois. Faites-la bouillir 1 minute dans une casserole d'eau et de vinaigre blanc.

Enlever une permanente

Vous avez fait une permanente et vous regrettez votre choix ? Enlevez simplement vos boucles avec du vinaigre de cidre. Mélangez-en dans 1 litre d'eau et rincez-vous la tête avec après chaque shampooing. Vous retrouverez ainsi vos beaux cheveux lisses en un rien de temps.

Nettoyer une brosse à dents

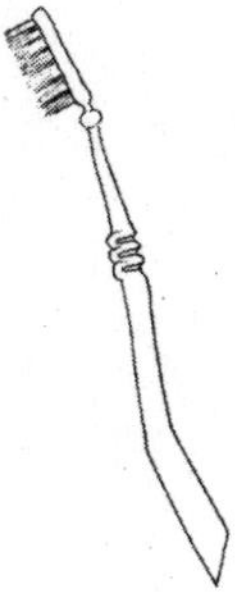

Rien de plus simple que de briquer une brosse à dents. Il vous suffit de la laisser tremper toute une nuit dans de l'eau et du vinaigre blanc. Le lendemain matin, jetez l'eau : votre brosse à dents est prête à l'emploi. Renouvelez l'opération 1 fois par semaine.

Cheveux sans pellicules

Vous avez déjà tout testé et rien n'y fait : vos pellicules reviennent sans cesse… Grand-mère connaît une solution miraculeuse : après chaque shampooing, elle rinçait son cuir chevelu avec une lotion composée de 2 tasses d'eau chaude et 1 tasse de vinaigre de cidre. En à peine 3 lavages, les pellicules disparaissaient comme par magie.

Contre les moisissures

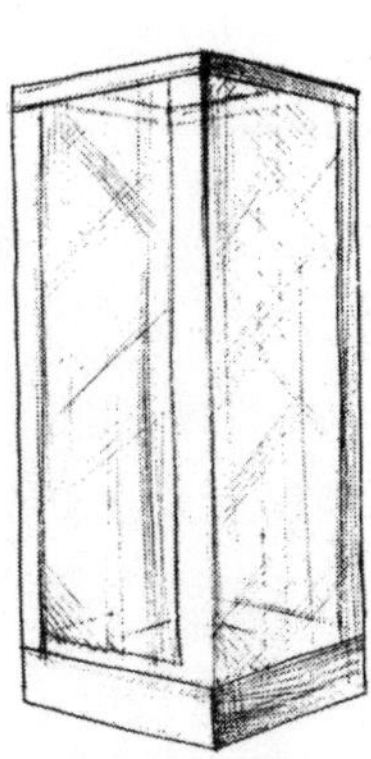

Les pièces d'eau sont les plus touchées par les moisissures, comme les pièces peu aérées. Elles sont toxiques et peu esthétiques, mais le bicarbonate de soude va vous aider à les éliminer. Pour empêcher leur développement, frottez les marques de moisissure avec ce mélange : 6 cuillères à café de bicarbonate de soude dans 1 litre d'eau chaude.

Le vinaigre et ses nombreux remèdes

Le quotidien est fait de divers maux : migraines, rhumes, crampes, coups de soleil… Souvent, ces petits désagréments peuvent être guéris de manière naturelle. Il suffit de savoir quels sont les ingrédients à associer et comment les préparer. Mamie était une experte pour prendre soin de sa santé avec les différents vinaigres existants. Elle vous dévoile tous ses vieux remèdes qui ont fait leurs preuves depuis fort longtemps.

Soulager une piqûre d'abeille

Si une abeille vous a piqué, commencez par expulser le dard. Apaisez ensuite la sensation de brûlure avec du vinaigre blanc appliqué en compresse. Laissez agir au moins 30 minutes. Poursuivez le traitement en apposant ensuite de la glace durant 30 minutes. Si la douleur persiste, alternez compresse vinaigrée et glace sur la zone touchée.

Lotion contre les furoncles

Les furoncles ne résisteront pas à la mixtion maison de Mamie. Diluez quelques gousses d'ail épluchées, lavées et écrasées dans du vinaigre blanc. Faites un cataplasme sur la zone infectée. Laissez agir une nuit afin de faire mûrir le furoncle. Une fois ce dernier vidé, désinfectez soigneusement la plaie.

Cure de jouvence

Si le vieillissement est une chose inévitable, rien ne vous empêche de repousser son apparition. Coupez en tranches 500 g de citrons bio séchés, mettez-les dans un bocal en verre hermétique, en alternant une couche de citron, une couche de miel. Ajoutez 50 cl de vinaigre de riz chaud. Fermez et laissez reposer 1 mois. Retirez les citrons et attendez de nouveau 1 mois. Votre breuvage miracle est enfin prêt : buvez-en 2 cuillères à café diluées dans un verre d'eau au réveil et au coucher.

Stopper la toux

Vous avez une vilaine toux qui ne veut pas s'arrêter ? Venez-en à bout avec le sirop antitussif maison de Mamie. Portez à ébullition 1 cuillère à soupe de vinaigre, 1 cuillère à soupe de beurre et 1 cuillère à soupe de sucre. Laissez reposer 2 minutes, puis avalez aussi chaud que possible.

Voix rauque

Vous avez trop crié la veille ? Résultat : votre voix ne veut presque plus sortir et est devenue rauque. Soulagez-la en prenant 1 cuillère à café de vinaigre dans un verre d'eau. Pour davantage d'efficacité, renouvelez l'opération toutes les heures pendant 7 heures.

Suées nocturnes

Lorsque vous avez le sommeil agité, il vous arrive de vous réveiller en sueur. Si vous voulez éviter ce désagrément, préparez-vous ce remède ancestral de grand-mère. Mettez 500 g de feuilles de pissenlit coupées et séchées dans un bocal hermétique. Recouvrez-les entièrement de vinaigre de cidre chaud. Fermez et laissez reposer 6 semaines. Filtrez et prenez 1 cuillère à soupe diluée dans un verre d'eau 2 fois par jour. Vos suées nocturnes ne seront plus qu'un mauvais souvenir.

Règles abondantes

Certaines femmes ont des pertes trop importantes de sang durant leur période d'indisposition. Si tel est votre cas, régulez le flux simplement en avalant 3 fois par jour 1 cuillère à soupe de vinaigre de cidre. Commencez la veille de vos règles si possible et poursuivez le traitement tout au long de votre mauvaise période.

Halte aux piqûres d'ortie

Vous vous promeniez dans les bois et avez effleuré des orties par mégarde ? Ayez le bon réflexe et versez un peu de vinaigre d'alcool sur les zones touchées. En un passage, vos démangeaisons ne seront plus !

Lendemain de fête difficile

Vous avez fait la fête la nuit dernière ? La soirée était superbe et très arrosée… le lendemain est cependant plus difficile à gérer. Retrouvez du tonus avec le cocktail antigueule de bois de Mamie. Mélangez 1 grand verre de jus de tomate, 3 cuillères à soupe de vinaigre de cidre, 1 jus de citron, 4 tranches d'oignon, 3 cuillères à soupe de sucre, 4 branches de céleri, 2 cuillères à café de Tabasco, une pincée de sel et de poivre dans un récipient. Mixez le tout, filtrez et buvez.

Soigner une intoxication alimentaire

Si vous avez mangé un aliment que vous avez mal digéré, confectionnez-vous le tonique digestif de Mamie. Lavez, évidez et séchez une poignée de piments de Cayenne. Mixez-les avec 50 cl de vinaigre de riz. Laissez reposer durant 15 jours dans un bol hermétique à l'abri de l'humidité et de la lumière. Vous l'aurez à portée de main à chaque fois que vous souffrirez d'une intoxication alimentaire : avalez-en 1 cuillère à café dans un verre d'eau chaude.

Fatigue intense

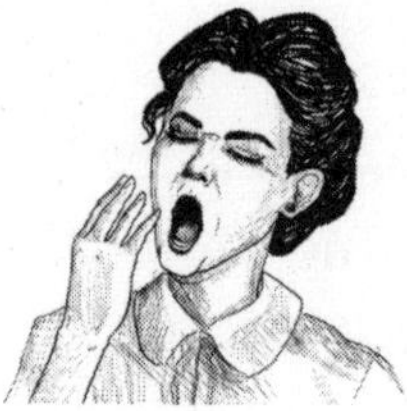

Vos journées s'enchaînent et le manque de sommeil commence à vous jouer des tours ? Retrouvez du tonus naturellement grâce au vinaigre de riz. Remplissez-en la moitié d'une boîte hermétique, puis rajoutez 5 gros ails violets épluchés et écrasés. Laissez reposer 15 jours à l'abri de la lumière. Prenez-en 2 cuillères à soupe 3 fois par jour, en rajoutant 2 cuillères à café de miel à chaque prise.

Apaiser une entorse

En vrai petit sportif, vous avez trop forcé et vous vous retrouvez avec une entorse à la cheville. Commencez par appliquer de la glace, puis trempez un linge propre dans du vinaigre blanc. Enveloppez-le autour de votre cheville et recouvrez le tout à l'aide d'un film étirable. Laissez agir toute la nuit et recommencez l'opération si besoin le lendemain.

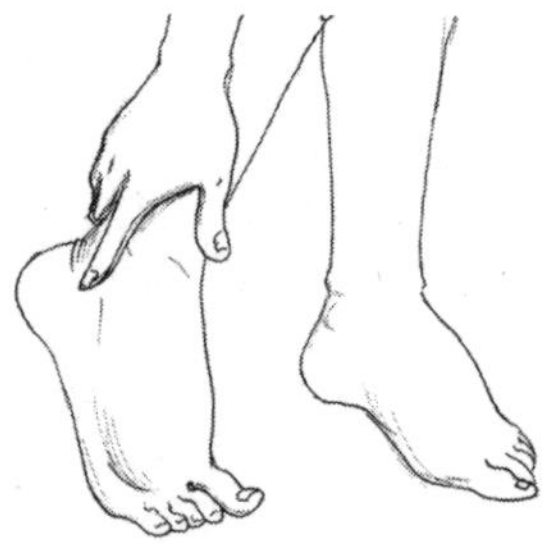

Retrouver des mains douces

En hiver, il suffit parfois d'oublier ses gants, même une fois, pour attraper des engelures. Apaisez votre peau asséchée avec les précieux remèdes de grand-mère. Dans une casserole d'eau chaude, faites bouillir du sel avec 2 cuillères à soupe de vinaigre de cidre. Appliquez aussi chaud que possible sur les lésions, puis terminez en massant vos mains avec de l'huile d'olive.

Enrayer la constipation

Si vous souffrez d'un transit ralenti, utilisez les vertus digestives du vinaigre de cidre. Mélangez-en 2 cuillères à café avec 2 autres de miel dans un verre d'eau. Buvez ce breuvage tout au long de la journée durant 1 semaine. Petit à petit, vous ne serez plus constipé.

Soigner les écorchures

Votre enfant est tombé à vélo ? Rien de méchant, mais il s'est écorché le genou et vous n'avez plus de désinfectant… Courez dans votre cuisine, vous avez certainement du vinaigre blanc dans vos placards. Après avoir passé un coup d'eau froide, tamponnez un coton imbibé d'eau vinaigrée. Terminez en apposant un pansement.

Contre les coups de soleil

Vous avez oublié la crème solaire et vous êtes exposé sans protection ? Félicitations : vous êtes rouge écrevisse à présent ! Heureusement, Mamie a la solution : le vinaigre de cidre. Mélangez-le à de l'eau, à parts égales. Imprégnez un torchon de cette potion vinaigrée et tamponnez les zones douloureuses.

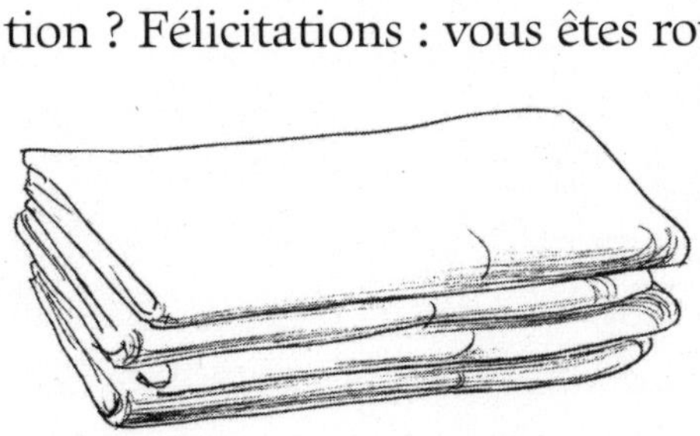

Soigner une brûlure

En parfait petit cordon-bleu, vous préparez le repas pour toute la famille… et soudain, un moment d'inattention et vous vous brûlez. Ayez le bon réflexe et évitez d'avoir des cloques : passez immédiatement de l'eau froide dessus, puis du vinaigre de cidre pur.

Contre les crampes musculaires

Vous dormez tranquillement, quand une douleur vive au mollet survient : il s'agit d'une crampe musculaire. Le muscle se contracte et vous ne pouvez rien y faire… Soulagez-vous en vous massant avec du vinaigre de cidre pur. Si la douleur persiste, diluez-en 2 cuillères à café dans un verre d'eau tiède. Imbibez-en un coton et apposez sur les zones douloureuses.

Estomper les bouffées de chaleur

La ménopause amène son lot de désagréments, comme les bouffées de chaleur. Amoindrissez leurs effets en avalant 3 fois par jour 1 cuillère à café de vinaigre de cidre. Cela pique le palais mais le résultat en vaut la peine : en 1 semaine, les bouffées de chaleur seront moins violentes et moins fréquentes.

Un précieux antivenin

Vous adorez parcourir les bois des alentours ? Avant de partir, n'oubliez pas de prendre une fiole de vinaigre de cidre pur. Aux moindres piqûres (araignées, pucerons...), appliquez-en quelques gouttes sur les lésions.

Bain relaxant

Rien de plus reposant qu'un bon bain chaud, surtout en période de stress ! Boostez son effet en rajoutant 3 cuillères à soupe de vinaigre de cidre dans votre eau de lavage. Restez-y 15 minutes au minimum. Mamie le certifie : vous serez totalement détendu.

Soigner l'érythème des bébés

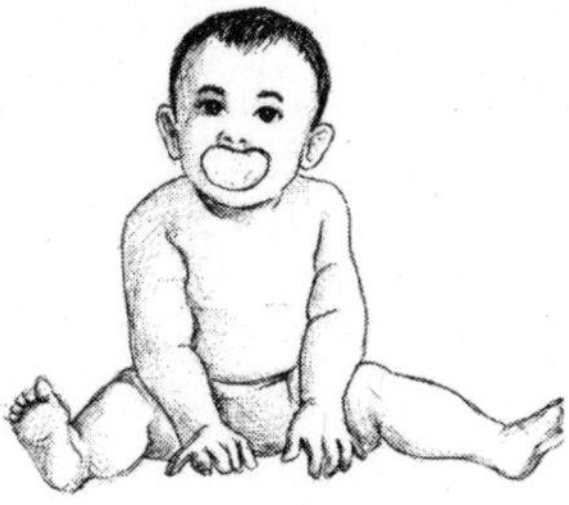

Les nourrissons souffrent souvent d'éruptions cutanées sur les fesses. Apaisez-les avec le vinaigre de cidre. Mettez-en 2 cuillères à soupe dans l'eau de son bain. Poursuivez le traitement en lui lavant régulièrement les fesses avec une lotion composée d'une cuillère à soupe de vinaigre de cidre pour une cuillère à soupe d'eau.

Combattre les piqûres d'insectes

Zzzz... une fois au lit, ils tournent sans cesse autour de votre tête : les moustiques. Même caché sous votre couette, au matin, le constat est toujours le même : vous vous êtes fait piquer toute la nuit ! Il ne vous reste plus qu'à soulager votre peau meurtrie. Diluez du vinaigre blanc dans de l'eau et imbibez-en un coton. Tamponnez les zones touchées délicatement : les démangeaisons disparaîtront comme par magie.

Éviter les bleus

Qui n'a jamais été maladroit au point de se cogner contre tout ce qui bouge ? Certainement pas Mamie ! Heureusement, elle avait toujours à portée de main une bouteille de vinaigre. Dès qu'elle subissait un petit choc, elle apposait sur la zone meurtrie une compresse imbibée de vinaigre blanc ou de cidre pendant 1 heure. Faites-en de même, vous ne ressemblerez plus à un petit Schtroumpf !

Soulager les infections urinaires

Grand-mère connaît un remède imparable qui vous soulagera rapidement si vous êtes sujet à une cystite. Mélangez 2 cuillères à café de vinaigre de cidre dans du jus de canneberge. Buvez ce mélange tous les matins au réveil.

Contre les nausées matinales

Depuis que vous êtes enceinte, chaque matin, vous courrez aux toilettes dégurgiter. Remédiez-y naturellement avec le vinaigre de cidre. Au réveil, buvez-en 1 cuillère à café dans un verre d'eau. Au déjeuner, reprenez-en 2 autres cuillères à café diluées dans de l'eau. Grâce à grand-mère, vos nausées matinales ne seront plus qu'un mauvais souvenir !

Faciliter la digestion

Vous avez le ventre lourd à chaque fois que vous mangez ? Utilisez les vertus digestives du vinaigre de cidre pour soulager votre estomac. Faites tremper, puis cuire vos légumes et féculents dans de l'eau vinaigrée. Deux cuillères à soupe suffisent dans votre casserole d'eau. Vous digérerez ainsi plus facilement et vous vous sentirez plus léger.

Limiter les flatulences

Le vinaigre de cidre fera des miracles pour chasser les gaz de votre estomac. Avant chaque repas, buvez-en 1 cuillère à café dans un grand verre d'eau. En une semaine, vous ne souffrirez plus de flatulences.

Contre la diarrhée

La colique surgit souvent sans crier gare. Dès son apparition, confectionnez-vous ce précieux breuvage miracle de Mamie. Dans une grande bouteille d'eau, diluez 3 cuillères à café de vinaigre de cidre. Avalez votre préparation tout au long de la journée.

Lotion antitussive

Votre toux ne veut pas s'arrêter ? Suivez le conseil de grand-mère : trempez un linge dans de l'eau vinaigrée tiède. Essorez, puis appliquez-le sur votre poitrine. Posez ensuite une bouillotte chaude durant au moins 1 heure. La toux s'en ira presque instantanément.

Soigner une gorge irritée

Vous n'arrêtez pas de tousser, tellement que votre gorge est irritée ? Utilisez les vertus apaisantes du vinaigre de cidre pour y remédier. Diluez-en 1 cuillère à café avec une pincée de sel fin dans un verre d'eau. Remuez bien, puis gargarisez-vous sans avaler.

Apaiser une gingivite

Vous souffrez de douleurs aux gencives ? Soulagez-les rapidement avec un bain de bouche de vinaigre de cidre. Renouvelez l'opération plusieurs fois par jour. Grand-mère le certifie : l'effet est garanti !

Soigner les aphtes

Ils piquent et gênent lorsque vous mangez : les aphtes. Chassez-les naturellement avec le remède miracle de grand-mère : apposez sur la zone touchée un coton-tige imbibé de vinaigre blanc. En 3 passages, le mal est enrayé.

Combattre les infections d'oreilles

Grand-mère avait l'habitude de soigner ses maux d'oreilles avec du vinaigre blanc et de l'alcool à 70°. Faites-en de même : diluez la même quantité de ces 2 produits dans une bouteille propre. Après chaque baignade, mettez-en quelques gouttes dans vos oreilles.

Stopper le saignement de nez

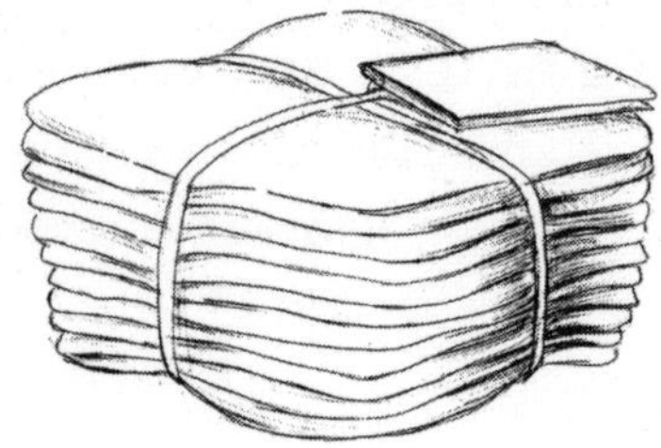

Vous avez pris un mauvais coup en pleine figure ? Résultat : votre nez saigne abondamment. Arrêtez l'écoulement de sang avec un coton imbibé de vinaigre de cidre. Renouvelez l'opération autant qu'il le faudra.

Contre le rhume des foins

Chaque printemps, c'est la même histoire : votre nez coule, vos yeux pleurent… Le rhume des foins vous gâche votre quotidien. Pour éviter son apparition, buvez du vinaigre de cidre dilué dans de l'eau avec 2 cuillères à café de miel. Commencez le traitement 15 jours avant les saisons à risque.

Soulager la goutte

En vieillissant, il est fréquent de souffrir de problème de goutte. Le vinaigre de cidre est un précieux produit pour limiter ses effets. Dans un grand verre d'eau, diluez-en 2 cuillères à café avec 2 cuillères à café de miel. À chaque repas, buvez cette préparation. Il ne vous reste plus qu'à être patient : les améliorations sont longues à venir.

Halte au nez bouché

Rien de plus désagréable que d'avoir le nez pris. Remédiez-y avec une inhalation de vinaigre de cidre. Portez à ébullition 1 verre d'eau avec 1 verre de vinaigre de cidre. Hors du feu, inhalez cette potion en vous recouvrant avec une serviette. Dix minutes plus tard, respirez : votre nez est débouché.

Soulager les rhumatismes

Vous souffrez de rhumatismes ? Apaisez-les avec la préparation magique de Mamie. Dans 1,5 litre d'eau, diluez 3 cuillères à soupe de vinaigre de cidre et 1 cuillère à soupe de miel. Buvez cette boisson toute la journée pendant au moins 1 mois. Petit à petit, les douleurs s'atténueront.

Chasser les maux de tête

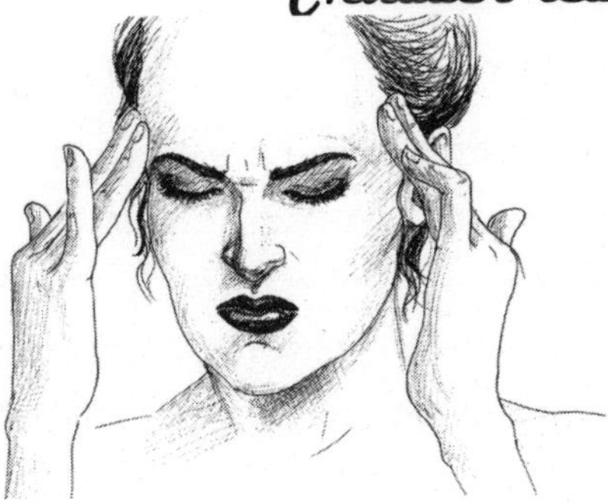

Faites partir rapidement vos migraines avec le vinaigre de cidre. Imprégnez-en un petit linge et appliquez-le sur les zones douloureuses. Laissez en place aussi longtemps qu'il vous plaira. Si votre linge sèche, trempez-le à nouveau.

Faire partir une migraine

Lorsque les maux de tête surviennent, rien y fait : vous prenez votre mal en patience en attendant que la douleur s'en aille. Suivez plutôt ce remède de grand-mère. Humidifiez vos tempes de vinaigre de cidre et laissez agir 10 minutes.

Combattre l'insomnie

Rien de plus désagréable que de tourner dans son lit sans trouver le sommeil. Remédiez-y naturellement avec le vinaigre de cidre. Diluez-en 1 cuillère à café avec 1 cuillère de miel dans un verre d'eau tiède. Avalez cette boisson chaque soir avant de vous coucher.

Faire baisser la fièvre

Vous sentez la fièvre arriver ? Soyez réactif et limitez-la avec le remède miracle de Mamie. Dans un bol, mélangez 1 cuillère à soupe de vinaigre de rosat avec de l'eau. Frictionnez-vous le corps avec et laissez agir toute une nuit.

Fatigue intense

Vous êtes éreinté, sans raison particulière ? Essayez ce cocktail : diluez dans un grand verre d'eau plate ou gazeuse 1 cuillère à soupe de vinaigre de cidre avec 1 cuillère de miel. Buvez cette préparation tous les matins à jeun. Si la fatigue persiste, augmentez la prise de ce breuvage à 3 fois par jour au cours des repas.

Stopper le hoquet

Vous avez avalé de travers et vous vous retrouvez avec le hoquet ? Faites-le passer simplement en ingurgitant du vinaigre de cidre. Imbibez-en un morceau de sucre et croquez-le. Comme par magie, votre hoquet a disparu !

Éradiquer les verrues

Avant de vous coucher, imbibez un coton de vinaigre de cidre et placez-le sur votre verrue. Fixez le tout à l'aide d'un sparadrap et laissez agir toute la nuit. Au fil du temps, votre verrue va enfler, puis noircir et tomber naturellement. Soyez patient et suivez le traitement jusqu'au bout.

Chasser les mycoses des pieds

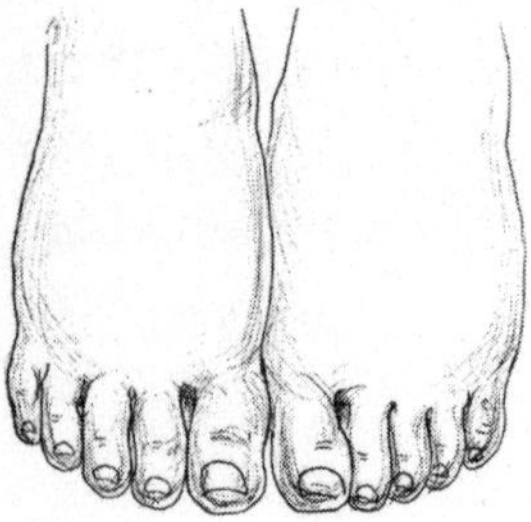

Vous avez des mycoses aux ongles ? Débarrassez-vous-en avec du vinaigre. Deux fois par jour, apposez-en 3 gouttes sur vos ongles infectés. Vous devrez attendre 2 mois de traitement avant de voir venir la repousse de votre ongle.

Halte à l'herpès

Il arrive du jour au lendemain et a le chic de gâcher votre journée : l'herpès. Ne restez plus à souffrir et tamponnez l'endroit où il se situe de vinaigre de cidre pur à l'aide d'un coton. Renouvelez l'opération plusieurs fois dans la journée.

Soulager l'eczéma des mains

Vous avez de l'eczéma sur les mains ? Faites-le partir avec le vinaigre de cidre. Dans une bassine, diluez-en 1 tasse avec 2 tasses d'eau chaude. Plongez-y vos mains dedans pendant 10 minutes, au moins 2 fois par jour. Renouvelez l'opération le lendemain.

Apaiser l'urticaire

Si vous souffrez d'urticaire, le vinaigre de cidre est un précieux remède pour soulager les démangeaisons. Mélangez-en 2 cuillères à café avec de l'eau et appliquez sur les zones touchées.

Entretien des éponges

Vos éponges synthétiques sont bien sales et toutes raplapla ? Faites-leur prendre 1 bain de jus de citron et d'eau brûlante. Au bout de quelques heures, rincez. Ensuite, trempez-les encore, mais cette fois dans du bicarbonate de soude dilué dans de l'eau. Elles seront requinquées !

Entretien de l'opale

Les bijoux incrustés de pierre d'opale ne peuvent être lavés avec de l'eau savonneuse ou de l'alcool. Pour les nettoyer, déposez-les sur du papier absorbant légèrement mouillé, puis frictionnez-les avec du bicarbonate de soude. Rincez ensuite avec 1 linge humide. Séchez-les immédiatement avec un second chiffon.

La magie du vinaigre en cuisine

Vous, cordon-bleu ? Vos amis hésitent plutôt deux fois qu'une avant de manger vos plats ! Pourtant, vous suivez la recette à la lettre, mais le résultat est loin d'être aussi réussi que votre modèle. Ne désespérez pas et demandez conseil à Mamie. Tartes, quiches, hachis Parmentier, clafoutis, confitures… Grand-mère sait tout faire et possède ses astuces bien à elle pour y parvenir. Piquez-lui ses secrets ! Vos invités en resteront bouche bée !

Une salade propre

Comment obtenir une salade bien propre ? Avec le vinaigre, qui a des propriétés désinfectantes. Il évitera la formation de moisissures, éliminera les insectes, ainsi que tout pesticide et autres produits chimiques. Lavez votre salade avec soin, feuille par feuille, puis rincez-la dans de l'eau additionnée de vinaigre.

Un riz réussi

Certains le préfèrent croquant sous la dent, d'autres moelleux. Partisans de cette deuxième catégorie, suivez Mamie ! Elle ajoutait 1 cuillère à café de vinaigre à l'eau de cuisson de son riz, dès qu'elle commençait à bouillir. Le riz en ressortait fondant et léger. Un délice !

Cuisson et conservation des pommes de terre

Vos pommes de terre épluchées ne seront pas sujettes à l'oxydation si vous les placez dans un récipient rempli d'eau vinaigrée (à raison de 2 cuillères à soupe). Elles doivent être complètement recouvertes. Lorsque vous les ferez cuire, versez-leur dessus 1 cuillère à café de vinaigre, elles conserveront leur belle couleur.

Réduire les risques d'intoxication alimentaire

Le poisson et les fruits de mer sont sujets à risques, pouvant provoquer des intoxications alimentaires. Les produits doivent toujours être bien frais. Vous réduirez ces risques en faisant tremper ces derniers dans du vinaigre avant de les faire cuire. Le vinaigre évite l'apparition de moisissures.

Du poisson bien grillé

Vous préférez cuisiner votre poisson au gril ? Voici quelques astuces vinaigrées que ma grand-mère m'a transmises. Avant de le déposer sur la grille, appliquez sur les deux faces un peu de vinaigre, afin qu'il ne colle pas à la grille. Cela aura également pour effet d'améliorer son goût, surtout s'il est trop salé.

Dessaler le poisson

Le poisson séché est fortement salé. Heureusement, j'ai pris les bonnes habitudes de grand-mère, si douée en cuisine. Elle faisait dessaler son poisson dans un bain d'eau vinaigrée (à raison de 2 cuillères à soupe). Moins salé, le poisson n'en était que meilleur, et les papilles régalées !

Un poisson qui reste entier

Le poisson, vous le préférez bouilli, ou poché. Seulement, il arrive souvent qu'il se défasse lors de la cuisson. Comment faisait Mamie, qui servait son poisson toujours bien entier ? Si vous voulez conserver votre poisson intact et ainsi avoir une belle présentation dans l'assiette, versez dans l'eau de cuisson 1 cuillère à soupe de vinaigre.

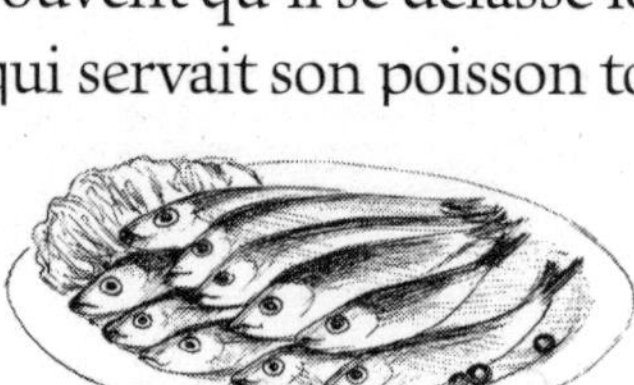

Un poisson tendre et bien blanc

Grand-mère faisait toujours tremper son poisson dans de l'eau vinaigrée (2 cuillères à soupe) avant de le faire cuire. Pourquoi ? Le vinaigre assaisonne le poisson et lui donne un goût plus fin. Sa chair est attendrie et reste bien blanche. Et surtout, il reste entier lors de sa cuisson. Le vinaigre, véritable allié cuisine du poisson !

Écailler un poisson et enlever sa peau

Vous venez d'acheter un beau saumon chez votre poissonnier. Ce soir, vous allez vous régaler ! Mais avant, il va falloir le préparer. Et donc l'écailler. Pour ce faire, suivez les conseils de nos aïeules : arrosez votre poisson de vinaigre. La tâche sera ainsi facilitée. Il en est de même pour retirer sa peau : le vinaigre vous y aidera.

Des desserts trop sucrés

Gâteau au chocolat, fraisier, tarte au citron… les pâtisseries sont votre péché mignon, mais il vous arrive souvent de les trouver trop sucrées au goût. La prochaine fois que vous préparerez votre gâteau, pensez à ajouter 1 cuillère à café de vinaigre. Cela atténuera le goût sucré de votre dessert.

Un glaçage parfait

Le glaçage n'est pas la chose la plus difficile à réussir en pâtisserie : un peu d'eau, un peu de sucre glace, remuez et le tour est joué ! Tout est question de dosage. Mais pour qu'il soit vraiment parfait, qu'il tienne bien et conserve une bonne consistance, Mamie y ajoutait une goutte de vinaigre. Essayez !

Une pâte feuilletée réussie

Petits soufflés et tourtes maison… Vous êtes une adepte des mets à base de pâte feuilletée. Hors de question d'aller acheter votre pâte toute prête, vous êtes plutôt du genre à retrousser vos manches et à sortir le rouleau ! Le secret de Mamie pour qu'elle soit réussie ? Une cuillère à soupe de vinaigre de cidre dans la préparation, pour que la pâte ne colle pas.

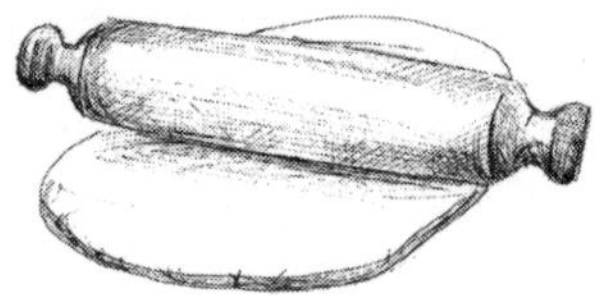

Une pâte brisée plus légère et aérienne

À chaque fois, c'est la même chose : vous n'arrivez pas à réussir votre pâte brisée, qui ressort beaucoup trop dure. Qu'en pense Mamie ? Il ne faut pas trop la travailler pour éviter de chasser l'air et remplacer 1 cuillère à soupe d'eau par 1 cuillère à soupe de vinaigre pour la rendre plus tendre et plus légère.

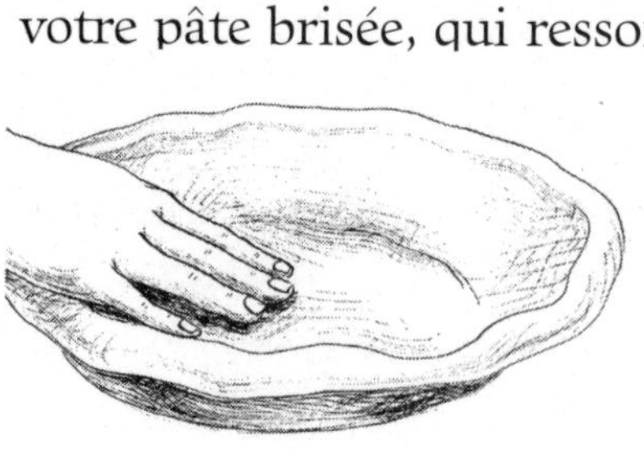

Des œufs sur le plat

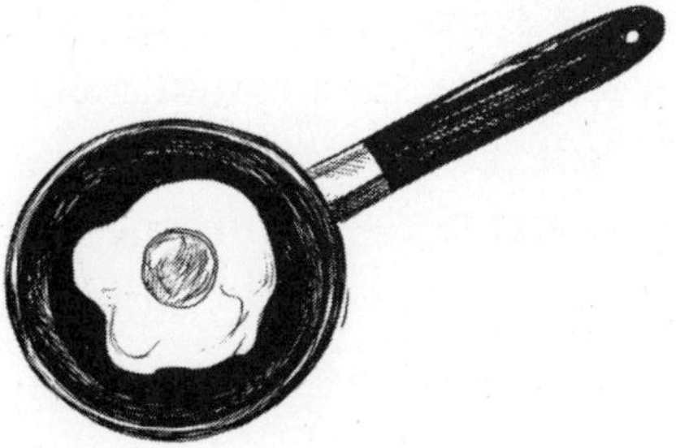

Garder vos œufs cuits sur le plat sans casser le jaune, pas facile ! Si vous ne voulez pas qu'ils finissent en omelette, c'est simple : il suffit d'ajouter, lors de la cuisson, quelques gouttes de vinaigre à même la poêle. Si vous les ménagez, ils conserveront une jolie forme !

Des œufs pochés parfaits

Les œufs, vous les préférez pochés ? Difficile dans ce cas de leur faire garder une jolie forme. Grand-mère savait y faire : elle ajoutait 5 cl de vinaigre à l'eau de cuisson. Faites de même : vos œufs ressortiront parfaits. Soyez rassuré, ils ne conserveront pas le goût de vinaigre.

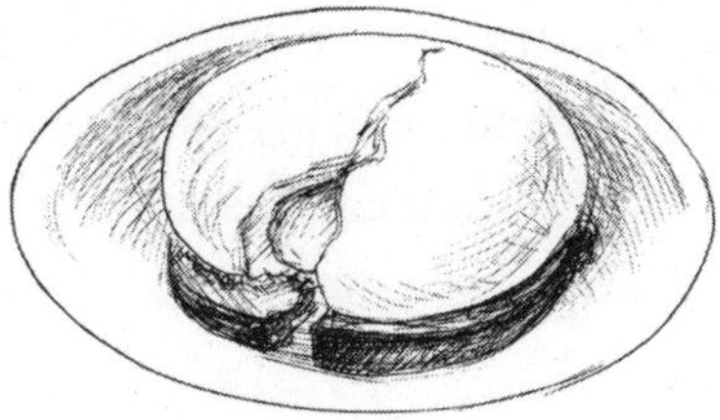

Des œufs frits réussis

Comment ne pas brûler ses œufs frits ? Avec du vinaigre, pardi ! Voici une petite astuce que ma grand-mère m'a apprise : il suffit d'ajouter 2-3 gouttes de vinaigre pour que vos œufs ne ressortent pas carbonisés ni ne collent à la poêle. Suivez ce conseil de Mamie, résultat garanti !

Des œufs durs intacts

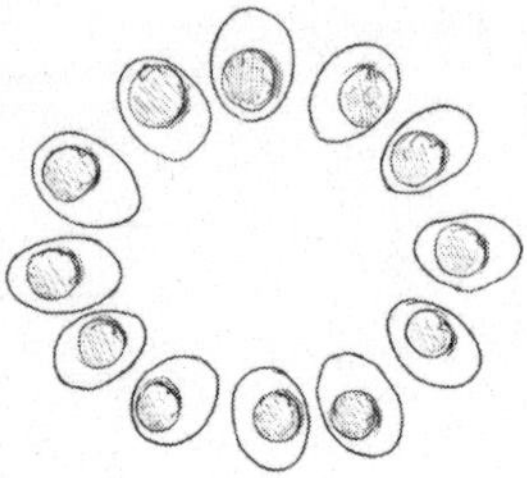

Cela vous est sûrement déjà arrivé : lorsque vous faites cuire des œufs durs, la coquille se fend et ainsi se forme une protubérance, ce qui n'est pas très esthétique, l'œuf une fois pelé. Vous éviterez ce phénomène en versant dans l'eau de cuisson 1 cuillère à soupe de vinaigre.

Des œufs brouillés réussis

Ah, les œufs brouillés que votre grand-mère vous préparait petite, pour le petit déjeuner… Rien que d'y penser, vous vous léchez les babines. Mais comment faisait-elle ? Elle leur ajoutait 1 cuillère à soupe de vinaigre, tout simplement !

Des meringues aériennes

Bien réussir ses meringues n'est pas une mince affaire. Nos mamies en ont passé du temps, avant de trouver l'ingrédient qui fait la différence. Pour obtenir de belles meringues aériennes, elles ajoutaient aux blancs d'œufs 1 cuillère à café de vinaigre.

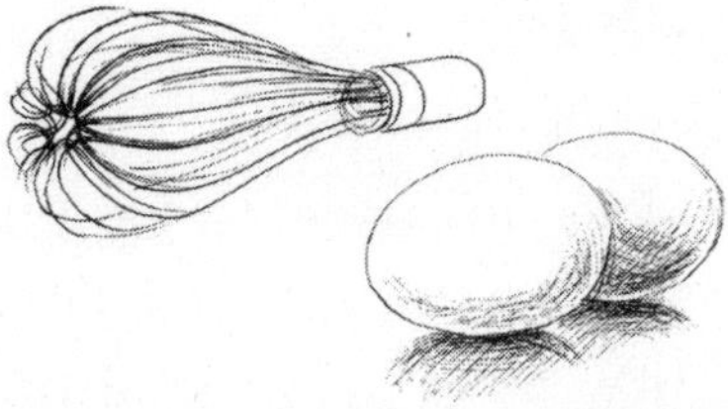

Des blancs en neige bien ferme

Certaines recettes nécessitent des blancs d'œufs en neige bien ferme. Vous n'avez pas de robot ? Au lieu de battre vos œufs à vous en tordre le bras, faites comme grand-mère : ajoutez-leur quelques gouttes de vinaigre. Et ils seront durs comme du roc !

Une salade fraîche

Votre salade a triste mine. Ses feuilles commencent à se flétrir et à présenter de petites traces noires. Vous souhaitez lui redonner un peu de peps ? Faites-lui prendre ces deux bains consécutifs : plongez-la d'abord 10 secondes dans de l'eau bien chaude, ensuite dans de l'eau froide vinaigrée, avec quelques glaçons, 10 secondes également. Votre salade est de nouveau fraîche !

Récupérer une soupe trop salée

Mamie aime préparer une bonne soupe bien chaude pour se réchauffer les longs week-ends d'hiver, lorsque les températures commencent à se faire basses et qu'il est bon de rester au coin du feu. Oops ! Seulement, elle a eu la main trop lourde sur le sel. Que faire ? Ajoutez 1 cuillère à soupe de sucre et 1 de vinaigre, la soupe sera adoucie.

Attendrir la viande

La viande, vous la préférez saignante - devoir mâcher et remâcher un bout de viande trop sèche n'est pas votre tasse de thé. Nos aïeules avaient l'habitude de la laisser mariner dans un récipient rempli de vinaigre de vin, additionné de quelques herbes, le tout au réfrigérateur. La viande en ressortait plus tendre le lendemain.

Atténuer le goût d'une viande

Certaines viandes ont un goût très prononcé, comme la viande de cheval ou de sanglier. Si vous souhaitez atténuer quelque peu son goût, trop fort, il vous suffit de la faire tremper dans de l'eau vinaigrée une bonne heure, avant de la mettre à cuire. Son goût sera ainsi plus doux. Bon à savoir pour les enfants !

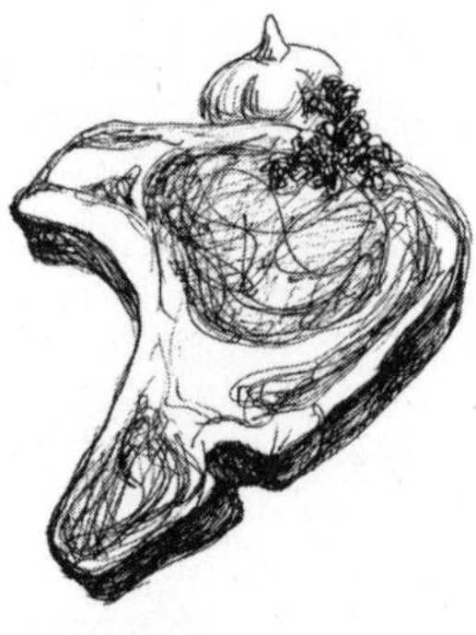

Remplacer la levure

Vous vous êtes lancé dans la confection de baguettes maison pour accompagner fromage et charcuterie au menu de ce soir. Seulement, vous n'avez plus de levure ! Sachez que vous pouvez la remplacer par 4 cuillères à café de bicarbonate de soude additionnées d'une cuillère à café de vinaigre. Ouf, le repas est sauvé !

Remplacer du vin blanc

Adepte des sauces au vin, vous connaissez tous les trucs pour les réussir. Mais savez-vous comment les réussir sans l'ingrédient principal ? Si, par malheur, vous n'aviez plus de vin sous la main, optez pour le vinaigre blanc : remplacez le vin par du vinaigre blanc dilué avec un peu d'eau et additionné de 2 cuillères à soupe de sucre.

Remplacer le yaourt

Dimanche, les supermarchés fermés, et vous n'avez plus de yaourt dans votre frigo. Seulement, vous avez déjà commencé à préparer votre gâteau… au yaourt ! Que faire ? Il serait bête de tout jeter ! C'est simple : remplacez le yaourt par du vinaigre. Dans 40 cl de lait, versez 1 cuillère à soupe de vinaigre. Et le yaourt est remplacé !

Remplacer un œuf

Il vous manque un œuf pour pouvoir faire votre gâteau ? Si la recette contient de la levure, il suffit de remplacer ce dernier par 1 cuillère à soupe de vinaigre blanc. Notez également qu'un jaune d'œuf se remplace facilement par 1 cuillère à soupe de vinaigre de vin.

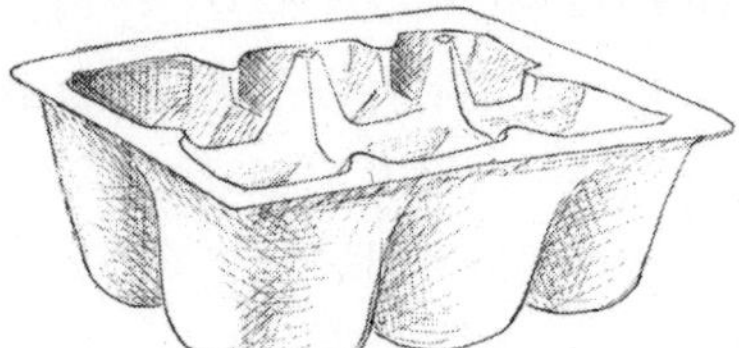

Remplacer du jus de citron

Vous n'avez plus de citron sous la main ? Comment agrémenter votre thé ? Remplacez les quelques gouttes de jus de citron par 1 goutte de vinaigre de cidre. En cuisine, remplacez 1 cuillère à café de jus de citron par un quart de cuillère à café de vinaigre de vin.

Le caramel de Mamie

Utiliser le vinaigre dans un dessert ? Tout est possible avec Mamie ! Elle utilisait le vinaigre balsamique pour rehausser le goût d'une sauce caramel par exemple. Préparez votre caramel comme à l'accoutumée et versez 5 cl de vinaigre balsamique hors du feu, puis remettez à feu doux jusqu'à obtenir une consistance sirupeuse. Agrémentez vos desserts de cette sauce originale !

Réussir les sushis

Pour bien réussir vos sushis maison, le riz vinaigré doit être préparé à la perfection ! Utilisez du riz à grains courts, qui colle sans être pâteux. Mélangez 125 ml de vinaigre de riz, 55 g de sucre et une grosse pincée de sel. L'assaisonnement est prêt, vous pouvez en arroser le riz une fois cuit !

Un vinaigre original

Vous en avez assez de la vinaigrette maison habituelle ? Soyez inventif et épatez vos convives avec ce vinaigre original : mettez dans votre bouteille de vinaigre soit de l'estragon, de l'ail, de la sauge, etc. Laissez mariner pendant 2 mois. Soyez patient et vous pourrez utiliser ce vinaigre aromatisé pour vos plats et salades.

Une sauce savoureuse

Agrémentez votre viande avec cette sauce savoureuse. En plus de l'assaisonnement habituel, sel et poivre, voire noix de muscade, thym, persil et romarin selon votre goût, versez quelques gouttes de vinaigre de Xérès sec. Rôtis, gigots, entrecôtes et volailles n'en seront que meilleurs !

Trop de vinaigre !

Si vous avez eu la main lourde en vinaigre, pas de panique, ne jetez pas votre sauce. Cependant, il va vous falloir aimer le sucre si vous voulez la récupérer ! Ajoutez-lui 2 morceaux de sucre. Remuez bien pour qu'ils se délayent dans la sauce. L'excès de vinaigre sera résorbé.

Des confitures réussies

Après avoir passé des après-midi à accompagner votre grand-mère pour cueillir vos fruits préférés, vous la regardiez préparer ses pots de confiture avec attention. Pour réussir à coup sûr ses confitures, elle versait dans la bassine en cuivre 1 cuillère à café de vinaigre.

Allergie aux fraises

Les fraises, c'est votre péché mignon. Le souci, c'est que vous y êtes allergique… La solution ? Les tremper quelques minutes dans de l'eau additionnée d'un peu de vinaigre. Il agit sur la couche urticante provoquant les allergies. Une fois éliminée, rincez bien les fruits et régalez-vous !

Des pâtes non collantes

Des pâtes qui collent, non merci ! Difficile de toujours savoir bien minuter la cuisson de vos pâtes et de réussir à les faire al dente. Le petit truc de grand-mère : mettre une cuillère à café de vinaigre de vin dans l'eau de cuisson des pâtes. Et elles ne colleront pas !

Du pain bien doré

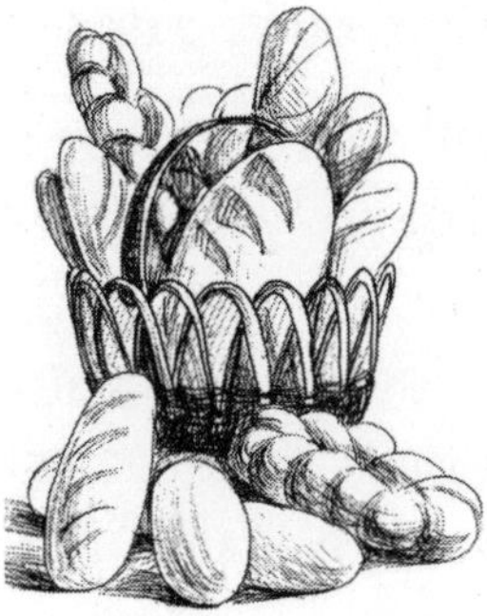

La bonne odeur du pain dans le four… Vous en bavez déjà. Et pour qu'il ne soit pas seulement bon, mais joli, sortez le pain du four un peu avant la fin de la cuisson, puis passez-lui, à l'aide d'un pinceau, un peu de vinaigre sur le dessus. Remettez au four. Votre pain sera bien doré et brillant.

Conserver olives, piments et cornichons

Pour les trois, même solution : que ce soient les olives, les piments ou les cornichons, il suffit de les mettre en bocal, recouverts de vinaigre et d'entreposer ce dernier au réfrigérateur. Ainsi, vous les conserverez beaucoup plus longtemps.

Lentilles moelleuses

Certains préfèrent les lentilles qui croquent sous la dent, d'autres les préfèrent bien moelleuses. Si vous faites partie de ces derniers, il vous suffit de rajouter à l'eau de cuisson 2 morceaux de sucre et un peu de vinaigre de vin. Ainsi, vos lentilles seront douces à souhait.

Limiter les flatulences dues aux haricots secs

Les haricots secs, grand-mère sait merveilleusement les préparer. Quel délice ! Seulement, les effets indésirables qu'ils peuvent avoir sur votre estomac, ça, vous n'aimez pas ! La solution ? Trempez les haricots dans de l'eau additionnée de 2 cuillères à soupe de vinaigre, pendant 12 heures. Plus de gaz !

Conserver le jambon

Le jambon à l'os se conserve bien, mais il sèche tout de même facilement. Au lieu de couper à chaque fois une bonne tranche car l'entame a durci, pensez à la frotter avec un peu de vinaigre de vin. Ainsi, vous pourrez conserver votre jambon plus longtemps. Et sans gâcher !

Dessaler le jambon

Le jambon a tendance à être assez salé. Nos aïeules avaient l'habitude, lorsqu'elles le faisaient cuire, d'ajouter un peu de vinaigre à l'eau de cuisson pour le dessaler. D'une pierre deux coups, son goût était rehaussé et le jambon n'en était que meilleur !

Conserver le gingembre

Que faire de vos restes de racines de gingembre ? Épluchez-les, tranchez-les ou râpez-les et conservez le tout dans un bocal. Recouvrez de vinaigre de cidre et entreposez au réfrigérateur. Pas de gâchis avec Mamie !

Gélatine en forme

Vous êtes une adepte de la gélatine dans les crèmes et gâteaux ! En vraie petite pâtissière, vous suivez l'enseignement de votre grand-mère à la lettre : pour que la gélatine prenne facilement, utilisez 1 cuillère à café de vinaigre par sachet de gélatine.

Conserver le fromage plus longtemps

Si vous laissez votre fromage tel quel dans votre réfrigérateur, les moisissures arrivent vite et vous n'avez plus qu'à le jeter. Pour le conserver plus longtemps, Mamie l'enveloppait dans un linge imbibé de vinaigre de vin et l'entreposait au réfrigérateur.

Éviter le brunissement des fruits coupés

Votre péché mignon, ce sont les salades de fruits. Un peu de pomme, de poire, d'abricot, d'ananas, de brugnon… Mais une fois dans votre bol, ils ont triste mine ! Pour éviter que les morceaux de fruits pelés et coupés ne jaunissent ou brunissent, trempez-les dans un bol d'eau dans lequel vous aurez ajouté 1 cuillère à soupe de vinaigre de cidre.

Goût des fruits optimisé

Mamie aimait faire sa propre cueillette de fruits pour réaliser moult pots de confiture et de délicieuses tartes ou gâteaux. Lorsqu'elle faisait cuire des fruits, elle ajoutait 1 cuillère à café de vinaigre de vin à la préparation. Ainsi, après cuisson, leur goût n'en était que meilleur.

Éviter que le fromage moisisse

Votre fromage est recouvert de moisissures ? Et vous n'aimez pas jeter. Grattez-le avec un couteau que vous aurez au préalable trempé dans du vinaigre. Cela « désinfecte » votre fromage. À chaque fois que vous couperez une tranche, pensez à répéter ce geste : cela empêchera la formation de moisissures.

Éliminer le goût du gras

Grand-mère aime faire des frites maison le dimanche midi pour ses petits-enfants. Son truc ? Mettre 1 cuillère à soupe de vinaigre dans l'huile de sa friteuse. Les frites seront moins imprégnées d'huile et n'auront pas ce goût de « gras ». Et elles n'en seront que plus digestes.

Des épinards fanés

Vos épinards font la tête. Ce n'est pas comme ça que vous parviendrez à convaincre vos bambins d'en manger ! Pour leur redonner un peu de tenue, plongez-les dans un saladier rempli d'eau tiède. Mettez-y 2 morceaux de sucre et 1 cuillère à soupe de vinaigre. Ils auront ainsi meilleure mine !

Conserver un citron entamé

Il vous arrive souvent de n'avoir seulement besoin que de la moitié d'un citron. Que faire de l'autre ? Pour ne pas qu'elle s'abîme, entreposez-la dans une coupelle remplie de vinaigre de vin, au réfrigérateur. Pensez toutefois à la consommer dans les 2 jours.

Du chou-fleur bien blanc

Vous souhaitez conserver la belle couleur de votre chou-fleur une fois cuit ? Utilisez le vinaigre de vin, il a la particularité de garder intacte la couleur des légumes après cuisson. Sa blancheur restera donc inchangée si vous ajoutez une cuillère à soupe de vinaigre dans son eau de cuisson.

Du chou plus digeste

Le chou n'est pas le légume le plus facile à digérer. Pour le rendre plus digeste, grand-père avait l'habitude de verser dans l'eau de cuisson une cuillère à soupe de vinaigre. D'une pierre deux coups, sa forte odeur était atténuée. Ce qui faisait plaisir à grand-mère !

De jolis beignets

En ajoutant 1 cuillère à soupe de vinaigre dans l'huile de friture, vos beignets garderont une jolie forme. De plus, ils seront plus digestes et moins gras, car le vinaigre empêche l'huile de pénétrer aussi facilement dans les fritures. Vos beignets seront donc allégés.

Une béchamel réussie

La béchamel n'est pas la sauce la plus facile à réaliser. Ma grand-mère avait un petit truc qui faisait la différence : elle y ajoutait, en fin de préparation, une demi-cuillère à café de vinaigre de vin. Ainsi la béchamel était non seulement réussie mais avait également plus de tenue et d'allant.

Empêcher la décoloration des avocats

Une fois épluché et coupé en petits morceaux, un avocat se décolore très rapidement. Des taches marron apparaissent, pas très convaincant dans l'assiette. Vous empêcherez ce phénomène en l'aspergeant d'un peu de vinaigre de vin. Le vert, c'est tout de même plus joli !

Conserver la belle couleur des artichauts

Les artichauts, après cuisson, ont tendance à griser voire à devenir marron. Leur goût n'est pas altéré, mais ils deviennent moins appétissants ! Ajoutez un morceau de sucre et une cuillère à soupe de vinaigre dans leur eau de cuisson, dès qu'elle commence à bouillir. Et ils conserveront leur belle couleur verte !

Atténuer l'odeur du gigot d'agneau

Le gigot d'agneau dégage une forte odeur. Nos grands-mères y remédiaient en ajoutant 2 cuillères à café de vinaigre de vin et 1 cuillère à café de miel dans le jus de cuisson. Peu avant la fin de la cuisson, elles arrosaient plusieurs fois la viande de jus. Et l'odeur était atténuée.

Dessaler les anchois

Les anchois, vous adorez ça, mais c'est bien trop salé ! Enlever l'excédent de sel sans dénaturer leur goût ? Facile avec Mamie. Passez-les quelques minutes sous l'eau du robinet, puis faites-leur prendre un bon bain de vinaigre de vin. Vous serez étonné !

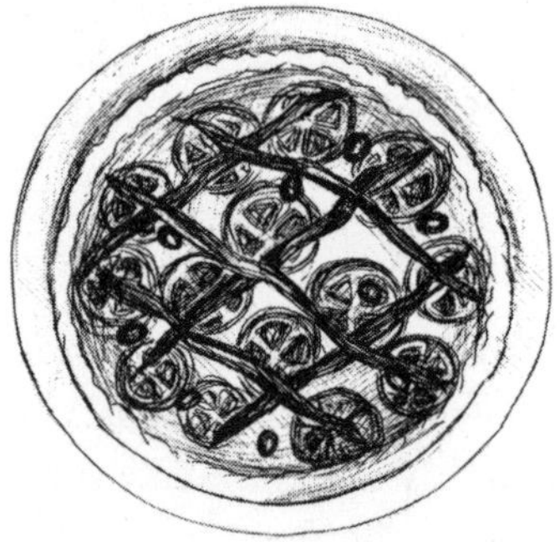

Vinaigrette citronnée

Le vinaigre, ce n'est pas votre tasse de thé. Seulement, une salade sans vinaigrette, c'est un peu fade. Réalisez une vinaigrette sans vinaigre… à base de citron ! Mélangez 10 cl d'huile d'olive, 6 cuillères à soupe de jus de citron, 1 cuillère à soupe de moutarde. Salez et poivrez à votre convenance.

Assaisonnement citronné

Vous avez l'estomac sensible ? Ou peut-être suivez-vous un régime sans sel ? Difficile d'assaisonner vos plats ! Si vous souhaitez ne consommer ni vinaigre ni sel, optez pour le citron. Bien qu'il ait la réputation d'être acide, il n'est pas agressif pour l'estomac et facilite la digestion.

Une vinaigrette revisitée

Surprenez vos papilles ! Vous en avez assez de l'éternelle vinaigrette huile, vinaigre, sel et poivre ? Essayez un mélange exotique ! Mélangez une mangue réduite en purée avec un peu d'huile d'olive et de lime. Parfait pour agrémenter un blanc de poulet ou une laitue toute simple.

Oeuf fissuré

Vous vouliez vous préparer un œuf dur mais la coquille de votre œuf est fissurée ? Passez un peu de vinaigre sur la partie abîmée ou versez un trait de vinaigre dans l'eau de cuisson : le blanc d'œuf coagulera immédiatement et ne se répandra pas dans la casserole.

Un jardin vinaigré

Entretenir son potager, tout comme ses belles allées de fleurs, demande beaucoup de soins et de patience. Assez de ces petites et grosses bêtes qui viennent détruire et manger vos précieux légumes, arbres et plantes ? Le vinaigre les repoussera à coup sûr. Utilisez-le également comme désherbant. Luttez contre diverses maladies abîmant vos plantations. Donnez du peps à vos fleurs, apprenez à les conserver plus longtemps, pour le plaisir des yeux, et ceci avec un seul ingrédient !

Entretien d'une fontaine

Au beau milieu de votre jardin, trône une splendide fontaine. Lorsque vous vous lancerez dans son nettoyage de fond en comble, pensez à bien détartrer la pompe. Et comment ? Avec du vinaigre blanc ! Trempez-la dans un récipient rempli de vinaigre blanc et ce, pendant plusieurs heures.

Entretien du mobilier de jardin

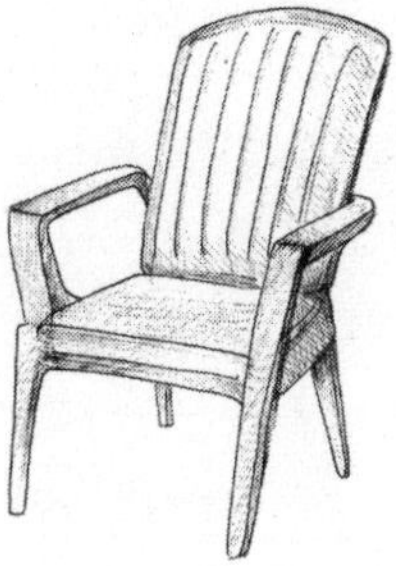

Si vous possédez du mobilier de jardin en plastique, luttez contre les moisissures en le nettoyant avec ce mélange : 25 cl de vinaigre blanc et 2 cuillères à soupe de liquide vaisselle dans 4 litres d'eau. Rincez à l'eau et laissez sécher. S'il est en bois, utilisez cette solution : 10 cl de liquide vaisselle, 5 cl de vinaigre blanc et 1 grosse cuillère à soupe de bicarbonate de soude dans 4 litres d'eau.

Entretien de la terrasse

Votre terrasse subit les aléas du temps et de ses nombreux invités toute l'année. Feuilles, oiseaux, boue, calcaire… Optez pour le vinaigre blanc. Frottez les sols à l'aide d'un balai-brosse imbibé de ce produit miracle et rincez à l'eau claire. Laissez agir quelques instants sur les traces de calcaire.

Nettoyer les pots de fleurs

Entre les traces de terre, les moisissures, les dépôts de calcaire et l'usure due aux conditions climatiques, difficile de garder vos pots de fleurs en bon état. Faites tremper vos pots en terre et en plastique dans une bassine d'eau tiède et de vinaigre blanc à parts égales, cela les désinfectera par la même occasion. Pour le calcaire, frottez à la paille de fer.

Nettoyer les lames d'une tondeuse

Grand-père savait prendre soin de son matériel et pensait à nettoyer les lames de sa tondeuse après chaque utilisation. Il les essuyait tout d'abord avec un chiffon imbibé de vinaigre blanc pour enlever les herbes, insectes et tout autre résidu collé dessus. Cela les désinfecte par la même occasion.

Entretien du bac à sable

Quand vous étiez enfant, vous adoriez jouer et faire des pâtés dans le bac à sable. Vous avez donc réalisé votre rêve d'enfant pour vos bambins : un petit bac à sable dans le jardin. Seulement, le chat du voisin s'amuse à venir y faire ses besoins. Faites-le fuir en versant du vinaigre autour du bac.

Faire fuir les animaux indésirables

Les animaux ont le don de venir détruire tous les efforts fournis dans votre jardin, tout comme dans votre potager. Faites prendre la poudre d'escampette aux chiens, chats, lapins, hérissons… tout simplement en laissant de part et d'autre quelques bouts de tissus ou des morceaux de journaux froissés et trempés dans du vinaigre blanc.

Entretien du bassin à poissons

Vous avez le plaisir d'avoir un petit bassin à poissons dans votre jardin. Il faut penser à le désinfecter de temps à autre. S'il est en ciment, versez-y, dans 200 litres d'eau, 1 litre de vinaigre et laissez agir au moins 3 jours. Rincez à l'eau claire. Et, bien évidemment, n'y laissez ni poissons ni plantes pendant le nettoyage !

Revigorer les plantes

Vos plantes ont triste mine ? Préparez cette potion magique : versez 3 cuillères à soupe de vinaigre de cidre dans 4 litres de jus de compost. Arrosez régulièrement d'un peu de ce mélange vos plantes, cela améliorera leurs défenses contre les divers parasites et maladies.

Des graines germant plus vite

Vous souhaitez accélérer la germination de vos graines, impatient de voir pousser vos plantes ? Facile avec Mamie. Il suffit de les faire tremper toute une nuit dans de l'eau vinaigrée, à raison de 10 cl de vinaigre de cidre pour un demi-litre d'eau chaude. Rincez les graines avant de les semer. Si ce sont des graines de plantes ligneuses, frottez-les entre 2 feuilles de papier abrasif au préalable.

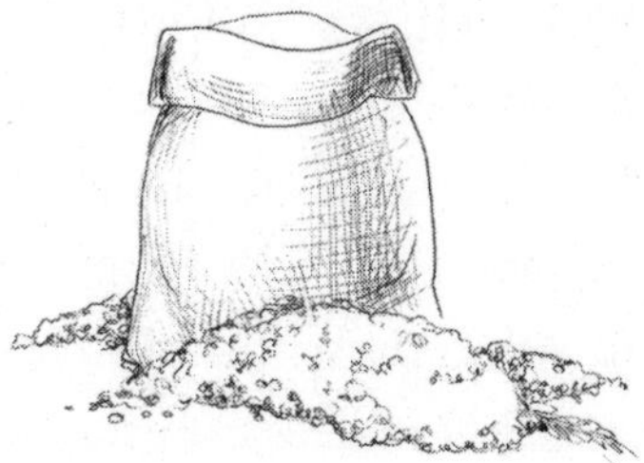

Des fleurs coupées mieux conservées

Les bouquets, on aimerait qu'ils durent toujours ! Pour conserver le plus longtemps possible vos fleurs coupées en vase, versez-y 2 cuillères à soupe de vinaigre de cidre et 2 cuillères à soupe de sucre. Recommencez l'opération en changeant l'eau tous les 2 jours.

Choisir la couleur de son hortensia ou hydrangea

Vous pouvez modifier la couleur de ces fleurs en faisant varier le pH du sol. Elles seront blanches ou vertes en sol neutre. Dans un sol alcalin, elles ressortiront roses. En revanche, dans un sol plus acide, elles deviendront bleues. Vous donnerez plus d'acidité à votre sol en l'arrosant de vinaigre dilué dans de l'eau.

Améliorer la floraison des azalées

Les azalées aiment le vinaigre blanc ! Préparez cette solution : diluez 3 cuillères à soupe de vinaigre blanc dans 4 litres d'eau. Arrosez-les une fois par semaine avec, cela rendra le sol davantage acide et entraînera une meilleure floraison. Attention toutefois, ne l'utilisez pas quand la plante est en fleur, cela les abîmerait.

Contre le jaunissement des feuilles

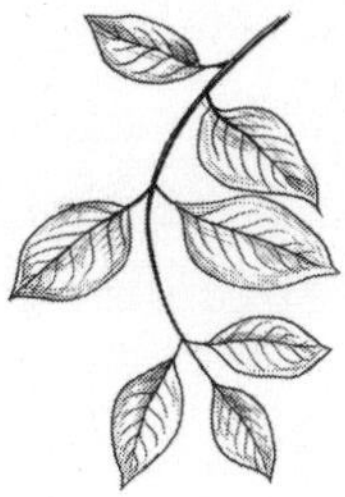

Certaines de vos plantes voient leurs feuilles devenir jaunâtres. C'est le signe d'un sol qui perd en acidité, chose que les plantes préfèrent. Arrosez donc le sol autour des plantes touchées avec de l'eau vinaigrée, à raison de 2 cuillères à soupe de vinaigre de cidre pour 1 litre d'eau, une fois par semaine.

Contre le mildiou et autres maladies

Utilisez le vinaigre pour traiter la maladie du mildiou, l'oïdium, les taches noires des rosiers, la rouille… Diluez 2 cuillères à soupe de vinaigre de cidre dans 2 litres d'eau. Vaporisez les plantes atteintes avec cette solution, le matin de préférence ou le soir, lorsqu'elles ne sont pas exposées en plein soleil.

Contre les limaces

Les limaces n'aiment pas le vinaigre ! Si vous en avez assez que ces gastéropodes s'en prennent à vos plantations, aspergez-les d'une solution composée de vinaigre et d'eau à parts égales. Un traitement cruel, certes, mais efficace : les limaces ne s'en remettront pas.

Contre les fourmis

Vous ne les exterminerez pas, mais vous arriverez au moins à les faire fuir de votre jardin. Attaquez-vous directement à la fourmilière ainsi qu'à leurs chemins favoris : aspergez de vinaigre blanc dilué dans de l'eau, à parts égales. Fini les fourmis !

Contre les insectes

Vos plantations sont inévitablement sans cesse envahies d'insectes en tout genre. Versez 2 cuillères à soupe de vinaigre blanc dans une bouteille en plastique vide, une tasse de sucre, 15 cl d'eau et une peau de banane coupée en petits morceaux. Le piège sera fatal : vos fruits, légumes et plantes seront ainsi protégés.

Contre les cochenilles

Les cochenilles ont envahi vos belles orchidées. On retrousse les manches et on s'attaque à ces vilaines intruses. Tamponnez les insectes, ainsi que les feuilles avec du coton imbibé de vinaigre blanc. Effet radical : il tue les cochenilles, ainsi que leurs œufs. Vos fleurs vous remercieront !

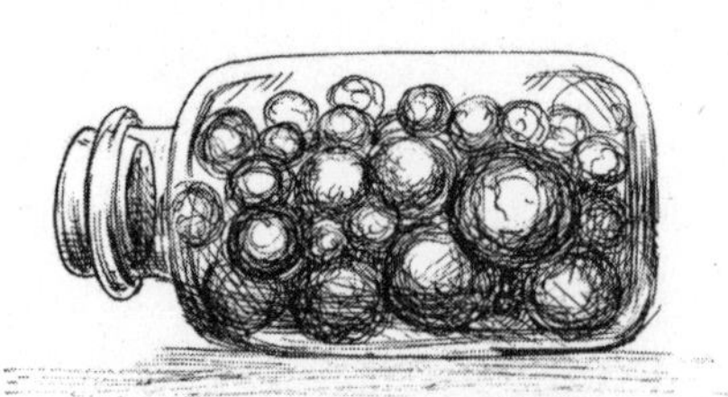

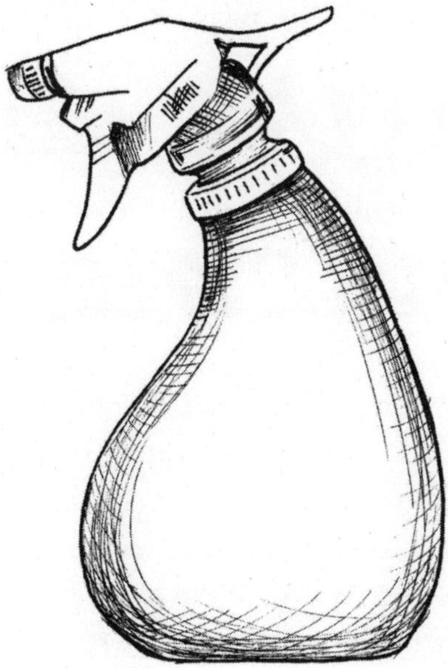

Désherbant écolo

Confectionnez votre propre herbicide avec du vinaigre. Portez à ébullition 1 litre d'eau et ajoutez-y 5 cuillères à soupe de vinaigre et 2 cuillères à soupe de sel. Une fois la mixture prête, mettez-la dans un vaporisateur et aspergez vos allées pleines de mauvaises herbes.

Astuces

Le miracle du vinaigre sur les vêtements

Encore une tache qui ne part pas au lavage. Et vous avez beau frotter, rien n'y fait. Le vinaigre saura faire des miracles en ce qui concerne les taches les plus tenaces. Une chose à retenir : nettoyer votre vêtement dès la catastrophe arrivée, plus vous attendrez, plus la marque va s'incruster. Le vinaigre permet également de nettoyer certains tissus, assez fragiles, ne pouvant passer à la machine à laver. Fixateur de couleurs, vous ne risquez plus de voir vos T-shirts, blancs ou noirs, virer au gris !

Tache de vinaigrette

Grand-mère vous a appris à faire la meilleure des vinaigrettes. Et elle vous a également appris à la nettoyer si, par malheur, vous la renversiez sur votre beau chemisier ! Ironie du sort, c'est l'eau vinaigrée qui éliminera pour sûr les taches de vinaigrette. Frottez avec une éponge, la trace ne devrait pas faire long feu.

Tache de savon

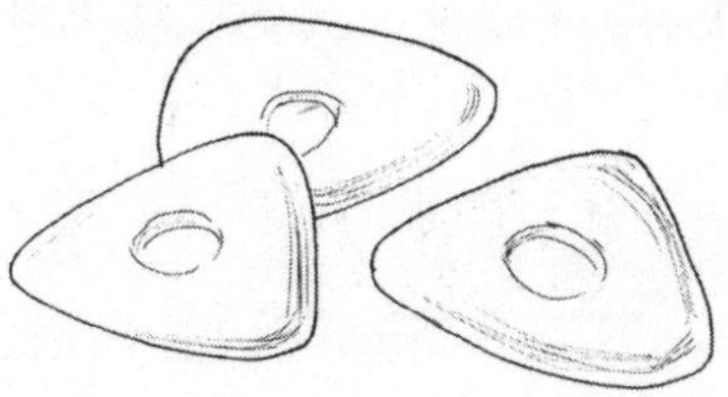

Le savon a tendance à laisser des auréoles sur le tissu. Comment les éliminer ? Faites comme Mamie, qui avait toujours une bouteille de vinaigre sous la main. Elle employait du vinaigre pur, bien chaud, sur les marques. Puis elle lavait le vêtement normalement pour enlever l'odeur nauséabonde.

Des poignets de chemise parfaits

Vos poignets de chemise ont tendance à griser bien rapidement. Avant le passage en machine, pensez à les frotter avec un mélange de vinaigre blanc (2/5) et de bicarbonate de soude (3/5). Laissez agir cette pâte 30 minutes, puis procédez au lavage normal. Cela empêchera que les traces ne se fixent.

Tache d'encre

L'encre a la réputation de laisser de vilaines traces, difficiles à faire partir... Heureusement, Mamie a toujours la solution à tout ! Elle trempait tout d'abord la tache d'encre dans l'eau froide. Puis elle apposait du papier absorbant imbibé de vinaigre blanc, jusqu'à ce que la marque s'en aille complètement. Attention, ne mettez pas de sel dessus, cela fixerait la tache !

Tache sur du cuir

Le cuir est une matière délicate dont il faut prendre soin. S'il vous arrive d'avoir une tache sur vos vêtements ou vos chaussures en cuir, brossez-les et mouillez-les à l'eau savonneuse. Passez ensuite un peu de vinaigre blanc dilué avec de l'eau sur les taches. Rincez, laissez sécher, puis cirez.

Des cols de chemise parfaits

Avec la chaleur, vos cols de chemise en font les frais. Que ce soit la sueur qui laisse des traces ou le fond de teint qui coule, ils sont en piteux état ! Trempez le col dans de l'eau bien froide, puis frottez les marques avec une éponge imbibée d'eau vinaigrée. Si cela ne suffit pas, ajoutez-y un peu de liquide vaisselle.

Tache de feutre

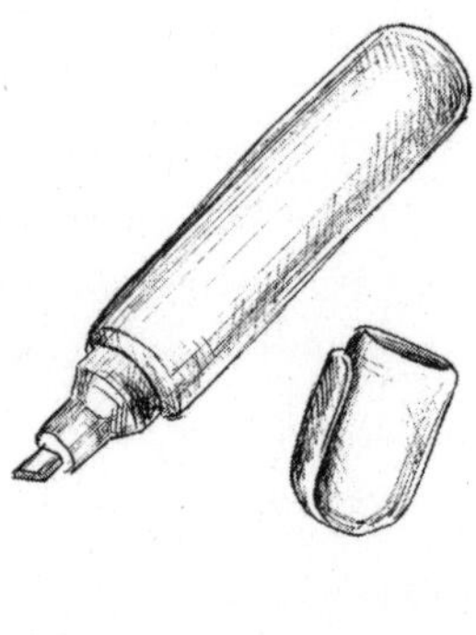

Votre bambin vous a subtilement emprunté vos marqueurs pour aller gribouiller dans son coin. Résultat : son tee-shirt est maculé de traces de feutre ! Vous saviez comment cela allait finir… Pour en venir à bout, une solution : le vinaigre blanc. Tamponnez-en les marques avec du papier absorbant.

Tache d'œuf

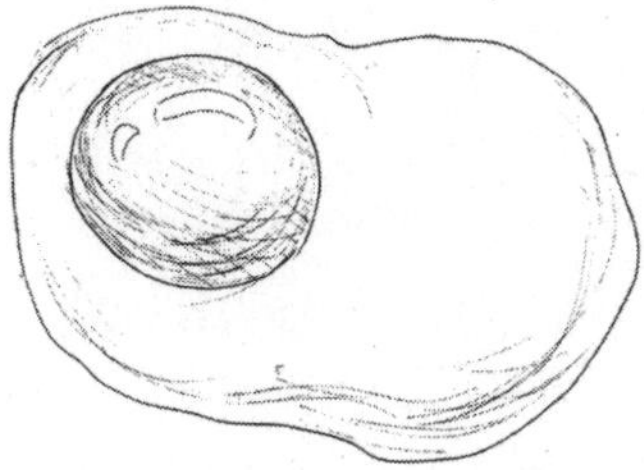

Vous vous préparez à manger votre délicieux croque-madame, mais il a préféré filer tout droit sur vos genoux. Vous voilà avec de belles taches de jaune d'œuf ! Retirez l'excès avec la lame d'un couteau, puis frottez la tache avec de l'eau additionnée de vinaigre blanc, ce qui éliminera par la même occasion l'odeur de l'œuf.

Tache de chewing-gum

Ne vous acharnez pas à enlever du chewing-gum sur un vêtement s'il n'est pas encore bien sec. Vous le ferez durcir en appliquant un glaçon dessus. Mais une fois enlevé, comment faire partir l'auréole restante ? Grâce à de l'eau vinaigrée ! Bien froide, et si la marque ne part toujours pas, brûlante.

Tache de rouge à lèvres

Votre rouge à lèvres favori, c'est le rouge vif ! Et une marque rouge sur un chemisier blanc, ça n'est pas très discret. Grand-mère connaissait le moyen de la faire partir : elle la frottait avec un mélange à parts égales d'eau et de vinaigre blanc. Puis elle procédait à un lavage normal pour éliminer la forte odeur.

Tache de boue

Même si grand-mère vous l'interdisait, sauter dans les flaques d'eau petite était votre passe-temps favori. Vous vous retrouviez avec vos bottes et vos habits pleins de boue. Mais Mamie savait faire disparaître les taches : elle laissait d'abord la boue sécher, puis brossait le surplus. L'auréole restante partait avec un mélange d'eau froide et d'un peu de vinaigre blanc.

Faire briller ses chaussures

Vos chaussures en cuir ont triste mine ? Lustrez-les avec du vinaigre blanc. Versez-en sur un chiffon doux et frottez-les avec. Finissez en essuyant avec une peau de chamois. Vous pouvez également utiliser le vinaigre de vin : versez un peu de vinaigre dans de l'eau et lavez vos chaussures avec cette eau. Laissez sécher naturellement.

Mauvaises odeurs dans les chaussures

Plus il fait chaud et plus les chaussures sentent mauvais avec les fortes odeurs de transpiration ! Une fois imprégnées, difficile de les éliminer. Mamie va vous aider : nettoyez l'intérieur de vos chaussures avec un chiffon imbibé d'eau vinaigrée. Laissez sécher : plus besoin de vous boucher le nez !

Tache de rouille

Vous venez de bricoler dans votre jardin et vous voilà avec de belles traces de rouille sur vos vêtements. Mouillez les taches avec du vinaigre de vin, puis versez du sel dessus. Frottez, puis laissez sécher au soleil. Lavez ensuite vos vêtements à la machine et ajoutez 50 cl de vinaigre dans l'eau de lavage et les traces disparaîtront.

Entretien du daim

Les chaussures en daim ont tendance à s'abîmer facilement, le daim étant fragile. Vous ferez partir les taches à l'aide d'une brosse à dents à poils souples trempée dans du vinaigre blanc, sans trop appuyer. Après séchage, brossez avec une gomme à daim. Quant au vinaigre de vin, il ravivera les couleurs du daim. Passez sur vos chaussures une éponge imbibée de ce dernier.

Tache de déjections

Les déjections d'oiseaux ou encore les chiures de mouches peuvent faire bien des dégâts. Utilisez les propriétés du vinaigre blanc pour venir à bout de ces taches nauséabondes. Enlevez le surplus, puis frottez les marques avec un chiffon imbibé de vinaigre blanc.

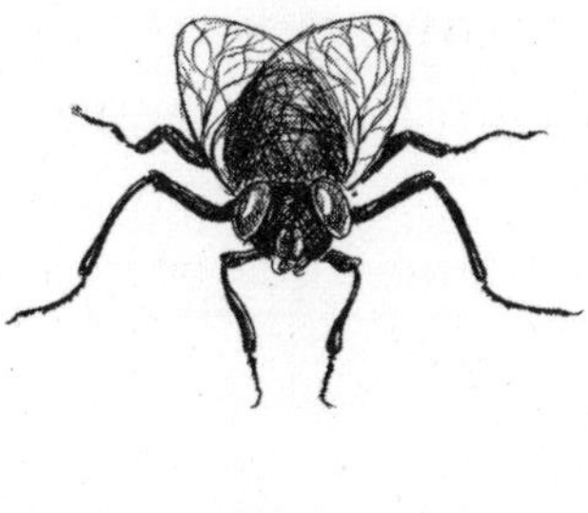

Tache de cire de bougie

Vous avez fait couler de la cire de bougie sur votre robe ? Le bougeoir qui se renverse, la cire qui coule sur la nappe et patatras qui finit sur vos genoux. Retirez la cire incrustée dans le tissu en la faisant chauffer au fer à repasser, après avoir déposé du papier absorbant sous la zone concernée. Faites partir l'auréole restante avec un mélange d'eau et de vinaigre blanc : frottez !

Auréoles sur les chaussures

C'est l'hiver et vous avez passé la journée les pieds dans la neige ? Résultat : vos chaussures sont maculées de taches blanches dues au sel versé sur les trottoirs. Versez 1 cuillère à soupe de vinaigre blanc dans 20 cl d'eau. Imprégnez un torchon doux de cette préparation et frottez les marques avec. Laissez sécher naturellement : vos chaussures sont comme neuves.

Tache de sang

Les taches de sang sont des plus tenaces. Pour en venir à bout, un seul mot d'ordre : la rapidité. Ne laissez pas sécher la tache et occupez-vous-en aussitôt. Passez-la sous l'eau bien froide (l'eau chaude la fixerait) pour enlever le plus gros. Puis frottez l'auréole restante avec du vinaigre de vin ou du vinaigre blanc dilué avec de l'eau.

Tache de sauce

Que ce soit de la sauce tomate, sauce barbecue, sauce bolognaise… c'est gras, ça tache et c'est tenace ! Frottez la tache avec du vinaigre, puis avec un peu de liquide vaisselle. Mettez le vêtement à laver en ajoutant à l'eau de lavage 20 cl de vinaigre blanc.

Tache de confiture

Vous vous régalez avec la bonne confiture de votre grand-mère, si bien que vous finissez par en mettre partout ! Vous ferez partir les taches de confiture en enlevant tout d'abord le surplus avec la lame d'un couteau, puis en y passant de l'eau bien froide, additionnée d'un peu de vinaigre blanc.

Tache de bière

Un coup de coude malencontreux et c'est votre bière qui vole et finit sur votre tee-shirt. N'attendez pas pour vous occuper de la tache laissée : rincez-la à l'eau gazeuse, puis frottez-la avec une éponge imbibée de vinaigre. Frottez ensuite avec un peu de liquide vaisselle dilué dans de l'eau froide ou tiède.

Trace de brûlure légère

Faire le repassage, vraiment, ce n'est pas votre tasse de thé ! Vous avez malencontreusement fait chauffer votre fer à repasser à trop haute température, ce qui a causé de légères traces rousses sur votre chemisier. Comment le rattraper ? Imbibez un linge de vinaigre blanc et frottez les marques avec. Tamponnez ensuite avec un chiffon sec. Recommencez jusqu'à disparition des traces.

Entretien du satin

Le satin est un tissu fragile à manier avec précaution. Pour laver vos vêtements en satin, préférez un lavage à la main, à 30 °C. Ne les frottez pas, au risque de les abîmer. Faites deux rinçages : un premier à l'eau tiède, le second à l'eau froide, dans laquelle vous ajouterez quelques gouttes de vinaigre blanc. Ce dernier leur redonnera du peps et empêchera le ternissement des couleurs.

Pulls raplapla

Vos pulls en laine s'abîment inévitablement avec le temps. Ils boulochent, deviennent rêches et ont triste mine ! C'est là que Mamie intervient avec son ingrédient magique. Diluez 10 cl de vinaigre dans l'eau de rinçage de vos pulls. Ils retrouveront forme et douceur en un clin d'œil !

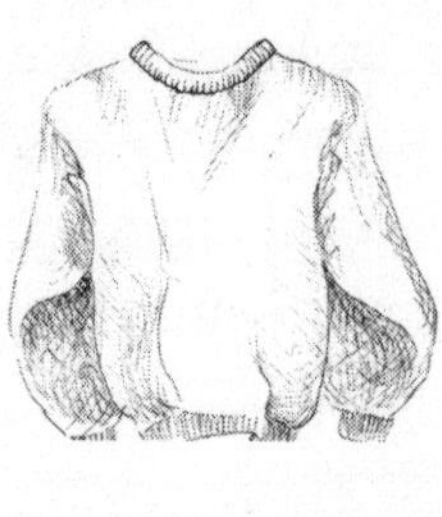

Désodoriser le linge

Vous vous servez de vinaigre blanc comme adoucissant naturel pour vos vêtements. Seulement, l'odeur n'est pas des plus agréables. Utilisez les vertus du citron pour la faire disparaître. Lors du cycle de lavage, ajoutez à l'eau 3 gouttes d'huile essentielle de citron. Votre linge sentira bon l'agrume !

Lessive naturelle

Concoctez votre lessive avec des produits naturels. Mélangez 3 cuillères à soupe de bicarbonate de soude, 200 g de savon de Marseille en paillettes et 10 cl de vinaigre blanc, le tout dans 4 litres d'eau. Il ne vous reste plus qu'à parfumer votre lessive maison avec quelques gouttes d'huile essentielle de votre choix. Agitez bien avant utilisation.

Nettoyer sa baignoire

Votre baignoire est forcément touchée par les traces de tartre, c'est inévitable ! Ce lieu de toilette doit être rigoureusement nettoyé pour y conserver une hygiène parfaite. Votre allié sera ici le bicarbonate de soude. Saupoudrez-en dans votre baignoire et frottez-la avec une éponge humide. Rincez, le tartre n'est plus.

Notes

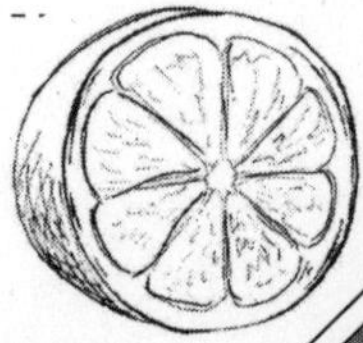

Auteur : Élodie Baunard

Illustrations : © Lenivitz Production/Irina Sarnavska

EDITIONS ESI

60, rue Vitruve 75020 Paris

Imprimé en République tchèque par FINIDR

ISBN : 978-2-8226-0169-6
N° Sofédis : S506354